G. MASPERO

Membre de l'Institut,
Professeur au Collège de France,
Directeur général du Service des Antiquités du Caire.

CAUSERIES D'ÉGYPTE

DEUXIÈME ÉDITION

LIBRAIRIE ORIENTALE & AMÉRICAINE
E. GUILMOTO, Éditeur
6, Rue de Mézières PARIS

CAUSERIES D'ÉGYPTE

G. MASPERO

Membre de l'Institut,
Professeur au Collège de France,
Directeur général du Service des Antiquités du Caire.

CAUSERIES D'ÉGYPTE

DEUXIÈME ÉDITION

LIBRAIRIE ORIENTALE & AMÉRICAINE
E. GUILMOTO, Éditeur
6, Rue de Mézières, PARIS

AVERTISSEMENT

Les causeries qui composent ce volume ont été publiées en feuilleton dans le « Journal des Débats », *de 1893 à 1907. M. Patinot, qui voulut bien me les demander, inclinait à penser que ses lecteurs s'intéresseraient volontiers aux découvertes qui se font dans l'Orient antique, si on leur en présentait le récit dépouillé de l'appareil technique dont les savants les enveloppent, lorsqu'ils s'adressent à d'autres savants. Comme il s'agissait d'un seul article par trimestre, j'acceptai volontiers de risquer l'aventure. L'Égypte, la Chaldée, l'Assyrie, la Perse, l'Asie Mineure, même à plusieurs reprises l'Indo-Chine et l'Amérique, m'ont fourni des sujets tour à tour et, les années roulant, je me trouve avoir écrit presque sans m'en apercevoir l'équivalent de deux gros volumes.*

Ai-je réussi à la tâche qui m'avait été assignée? Je serais porté à le croire, si je m'en fiais aux lettres que je reçois assez souvent, et dont la plupart réclament des renseignements complémentaires sur certains des points que j'ai traités. Plusieurs de mes correspondants se sont plaints obligeamment des difficultés qu'ils rencontraient à se procurer, après quelques mois, les numéros du Journal où ces articles sont insérés, et ils m'ont prié de former du tout un recueil qu'ils pourraient acheter à l'occasion. Je n'en aurais rien fait pourtant, si mon éditeur, M. Guilmoto, n'avait pas joint ses raisons aux leurs, et ne m'avait pas assuré qu'un livre de Causeries orientales aurait quelques chances d'être bien accueilli. J'ai cédé à son insistance amicale, et je souhaite qu'il ne se soit pas trompé dans son pronostic, pour lui d'abord qui s'est chargé de tous les frais, et, je l'avouerai, un peu pour moi-même. J'ai eu, quinze années durant, la prétention de populariser des sciences qui passaient pour être inaccessibles à d'autres qu'aux gens du métier : il me serait agréable de constater que je n'ai point perdu ma peine entièrement et que je leur ai gagné des amis. Fouilles, religions, voyages, coutumes populaires, littérature, histoire, j'ai parlé de tout ce qui pouvait être dit devant des lettrés sans rien exiger d'eux qu'un peu d'attention : il en est résulté, presque sans effort, un tableau vivant des recherches qui se sont poursuivies et des progrès qui se sont accomplis depuis quinze ans dans le domaine de l'Égyptologie.

J'ai exposé fidèlement les idées des autres, et j'y ai mêlé des miennes beaucoup plus que je ne l'imaginais avant d'avoir relu ces feuillets dispersés. Quelques-unes ont été démontrées vraies par les découvertes récentes, d'autres sont douteuses encore. Je n'ai rien retranché, ni rien corrigé au fond même des articles, mais je me suis permis d'en modifier l'allure çà et là et d'en rendre l'expression plus précise ou plus ferme. Quand j'aurai remercié M. de Nalèche, notre directeur, de l'empressement avec lequel il m'a permis de les reproduire, il ne me restera plus qu'à leur souhaiter bonne chance et à réclamer l'indulgence des lecteurs qu'ils auront dans leur forme nouvelle.

Milon-la-Chapelle, le 4 septembre 1907.

CAUSERIES D'ÉGYPTE

LES ARCHIVES DIPLOMATIQUES D'EL-AMARNA

AU XIVe SIÈCLE AVANT JÉSUS-CHRIST

LA SUSE DES DIEULAFOY

Les relations de l'Égypte avec les puissances étrangères étaient réglées, vers le XIVe siècle avant notre ère, par une douzaine de personnages attachés à la maison de Pharaon et qui l'accompagnaient partout dans ses voyages. Quelques-uns d'entre eux étaient des seigneurs que les peintures des tombeaux thébains nous montrent dignes, solennels, portant haut la grosse perruque aristocratique, et enveloppés des longs habits en toile blanche plissée qui convenaient à des gens d'importance. Ils introduisaient les ambassadeurs syriens ou koushites, et ils leur enseignaient, s'ils ne la connaissaient déjà, la mimique des audiences, la façon de se voiler la face avec les mains devant Sa Majesté, de trahir leur crainte religieuse par des exclamations entrecoupées, de se frotter le nez contre terre et de ramper sur les genoux jusqu'aux pieds du trône ; ils interprétaient les discours en langues étrangères, ils présentaient les cadeaux, et ils vérifiaient les lettres de créance. Ils avaient sous leurs ordres des secrétaires et des rédacteurs habiles à manier le protocole, des truchements et des écrivains pour les idiomes d'Afrique et d'Asie, des traducteurs, des commis, des archivistes. Ils employaient, en guise de cartons à serrer les dépêches, de grosses jarres en terre cuite, qu'un train de baudets ou un bateau spécial emmenait à la suite du souverain jusqu'au jour où, les affaires terminées, on empilait le tout dans une chambre de débarras pour n'y plus penser. Les fellahs qui exploitent à l'usage des voyageurs les ruines d'El Amarna découvrirent, en 1887, plusieurs de ces pots diplomatiques dans un coin du palais d'Aménôthès IV. Ils les brisèrent, s'en partagèrent le contenu et le vendirent aux marchands d'antiquités ; trois musées, celui de Gizèh, celui de Londres et celui de Berlin, possèdent aujourd'hui la trouvaille presque entière. MM. Abel et Winckler, à Berlin, Bezold et Budge à Londres, ont publié la copie ou le fac-similé des pièces ; M. Halévy a rendu en français, vaille que vaille, tout ce qu'il a pu comprendre. Les lacunes sont nombreuses, le langage difficile et le détail des négociations nous échappe souvent : le sens général ressort clairement des parties qu'on lit avec certitude, et qui le veut, il peut se donner une idée très nette de ce que la politique extérieure de l'Égypte était dans ces temps reculés.

L'aspect et la forme sont pour étonner tout d'abord. Figurez-vous des tablettes en argile, variant, pour l'épaisseur et pour la taille, entre les dimensions d'un biscuit de mer et celles d'une madeleine chez nos pâtissiers. Le courrier qui en portait un certain nombre risquait de plier littéralement sous le poids des affaires de l'État entre Babylone et Memphis ; il marchait plus allègre au retour, car les Égyptiens n'usaient pas de matières aussi massives et la réponse de Pharaon était couchée sur papyrus. L'écriture est le cunéiforme altéré très légèrement. Les conquérants chaldéens avaient envahi souvent la Syrie au cours des siècles précédents, et ils lui avaient imposé leur civilisation. Les peuples qui habitaient entre le mont Taurus et les frontières de l'Égypte avaient adopté le système des poids et mesures de la Babylonie : ils imitaient les modèles babyloniens dans la poursuite des arts et de l'industrie ; ils se vêtaient, ils se paraient, ils se coiffaient à la mode babylonienne. Les Phéniciens possédaient probablement déjà leur alphabet, origine du nôtre, mais ils le réservaient pour leurs besoins particuliers ; ils préféraient le syllabaire cunéiforme dans leurs rapports avec leurs voisins ou avec leurs suzerains d'Égypte. Et ce n'étaient pas seulement les États de langue sémitique qui pratiquaient cette écriture incommode : les tribus asianiques du Taurus et du Moyen Euphrate avaient fait comme les autres, et quelques-unes de leurs lettres sont parvenues jusqu'à nous, mais elles n'ont pas encore trouvé d'interprète. Les dépêches en langage courant sont toutes adressées à deux Pharaons seulement, Aménôthès III et son fils Aménôthès IV, et elles paraissent couvrir un espace de quinze à vingt ans. Un certain nombre d'entre elles émanent de très éminentes majestés, qui interpellent le roi d'Égypte d'égal à égal et qui lui prodiguent du *frère* selon l'étiquette, rois du Mitanni, rois d'Alasia, rois de Babylone ou de Ninive. La plupart des correspondants sont de moins haute volée, cheikhs, émirs, gouverneurs de villes qui se recommandent à la bienveillance de « leur seigneur, leur dieu, leur soleil ». Les formules pullulent sous leur stylet, et plusieurs de leurs missives ne sont que des enfilades de phrases polies où l'on a peine à distinguer un fait particulier. Tout ce monde s'informe anxieusement de la santé du maître, et il se répand en souhaits aux femmes du harem, aux enfants royaux, aux nobles, à l'infanterie, à la cavalerie, au pays entier. Pharaon ne devait pas être en reste de compliments avec des gens si courtois, mais nous ne savons pas quel langage il leur tenait : ses réponses se cachent encore, et elles attendent sous quelque ruine perdue de la Syrie ou de la Chaldée le benoît coup de pioche qui les ramènera à la lumière.

Il y était question souvent de femmes. La polygamie, qui florissait alors illimitée, prêtait grandement aux combinaisons politiques : chaque souverain possédait quantité de sœurs, de filles ou de nièces dont il disposait à son gré, et si plein que fût son harem, il y trouvait toujours une place pour l'étrangère qui lui apportait une alliance nouvelle. Toutes les fois qu'une armée montait d'Égypte en Syrie, ses succès jetaient au lit de Pharaon autant de recrues qu'elle avait pris de villes ou réduit de roitelets. Ces infantes comptaient dans la rançon de leur père ou de leur frère et elles répondaient de la fidélité de la famille, mais leur position à la cour était assez précaire : pour une qui recevait par faveur le titre de reine, cent et plus ne dépassaient jamais la condition d'épouse secondaire ou de simple concubine. Le premier rang appartenait aux filles du sang solaire égyptien, héritières comme leurs frères, et qui avaient souvent sur la couronne des droits supérieurs à ceux de ces derniers : les étrangères ne venaient qu'à la suite, et seulement à défaut des Égyptiennes. Les rois de Babylone ou du Mitanni, qui connaissaient les lois des pays voisins, rechignaient d'aventure à accepter pour leurs filles cette servitude qui les humiliait elles et leurs parents. Les avantages d'une alliance avec Pharaon étaient si considérables qu'ils finissaient par vaincre leur répugnance et par sacrifier l'une après l'autre toutes les princesses disponibles de leur entourage. Ils auraient désiré recevoir en échange sinon une fille ou une sœur, du moins une parente même éloignée de leur puissant allié ; mais Aménôthês III avait l'orgueil de sa race, et il répondait à *son frère* de Babylone que « jamais Égyptienne n'avait été livrée au dehors à un vassal ». Une fois arrivées à Thèbes les Asiatiques étaient perdues pour les leurs : les portes du gynécée se refermaient sur elles et personne ne savait plus ce qu'elles devenaient. Si le père ou le frère s'en informait et s'il demandait qu'on lui garantît leur existence, Pharaon commandait parfois qu'on ouvrît la partie réservée du palais à l'ambassadeur chargé de l'enquête. Le pauvre homme était alors fort embarrassé : on lui présentait une dame parée et peinte qui lui affirmait être celle qu'il cherchait, mais il ne possédait souvent aucun moyen de reconnaître si elle disait vrai. Les nouvelles épousées amenaient avec elles un cortège de servantes, d'esclaves, de scribes, un trousseau, des meubles, des bijoux, un trésor d'or et d'argent qui assurait leur entretien. L'usage voulait que le gendre rendît à son beau-père un présent proportionné à la valeur de la dot, et il s'acquittait de cette obligation dispendieuse, mais sans enthousiasme. C'était matière à récriminations sans fin ; quoi qu'on lui envoyât, le Syrien prétendait qu'on ne lui avait pas payé l'équivalent de sa fille. Quelquefois il refusait net d'accepter le cadeau ; le plus souvent il se bornait à réclamer un supplément par des lettres aigres-douces, où il marquait vivement le contraste entre la ladrerie égyptienne et sa propre générosité.

A côté des pièces qui nous révèlent ces côtés peu connus de la vie intime des souverains, d'autres nous montrent quelle était la situation dans les régions de la Syrie soumises à leur influence. Les Égyptiens ne possédèrent jamais en Asie un empire régulier, divisé en provinces administrées par un gouverneur nommé directement. Ils occupaient çà et là quelques forteresses sur les routes stratégiques, mais le reste demeurait aux mains des barons indigènes qui avaient détenu le pouvoir au moment de l'invasion. Ceux-ci, assujétis après une assez courte résistance, payaient un tribut annuel en métaux précieux ou en produits de l'industrie locale, et ils s'engageaient à combattre les ennemis de leur suzerain quels qu'ils fussent. A cela près ils continuaient à vivre comme par le passé, selon leurs religions, leurs lois et leurs coutumes ; ils s'alliaient entre eux ou ils se battaient, ils se volaient leurs villes, ils se ravageaient leurs champs, ils pillaient les caravanes, et ils détroussaient au besoin ou ils assassinaient les messagers de Pharaon. Celui-ci se mêlait le moins qu'il pouvait de leurs affaires, mais ils le harcelaient sans relâche de leurs doléances et de leurs accusations mutuelles. Le fond d'El-Amarna contient une cinquantaine de pièces relatives à une querelle de Rib-Adda, sire de Byblos, et d'un certain Abdashirta, aux péripéties de laquelle les autres seigneurs de la côte phénicienne et de la Cœlé-Syrie finirent par être entraînés l'un après l'autre. Les deux factions s'adressant au malheureux Aménôthês IV pour le prier d'intervenir chacune en sa faveur, nous avons çà et là les deux versions opposées du même événement. On s'accuse réciproquement de trahison, de fourberies, de meurtres ; on implore un secours de troupes, dix, vingt, cinquante archers, et on laisse entendre que l'adversaire est ouvertement ou secrètement de connivence avec les ennemis, avec les Khatis de préférence. Les intrigues et les luttes qui troublaient ce canton nous sont comme l'image fidèle de ce qui se passait partout ailleurs. On bataillait d'un bout à l'autre du territoire, et la paix ne régnait pas plus parmi les vassaux du roi d'Égypte que chez les barons de la France féodale au XIe siècle. Notez qu'une bonne partie des noms mentionnés dans l'Ancien Testament ou chez les géographes classiques sont cités dans ces vieux textes, Tyr, Sidon, Béryte, Akko, Damas, Gaza, même Jérusalem. On comprend, sans que j'y insiste, quel intérêt présente pour la critique des livres bibliques cette vraie potée de lettres écrites par des Cananéens, plus d'un siècle avant l'entrée des Hébreux dans la Terre Promise.

Tous ceux qui ont admiré au Louvre les archers de Suse les reverront avec plaisir sur les planches en couleur dont M. Dujardin a enrichi l'ouvrage de M. Dieulafoy (1). Jamais encore on n'avait reproduit avec autant de justesse et de fidélité les tons froids et luisants de la brique émaillée. Sans doute on n'éprouve pas en présence des copies cette impression de vie à demi latente qu'on ressent devant l'original; nul artifice ne la rendra, si parfait qu'on l'imagine. Elle tient aux jeux incessants du jour sur la saillie des reliefs et dans l'épaisseur des émaux, et le spectateur en augmente l'illusion continuellement par les modifications d'éclairage qu'il opère lui-même, sans en avoir conscience, à chacun de ses mouvements. Le procédé, qui prend le tableau d'un point déterminé, le fixe dans un seul effet lumineux toujours invariable; l'apparence de la vie s'efface dès que la lumière cesse de trembler sur les contours et s'immobilise.

M. Dieulafoy a raconté ailleurs les aventures de la mission qui valut à la France les œuvres les plus belles de l'antique civilisation persane. Il essaie maintenant d'utiliser les matériaux qu'il a rapportés et d'en reconstituer une histoire de l'Acropole susienne. Suse était pour les Grecs le type accompli de ces capitales asiatiques auprès desquelles les cités de l'Hellade semblaient des bourgades insignifiantes pour la plupart. Son nom seul éveillait dans les esprits les plus rebelles à l'imagination, je ne sais quelle image de grandeur et de beauté presque surhumaines : des palais lambrissés de cèdre et

(1) M. Dieulafoy, *l'Acropole de Suze*, Paris, 1893, in-4°.

d'or, soutenus de colonnes gigantesques; des jardins larges comme des provinces où l'on chassait le fauve des journées entières sans sortir de l'enceinte; des temples mystérieux où le feu sacré ne s'éteignait jamais; des troupeaux de femmes et d'eunuques; les *Immortels* avec leurs vêtements et leurs armes sans prix; une horde de nobles, d'amis, de parents, et seul, à l'écart de la foule, le grand Roi, le Roi des Rois, qui, d'un geste, soulevait le monde en alarme et précipitait l'Asie sur la Grèce divisée. Et telle on la voyait dans le présent, telle on la devinait dans le passé: toujours ses maîtres avaient dominé sur un empire puissant, le plus vieux que l'on connût après l'Égypte et la Babylonie. La citadelle était assise sur une butte altière de décombres, entre deux des bras nombreux que l'Oulaï creuse dans la terre noire. Un demi-cercle de montagnes neigeuses se dessinait vaguement derrière elle, de l'est au nord; à l'ouest, les plaines d'alluvion se déroulaient et la vue s'étendait par-dessus les champs, les rivières et les bois, jusqu'aux marais qui séparaient l'Élam de la Chaldée. Que l'ennemi descendît du plateau de l'Iran ou qu'il montât des bas-fonds de l'Euphrate, Suse apercevait de très loin ses approches et elle avait plus de temps qu'il ne lui en fallait pour se préparer à l'accueillir chaudement.

M. Dieulafoy n'a rencontré que des débris de la vieille forteresse qui succomba sous les coups des Assyriens; il a pu lire le plan presque entier de la forteresse persane. Il a suivi patiemment sur le terrain le tracé des murs, déblayé du haut en bas les parties qui lui paraissaient présenter quelque particularité de construction intéressante, et il est parvenu à rebâtir par la pensée l'ensemble de remparts, de tours, de fossés, de portes qui protégeaient le palais des rois. C'est une fortune rare pour les archéologues et pour les historiens que de rencontrer un sujet ardu comme l'est celui de la fortification archaïque, traité par un homme du métier qui joint aux connaissances techniques une science réelle de l'antiquité. M. Dieulafoy a passé rapidement en revue l'Égypte, la Babylonie, la Syrie, l'Assyrie; il a examiné ce que chacun des grands peuples orientaux a inventé pour l'attaque et pour la défense, et les conclusions auxquelles cette enquête l'a conduit sont de nature à modifier gravement les opinions courantes. Les citadelles égyptiennes sont conçues pour la plupart sur un même plan d'une régularité enfantine. Cela tient, je crois, à la nature du sol plutôt qu'à l'inhabileté des ingénieurs. L'inondation, qui revient presque à jour fixe et qui fait des cités comme autant d'îles semées inégalement à la surface d'un lac immense, en rendait les approches malaisément praticables pendant plusieurs mois de l'année. C'était un avantage pour les habitants, mais qui leur imposait des tracés d'une simplicité extrême. Il fallait que les eaux pussent filer le long des murs sans rencontrer nul obstacle qui en contrariât l'impétuosité. Le moindre saillant sur le front aurait déterminé des remous inquiétants pour la solidité de la place; le fleuve aurait miné sournoisement les remparts, comme il mine les promontoires qui s'avancent en dehors de la ligne des berges, et il les aurait emportés un beau jour. C'est pour cette raison que la plupart des citadelles égyptiennes forment un parallélogramme de murs épais, compacts, rectilignes, mais nus, sans tours ni avancées. Les Chaldéens, qui vivaient comme les Égyptiens dans des contrées soumises au régime des crues annuelles, paraissent avoir protégé leurs villes de façon analogue. Autant qu'on peut en juger jusqu'à présent, ils les revêtaient d'enceintes régulières, d'une ampleur considérable afin de résister au bélier et à la sape, mais presque lisses au dehors ou garnies de tours qui dépassaient fort peu le front des courtines. Si l'on veut trouver des fortifications dont le concept soit plus savant et plus conforme à nos habitudes, on doit les chercher dans les contrées où les fleuves ne débordent pas, dans la terre de Canaan et en Assyrie.

M. Dieulafoy a restitué très ingénieusement l'aspect et le plan des citadelles ninivites et babyloniennes au moyen des tableaux de pierre sculptés sur les monuments, puis il a vérifié sur le terrain les résultats obtenus, en les comparant aux faits certains que le déblayement de Suse lui avait fournis. Les grandes villes susiennes étaient entourées d'une triple enceinte, dont l'agencement rappelle singulièrement les dispositions adoptées par les Césars byzantins autour de Constantinople. C'était une entreprise redoutable que de les aborder, et il fallait, afin de triompher d'elles, beaucoup de temps, beaucoup de bras, beaucoup de machines, une patience et une ténacité à toute épreuve. Les murs étaient trop hauts pour que l'escalade en fût possible et les ingénieurs ignoraient encore l'art de pousser les galeries de mines jusque sous les fondements : ils devaient démolir et crever les courtines à coups de bélier ou de griffes métalliques, briser ou incendier les portes, tous travaux qu'ils exécutaient sous une grêle de flèches, de pierres, de poutres pesantes. Le profil des constructions était calculé merveilleusement pour permettre aux défenseurs de tuer le plus de monde possible à l'ennemi : même la brèche ouverte et la ville occupée, la partie n'était pas encore perdue pour eux, et le donjon leur offrait un abri sûr où ils pouvaient résister longtemps, en attendant qu'une armée de secours les délivrât. Les forteresses susiennes après avoir bravé les efforts des Assyriens défièrent ceux des Grecs. La trahison les livra à Alexandre, mais aucun des généraux qui les attaquèrent pendant les guerres qui suivirent sa mort ne réussit à y pénétrer de force, bien que les garnisons se composassent de quelques soldats à peine. Abandonnées par les Parthes et les Sassanides, elles n'étaient déjà plus que des monceaux de ruines au moment où les Arabes envahirent le pays et le convertirent à l'Islamisme. Les millions de briques crues dont elles étaient bâties, décomposées par le soleil et à demi délayées par les pluies, se sont amalgamées peu à peu et ne forment plus aujourd'hui qu'une masse compacte, où il semble tout d'abord qu'on ne surprendra aucune trace de travail humain : ceux-là seulement qui ont dû exécuter leurs fouilles dans des conditions analogues soupçonneront ce qu'il a fallu de patience et de sagacité pour discerner l'épaisseur des lits de briques, la direction des parements, la fuite et l'entre-croisement des murailles.

Qui ne se rappelle, à l'Exposition de 1889, les reconstitutions ingénieuses que M. et madame Dieulafoy avaient tentées des palais entassés dans l'acropole susienne ? Elles occupent ici plusieurs planches très habilement gravées. C'étaient en partie des salles d'audience où le Grand Roi daignait se révéler aux seigneurs de la cour et aux ambassadeurs étrangers les jours de fête. La restauration est douteuse en plus d'un endroit, et peut-être des sondages nouveaux feraient-ils sortir du sol des données qui imprimeraient une allure différente au problème. Bien des points sont pourtant établis avec assez de certitude pour qu'on puisse juger d'après l'œuvre de M. Dieulafoy ce qu'était l'architecture persane. Elle n'utilisait guère qu'un type qui lui appartînt en propre, celui des taureaux accroupis, accouplés deux à deux par le milieu du corps, et surmontant les chapiteaux des colonnes : le reste est emprunté à des peuples divers, à l'Assyrie et à la Babylonie, à l'Égypte, à l'Asie Mineure, à la Grèce. Il faut avouer néanmoins que les architectes perses ont su composer avec tant d'éléments disparates, des édifices d'un aspect original et grandiose. M. Dieulafoy en a indiqué brièvement les origines, et les comparaisons qu'il institue entre les bas-reliefs colorés de Suse et diverses œuvres asiatiques ou grecques de style à demi-archaïque sont fort ingénieuses. De même qu'on voyait à la cour des nobles et des princes appartenant à toutes les nations que Cyrus ou Darius avaient soumises, les ouvriers et les artistes de toute provenance affluaient sur les chantiers ; chacun y travaillait à sa façon et dérobait ou prêtait quelque chose au voisin, le Susien à l'Égyptien, celui-ci au Grec ou à l'Assyrien. Les lotus du Nil s'associèrent aux types d'animaux des bords de l'Euphrate, et les *Immortels* de la garde royale se drapèrent comme les personnages des reliefs lyciens. L'art perse était composite de même que l'empire perse, et les emprunts qu'il fit à droite et à gauche n'eurent pas plus le temps de se fondre en un tout harmonieux que les nations de s'amalgamer en un peuple unique.

avril 1893.

LES PLUS ANCIENS EXPLORATEURS CONNUS DU DÉSERT AFRICAIN

Les explorateurs les plus anciens de l'Afrique sont sortis récemment de leurs tombeaux. Ce sont des Égyptiens, qui appartiennent à l'une des familles les plus puissantes du pays, celle des barons d'Assouân et d'Éléphantine. Ils vivaient vers l'an 3500 avant notre ère, ou à peu près : on n'y regarde plus à deux ou trois siècles, lorsqu'il s'agit d'indiquer une date dans l'histoire des vieux empires orientaux. Je ne dirai pas qu'ils ont poussé loin à l'intérieur du continent noir, mais leurs expéditions avaient été longues, fatigantes, périlleuses, profitables : elles leur avaient inspiré tant d'orgueil et elles leur avaient rapporté tant de bonnes choses, qu'ils voulurent en conserver le souvenir à la postérité et qu'ils en gravèrent le récit dans leurs hypogées. M. Schiaparelli a copié et publié, l'an dernier, les Mémoires de l'un d'eux qui s'appelait Hirkhouf (1); M. de Morgan et M. Bouriant en ont découvert, cette année, plusieurs autres (2), aussi illustres de

(1) E. Schiaparelli, *Una tomba egiziana inedita della VI*ª *dinastia, con inscrizioni storiche e geografiche*, in-4° Rome, 1892 (Extrait des Mémoires de la *Reale Accademia dei Lincei*, Ser. 4ª, vol. X, Pᵗᵉ 1).

(2) Elles ont été publiées depuis par J. de Morgan, *de la frontière de Nubie à Kom-Ombo*, p. 143-599.

leur temps et aussi inconnus du nôtre que Hirkhouf pouvait l'être. Les inscriptions sont toutes mutilées à des degrés divers, et ce qui en subsiste ne sert souvent qu'à faire regretter ce qui est perdu : elles nous prouvent, du moins, ce qu'il y avait d'activité et d'esprit d'entreprise chez ces Égyptiens qu'on nous représente toujours casaniers et ennemis des voyages.

Éléphantine a joué longtemps dans l'antiquité le même rôle qu'Assouân dans les temps modernes : elle était le marché le plus fréquenté du commerce avec le Soudan. Elle n'occupait pourtant que la moindre portion d'un îlot mince, appuyé sur plusieurs blocs de granit que des bancs de sable avaient réunis successivement l'un à l'autre, et sur lesquels le Nil avait versé une couche épaisse de son limon. Des acacias, des mûriers, des dattiers, des palmiers-doums l'ombragent, dispersés en haies à l'orée des sentiers, posés en écran sur le front du fleuve, semés par groupes au milieu des champs. Une demi-douzaine de norias rangées en batterie le long des berges puisent l'eau, nuit et jour, sans presque interrompre leur grincement monotone. Les habitants ne perdent pas un pouce de leur étroit domaine : ils ont aménagé partout de petites pièces de dourah et d'orge, des plants de bersîm, des carrés de légumes. Quelques buffles et des vaches paissent discrètement dans les coins, des poulets et des pigeons innombrables s'en vont par bandes à la maraude. La ville antique s'élevait à la pointe Sud, sur un plateau de granit haut placé au-dessus de la crue. Les restes en ont huit cents mètres de tour et ils se groupent autour d'un temple ruiné, dont les parties les plus vieilles ne remontent pas aujourd'hui au-delà du XVIe siècle avant notre ère. Elle était ceinte d'un gros mur, et un château en briques sèches, assis au Sud-Est sur un îlot voisin, lui permettait d'ouvrir ou de fermer à son gré les débouchés de la cataracte. A l'Orient, mais séparée par un chenal large de quatre-vingt-douze mètres, Syène s'étageait comme un faubourg d'Éléphantine sur les flancs de la colline. Des pâturages marécageux recouvraient l'emplacement de l'Assouân actuelle, puis c'étaient des jardins, des vignes qui produisaient un vin célèbre par la vallée entière, une forêt de dattiers et d'acacias courant vers le Nord, au bord de l'eau. Les marchés et les rues des deux cités jumelles présentaient dès lors une multiplicité de types et de costumes assez réjouissante : les Nubiens, les nègres du Soudan, peut-être les peuples de l'Arabie y coudoyaient les Libyens et les Égyptiens du Delta. De l'autre côté du fleuve, sur la rive gauche, de vastes cimetières confondaient ces nations diverses dans une même hospitalité. Les tombeaux des princes se suivaient en lignes irrégulières sur les flancs de la colline abrupte qui domine l'entrée du port. Une rampe bâtie sommairement en grosses pierres brutes conduisait de la berge à l'entrée de l'hypogée. La momie, après l'avoir escaladée lentement aux épaules de ses porteurs, s'arrêtait un moment sur la plateforme à la porte de la chapelle. La décoration n'admettait pas beaucoup de variété : elle s'étale presque tout entière au dehors, sur les murs qui encadrent la baie et qu'on apercevait distinctement des rues d'Éléphantine. Une longue inscription recouvre le linteau et les montants, puis le portrait du mort se dresse à droite et à gauche, comme pour veiller à la sécurité de sa demeure éternelle.

Mekhou est le premier de ces barons dont les aventures nous soient connues. Il vivait sous Pioupi II, qui est l'avant-dernier Pharaon de la VIe dynastie (1). Son cousin

(1) *Inscription de Mekhou*, l. 1 sqq. dans J. de Morgan, *de la frontière de l'Égypte à Kom-Ombo*, p. 147.

Hirkhouf avait exécuté trois voyages successifs, sous le règne du prédécesseur de Pioupi II, Métésouphis Ier. Métésouphis Ier était tout jeune encore lorsqu'il vint à Éléphantine en l'an V de son règne. Il y reçut l'hommage des principaux peuples qui erraient dans le désert, les Ouaouaîtou, les Mazaîou, les gens d'Iritît, et leur soumission à ses ordres l'encouragea sans doute à lancer une mission dans les régions, peu visitées alors comme aujourd'hui, qui se déploient sur la rive gauche du Nil à la hauteur de Derr. Son choix tomba sur Irouî père de Hirkhouf et sur Hirkhouf lui-même. « Sa Majesté m'envoya avec mon père « Irouî, au pays d'Amami, pour ouvrir la route vers cette « contrée : je le fis en sept mois, et j'en rapportai toute « sorte de denrées, ce dont je fus loué très fort (1). » Ce n'était pour ainsi dire qu'une pointe d'essai, où notre homme avait fait son apprentissage sous la surveillance de son père : il repartit bientôt, seul cette fois. « Je sortis « par la route d'Éléphantine, je cheminai au pays d'Iritît, « puis au pays de Mâkhir, puis au Dar-risi qui appartient « à l'Iritît, l'espace de huit mois ; je cheminai et j'apportai « toute sorte de denrées de cette contrée, en très grande « quantité, telle que jamais on n'en avait apporté autant « vers cette terre d'Égypte auparavant. Je cheminai par « les territoires du prince de Sitou qui appartient au « peuple d'Iritît, je traversai ces régions, prouesse qu'on « ne trouve point qu'ait jamais accomplie aucun des chefs « de caravane qui sont sortis avant moi vers le pays « d'Amami (2). » De retour au logis, le roi ne souffrit point qu'il restât longtemps inactif. « Sa Majesté m'expédia « une troisième fois au pays d'Amami ; je sortis d'Élé« phantine sur la route de l'Oasis, je trouvai le prince

(1) *Inscription de Hirkhouf*, B, l. 4-5.
(2) *Inscription de Hirkhouf*, B, l. 5-10.

« d'Amami qui marchait vers la terre des Timihou pour « guerroyer contre les Timihou, à l'angle occidental du « ciel. Je sortis avec lui contre la terre des Timihou et je « sus la gagner si bien qu'il rendit hommage à tous les « dieux du Pharaon... Je gagnai donc ce prince d'Amami, « et je parcourus l'Amami, depuis le pays d'Iritît jus- « qu'aux extrémités de Sitou. Je trouvai le prince d'Iritît, « Sitou, les gens d'Ouaouit, vivant en paix. Je cheminai « avec trois cents ânes, chargés d'encens, d'ébène, « d'ivoire, de peaux de rhinocéros, de peaux de léopard, « et de toute sorte de denrées excellentes (1). » Des soldats égyptiens l'escortaient, ainsi que des auxiliaires d'Amami, et les cheikhs du pays d'Iritît durent lui fournir les ânes, les bœufs et les provisions nécessaires à l'entretien de cette petite armée. Quand il arriva aux frontières de l'Égypte, le Pharaon « lui envoya à sa rencontre le « seigneur Ouni, avec un bateau chargé de confiseries, « de bonnes choses, et de bière » (2), pour le réconforter après les privations qu'il avait éprouvées au cours de son voyage.

Hirkhouf ne se complaisait pas aux développements oratoires : il a dit sèchement ce qu'il avait à dire, sans soupçonner qu'on pût exiger de lui plus que le nom des peuples parcourus et l'indication sommaire des objets rapportés. Il faut compléter son langage par le témoignage d'aventuriers plus récents et qui ont agi dans les mêmes conditions que lui. Comme les voyageurs arabes du moyen âge, les Égyptiens de l'Ancien Empire couraient le monde en faisant le commerce : ils partaient à la découverte avec une pacotille et ils en revenaient avec des ballots de marchandises pour une valeur supérieure. On se demandera

(1) *Inscription de Hirkhouf*, B, l. 10-14, et C, l. 1-5.
(2) *Inscription de Hirkhouf*, C, l. 8-9.

peut-être pourquoi les sires d'Éléphantine, qui disposaient de troupes considérables, n'avaient pas recours à la force brutale afin de se frayer un chemin à travers les peuplades nubiennes. Ils ne se gênaient pas pour lancer à l'occasion des bandes de soldats sur la droite ou sur la gauche de la vallée du Nil, vers la mer Rouge ou vers les oasis du désert libyen : si peu que leurs razzias en ces parages leur rapportassent, des bœufs, des esclaves, du bois, du charbon, quelques onces d'or, quelques paquets d'améthystes ou de feldspath vert dont on fabriquait des bijoux, c'était toujours autant de pris et le trésor princier ne dédaignait aucun profit, si mince qu'il fût. Mais leurs armées n'allaient jamais bien loin : dès qu'ils voulaient frapper un coup à distance, l'aridité des montagnes nubiennes arrêtait leurs fantassins et les rapides de la seconde cataracte opposaient à leurs vaisseaux un obstacle presque infranchissable. Ils étaient obligés de poser les armes et de se changer bon gré mal gré en marchands pacifiques : leurs caravanes passaient alors sans péril par des chemins d'où leurs soldats ne se seraient pas tirés sains et saufs. C'est ainsi que Hirkhouf ou Mekhou en agissaient sur l'ordre du roi. Les objets qu'ils choisissaient pour les troquer en route étaient de ceux qui valaient le plus sous le moindre volume et avec un poids très léger : les verroteries, les bijoux, la coutellerie grossière, les parfums violents, les étoffes voyantes qui charment encore après cinquante siècles les peuplades africaines. Celles-ci payaient ces trésors inestimables avec de l'or en poudre ou en lingots, avec des plumes d'autruche, avec des peaux de lion ou de léopard, avec des dents d'éléphant, des cauris, des billots de bois d'ébène, de l'encens, de la myrrhe, de la gomme arabique. Les singes étaient appréciés en Égypte, les cynocéphales surtout, dont les grands seigneurs se divertissaient et qu'ils gardaient enchaînés à leur chaise les jours de réception solennelle : les marchands en acceptaient volontiers qu'ils tâchaient de ramener vivants. La route était épuisante, le voyage interminable : les baudets, seules bêtes de somme que l'on possédât ou que l'on utilisât en ces parages, ne fournissaient que des étapes assez courtes et l'on usait des mois et des mois à couvrir des distances qu'une caravane de chameaux traverse en quelques semaines. Les routes sur lesquelles on se risquait étaient celles que les puits ou les sources jalonnaient à des intervalles très rapprochés, et la nécessité d'abreuver souvent les ânes, l'impossibilité d'emporter des provisions d'eau considérables, contraignaient l'explorateur à suivre des itinéraires sinueux et compliqués. On comprend qu'avec des moyens pareils Hirkhouf et ses contemporains n'aient point plongé fort loin dans le mystère de l'Afrique. Les pays qu'ils étaient si fiers d'avoir visités se groupent à petite distance de l'Égypte, l'Amami et l'Iritit dans le désert au sud-ouest d'Éléphantine entre la première et la seconde cataracte ; les Timihou, relégués *vers l'angle occidental du ciel*, à l'une des extrémités du monde égyptien, étaient les Berbères qui peuplaient les oasis. En résumé, c'est à la découverte de la Nubie et du désert libyen que les seigneurs d'Éléphantine travaillaient, sous les Pharaons de la VIe dynastie.

Au delà, ils ne connaissaient guères que des noms de peuples, mêlés à des histoires merveilleuses ou à des légendes mythologiques. Le Nil dérivait d'un fleuve divin qui enveloppait le ciel, et sur lequel la barque du soleil naviguait constamment, le fleuve Océan des traditions grecques : arrivé aux parages Sud du firmament un bras se détachait et tombait sur la terre en cascade puissante. L'endroit où il touchait notre monde avait d'abord été fixé à la première cataracte, puis il s'était reporté vers le

Sud à mesure que le cercle des connaissances géographiques s'élargissait. Il va de soi que ses alentours étaient habités par des races particulières, intermédiaires entre celles des hommes et celles des dieux. Tous les voyageurs qui s'en étaient approchés y signalaient l'existence d'une *Ile de Double*, où un serpent à voix humaine régnait sur les *doubles* des morts, et d'une *Terre des Mânes* dont le nom seul indique la nature. Le dernier des pays semblables à l'Égypte était le Pouanît, la patrie de l'or et de l'encens, qui s'étendait le long des côtes de la mer Rouge. Les marchands qui le fréquentaient y achetaient des objets ou des êtres qui provenaient des régions fabuleuses de l'Extrême Sud ; ce qu'ils recherchaient le plus et qu'ils trouvaient le moins, c'était un nain d'une espèce particulière, dont le nom de *Danga* ressemble singulièrement à celui de plusieurs tribus africaines. Le premier Danga avait été amené en Égypte un peu moins d'un siècle avant Hirkhouf, sous le Pharaon Assi, de la Ve dynastie. Il avait été accueilli à la cour comme une espèce de bouffon, chargé de dissiper l'ennui du souverain par ses cris sauvages, par ses gestes, surtout par une sorte de ballet que seul il savait exécuter en sa perfection et qu'on appelait la *Danse du Dieu* (1). Le dieu dont il imitait la danse était lui-même un nain, à la grosse tête barbue et chevelue, aux membres énormes, vêtu d'une peau de léopard, Bîsou, originaire des ports du Pouanît et naturalisé égyptien d'assez bonne heure. Bîsou, à la fois jovial et farouche, guerrier et musicien, exprimait ses variations d'humeur par une mimique guerrière avec l'épée et le bouclier, ou par des mouvements joyeux qu'il

(1) *Inscription de Hirkhouf*, D. l. 6-9. Le *Danga* rappelle les Satyres, qui, selon Diodore (I, 18), avaient été amenés à Osiris en Éthiopie, et qu'il avait attachés à son armée.

rythmait en s'accompagnant de la petite harpe triangulaire des tribus du désert.

Le *Danga* du temps d'Assi avait si fort émerveillé les courtisans par son agilité que l'on avait toujours essayé depuis lors de se procurer un bouffon pareil : mais l'espèce en était rare et les années s'étaient écoulées sans qu'on réussît à le remplacer. L'admiration qu'il avait inspirée produisit des résultats inattendus. Les âmes, même celles des Pharaons, ne pouvaient pénétrer dans le paradis d'Osiris qu'à la condition de franchir un bras de mer qui le divisait de la terre des vivants. Un bac magique assurait le service à de certains jours, mais le passeur n'admettait pas indifféremment qui se présentait : on devait lui prouver qu'on avait le droit de s'embarquer et répondre à cent questions captieuses de théologie transcendante, avant qu'il consentît à recevoir un passager. Une prière, composée sans doute peu après le règne d'Assi, quand la mémoire du *Danga* était fraîche encore, nous montre le bac à son poste attendant les Mânes. Tout à coup, une rumeur se propage parmi les dieux et les morts groupés sur la berge; le *Danga* arrive, et il faut le conduire sans tarder au Pharaon Osiris qui l'a fait chercher en vain jusqu'à présent, et qui se promet grand plaisir de sa danse. Le passeur perd aussitôt la tête, charge l'âme qui s'annonce à lui comme étant le *Danga*, la pilote sans lui rien demander au port du paradis, et la débarque au perron du tribunal d'Osiris, où elle s'expliquera sur la qualité de *Danga* qu'elle a usurpée si lestement (1).

L'idéal, pour un explorateur égyptien chargé de mission officielle, c'était de rencontrer un *Danga* et de le trans-

(1) *Papi Ier*, l. 400-404, *Mirinrî*, l. 570-571 ; cfr. Maspero, *Études de Mythologie et d'Archéologie Égyptiennes*, t. II, pp. 429-443.

porter vivant en Égypte. Hirkhouf fut plus heureux que bien d'autres : pendant son troisième voyage il en acheta un, que les hasards du commerce avaient jeté au pays d'Amami et qui était originaire de la *Terre des Mânes*. L'émoi fut grand à la cour lorsqu'on y apprit l'heureuse nouvelle, car le *Danga* d'Assi était le dernier qu'on y eût vu, et l'on ne savait plus que par tradition ce qu'était ce jouet curieux. Métésouphis qui avait ordonné les voyages d'Hirkhouf venait de mourir après dix ans de règne : il était allé reposer dans l'une des pyramides de Sakkarah, d'où il ne devait plus sortir qu'en 1881, pour venir s'exposer à l'admiration des touristes dans une des vitrines du Musée de Boulak et pour nous enseigner ce qu'était la momie d'un roi 3.500 ans avant notre ère. Son plus jeune frère, Pioupi II, lui avait succédé, âgé au plus d'une vingtaine d'années, et l'on juge de quelle joie il accueillit le messager qui lui annonçait la capture du *Danga*. Le Conseil des ministres rassemblé, le roi dépêcha un rescrit par lequel il comblait Hirkhouf de compliments et lui commandait d'amener son prisonnier sans délai. La missive royale fut gravée plus tard dans la tombe du voyageur, en face d'Éléphantine! Pioupi II désirait donner à son féal sujet une récompense telle que, dans les siècles futurs, en parlant de grandes faveurs dont tel ou tel personnage avait été l'objet, on dît encore : « On a fait pour « lui ce que Sa Majesté fit pour Hirkhouf, quand celui-ci « revint de ses voyages en Amami, avec le *Danga!* » Les pygmées étaient si farouches et on craignait tellement de perdre celui-là, que la chancellerie indiquait les précautions à prendre pour qu'il ne s'échappât. « Quand il che- « minera avec toi dans la barque, fais qu'il y ait toujours « avec lui des gens avisés de chaque côté de la barque, « de peur qu'il ne tombe à l'eau ; quand il se couchera « pendant la nuit, fais que des gens avisés couchent avec

« lui dans son lit, et qu'ils changent dix fois par nuit. » Un bateau de la flotte royale fut mis à la disposition d'Hirkhouf, et tous les officiers civils, militaires ou religieux du royaume reçurent l'ordre de lui fournir des vivres sur son chemin (1). Les sables de Sakkarah, qui nous ont conservé la momie de Métésouphis, cachent encore peut-être celle du pauvre être qui amusa tant son successeur. Le Musée du Caire possède le corps embaumé d'une des gazelles favorites de la reine Moutemhaït : pourquoi ne s'enrichirait-il pas un jour de ce qui fut le nain préféré de Pioupi II ? Rien ne se perd en Égypte, et les fouilles y produisent ce résultat merveilleux de nous restituer, non pas seulement, comme ailleurs, le récit des événements, mais la personne même des hommes qui les accomplirent : on y déterre pêle-mêle, sous les ruines, les matériaux et les héros de l'histoire.

Des expéditions comme celles d'Hirkhouf, répétées souvent, entraînèrent des conséquences plus durables que la capture d'un pygmée dansant et la faveur d'un voyageur auprès de son souverain. Ces peuples chez qui les marchands d'Éléphantine fréquentaient, à force d'entendre parler de l'Égypte, de son industrie, de sa richesse, de ses armées, ils finissaient par concevoir pour elle une admiration troublée de crainte : ils apprenaient à la considérer comme une puissance supérieure à tout et son Pharaon comme un dieu à qui personne n'oserait résister. Que, plus tard, une armée surgisse commandée par ce Pharaon lui-même, et ils sont prêts à se soumettre : une fois soumis, ils adoptent rapidement les mœurs, le costume, la religion, la langue de leurs vainqueurs. Les caravanes d'explorateurs ouvrirent les voies ; les soldats vinrent à leur suite et formèrent cette grande Égypte qui,

(1) *Inscription de Hirkhouf*, D, l. 1-25.

s'étendant de Khartoum à la mer, domina le monde oriental pendant plus de six siècles. N'a-t-on pas vu le même fait se reproduire longtemps après, dans les régions voisines, pour les voyageurs et pour les marchands européens ?

7 juillet 1893.

LES TOMBEAUX THÉBAINS

Les touristes qui ont passé à Thèbes d'Égypte les trois ou quatre jours accordés par les Agences de voyages rapides, ont entrevu au moins l'un des tombeaux creusés dans les collines de la rive gauche : l'itinéraire officiel consacre à cette excursion deux ou trois heures d'une après-midi bien remplie déjà par une course à travers la Vallée des Rois et par un déjeuner à Déir-el-Bahari. On visite ordinairement l'hypogée n° 33, celui de Rakhmirîya, et ce serait l'un des plus curieux si l'on en distinguait les peintures ; par malheur, les registres du bas, les seuls que la flamme des bougies ou la lumière fuligineuse des torches éclaire suffisamment, ont été fort endommagés par les générations de fellahs qui ont transformé ces chapelles de mort en chambres d'habitation, et les scènes qui les ornaient ne présentent plus que des débris méconnaissables à qui ne les examine pas longuement. Les voyageurs sortent de là sans avoir rien aperçu que des taches de couleur répandues comme au hasard sur des murailles sales, et diversifiées à l'aventure par des colonnes d'hiéroglyphes endommagés. Ce spectacle lamentable décourage assez habituellement ce qu'ils ont de curiosité, et la plupart d'entre eux se dispensent d'entrer dans les deux ou trois autres grottes du même genre que le drogman leur recommande. Ceux qui persistent rencontrent ailleurs des tons plus frais, des tableaux plus nets, des ensembles de scènes plus facilement visibles, mais partout des lacunes énormes qui ne leur permettent pas de se figurer ce qu'était un hypogée terminé complètement, ni ce que l'ornementation y signifie ; il leur faudrait, pour arriver à tout rétablir et à tout comprendre, transcrire ce qui subsiste de chacun et, rapprochant les débris, reconstituer pièce à pièce les trois ou quatre types de décoration les plus usités dans cette nécropole immense. Le travail demande beaucoup de temps, beaucoup de patience, beaucoup d'abnégation de soi-même, une grande force de résistance à la fatigue et à l'ennui. Les membres de la mission du Caire se sont attelés à cette besogne, les uns avec un enthousiasme réel, les autres avec une résignation louable : les vingt et quelques tombeaux qu'ils ont copiés jusqu'à présent ont été publiés ou sont sur le point de paraître, et l'on peut juger déjà sur ce faible échantillon le service immense qu'ils rendent à la science (1).

N'avait pas qui voulait une résidence à soi dans la montagne de Thèbes. Le sol des morts appartenait au roi et aux dieux comme celui des vivants, et on devait en acquérir un lopin comptant comme on achetait le site d'un jardin, une prairie ou un champ de blé. Le roi disposait parfois d'un bon emplacement en faveur de ses serviteurs. Quand il désirait récompenser l'un d'eux glorieusement, il le gratifiait d'un pan de colline où il faisait tailler à ses frais une chapelle, des couloirs, un caveau, tout le logement d'une momie : les inscriptions rappelaient alors que tel ou tel avait reçu sa sépulture par ordre gracieux de Pharaon, et

(1) Mémoires publiés par les membres de la Mission française archéologique au Caire : tome V, *Tombeaux thébains*, publiés par MM. Virey, Bénédite, Bouriant, Boussac, Maspero.

ce lui était un titre d'honneur auprès de la postérité. Les autres s'adressaient aux dieux, c'est-à-dire aux temples, pour négocier l'emplette d'une *Maison Éternelle*, et sans doute ils payaient bon prix. Le terrain procuré, ils n'avaient pas à se préoccuper de l'architecte qui l'utiliserait : il paraît à peu près certain que la plupart des syringes étaient préparées à l'avance et déjà creusées ou même décorées en partie au moment où on les vendait. Les temples avaient des compagnies de carriers, de maîtres maçons, de dessinateurs, de sculpteurs, de peintres, qui travaillaient sans cesse pour eux et qu'ils tenaient à la disposition de leurs clients. Les tombeaux ordinaires étaient disposés sur un plan toujours le même à une même époque : une façade droite, découpée dans le roc, de manière à ménager une petite esplanade sur le devant, une porte basse, parfois entièrement nue, parfois flanquée à droite et à gauche d'une figure représentant le propriétaire et de quelques colonnes d'hiéroglyphes exposant ses titres ; au delà, une salle étroite, oblongue, parallèle à la façade ; puis, en face de la porte d'entrée, un couloir perpendiculaire à la salle, ou une seconde salle terminée par une niche qui contient une ou deux statues, souvent modelées dans la roche même. C'était la chapelle extérieure, celle où les parents venaient aux jours fixés par le rituel apporter l'offrande et les prières à ceux qu'ils avaient perdus. Une porte en bois la fermait, et elle ne la protégeait guère contre les malfaiteurs ou contre les curieux. Le caveau proprement dit était mieux défendu : on y arrivait, soit par des galeries fort inclinées qui s'enfonçaient dans la montagne, soit par des puits cachés dans le sol de l'une des chambres ou de l'esplanade, aux endroits les plus inattendus et les plus aisés à dissimuler. Les concessions se pressent les unes contre les autres suivant les couches du rocher. On les voit ici par groupes de cinq à six, là par files de vingt à trente ; il est rare d'en rencontrer qui soient isolées, au moins dans les quartiers du centre, à l'Assassif, à Chéîkh-Abd-el-Gournah, à Gournét-Mourraî. Les collines, forées en tous sens, semblent des ruches gigantesques dont les rayons mis soudainement au jour et bouleversés à plaisir laisseraient apercevoir partout les cellules entr'ouvertes. En certains endroits les galeries sont tellement rapprochées l'une de l'autre que le mur de roche qui les sépare mesure soixante, quarante, vingt centimètres à peine. Les moines coptes qui les ont habitées à partir du ve siècle ont percé ou supprimé ces écrans pour mieux communiquer d'hermitage en hermitage. Les tremblements de terre ont crevassé les parois, le poids des couches supérieures les a écrasées, et le plafond s'est abattu. Une colline entière s'est écroulée de la sorte vers l'Assassif, et plusieurs portions de Cheîkh-Abd-el-Gournah paraissent n'attendre qu'un prétexte pour s'affaisser sur elles-mêmes, tant elles ont été disloquées par le travail imprudent des hommes et par l'usure imperceptible des siècles.

Les salles une fois dégrossies par les maçons, les sculpteurs et les peintres entraient en scène. La montagne thébaine n'est pas, comme la memphite, d'une pâte compacte et unie qui prête au ciseau. Ce calcaire, même dans les endroits où la qualité est bonne, a été rompu et fendillé aux âges géologiques, et les brisures y sont comblées par des infiltrations d'une terre noire et rouge : il revêt souvent l'aspect d'un gâteau feuilleté, imprégné de chocolat et incrusté d'énormes rognons de silex en guise de raisins secs. Il fallait d'entrée de jeu reprendre et combler toutes les fentes, toutes les dépressions de la matière, afin de former une surface unie sur laquelle le sculpteur pût réserver convenablement ses reliefs : c'était beaucoup de peine et beaucoup de dépense pour un résultat médiocre, car les enduits et les plaques de calcaire au moyen desquelles on avait rapiécé la paroi tombaient promptement et démasquaient des trous dans l'ornementation. Aussi l'on se résigna le plus souvent à réclamer de la peinture seule ce que la sculpture donnait de façon si pénible : il suffisait alors d'étendre à la planche, sur la muraille, un crépis d'argile noire ou de terre ordinaire mêlée de paille sur lequel on passait ensuite un lait de chaux ou une couche de couleur blanche. Sculptée ou peinte, la décoration ne variait jamais beaucoup. Les artistes qu'on chargeait d'elle possédaient deux ou trois séries de tableaux dont la réunion constituait comme la parure idéale du tombeau. La première comprenait les scènes de la vie privée ou publique du mort, ainsi que la représentation des métiers nécessaires à l'entretien d'une grande maison; une deuxième détaillait les cérémonies de l'enterrement, depuis le moment où le cadavre devenait momie jusqu'à celui où les dieux de l'autre monde, Anubis le chacal et Amentît la maîtresse de l'Occident, saisissaient la momie enguirlandée de fleurs; plusieurs montraient les rites qu'on accomplissait sur la statue pour qu'elle s'accoutumât à recevoir l'offrande et à nourrir l'âme; d'autres faisaient défiler sous les yeux du spectateur les destinées diverses de la survivance humaine, ses courses à travers les régions de la nuit, ses luttes contre les monstres infernaux, ses félicités dans les paradis d'Osiris ou sur la barque solaire. Il aurait fallu des kilomètres de muraille pour exécuter ce décor en son entier : aussi ne le rencontre-t-on jamais que par lambeaux. Les Pharaons eux-mêmes reculaient devant la dépense qu'il aurait exigée et ils se contentaient des parties les plus importantes. Les gens riches en obtenaient quelques centaines de mètres, et, à mesure qu'on descendait dans l'échelle de la fortune, l'étendue s'en restreignait. Le tombeau ordinaire ne comprenait plus qu'une sorte de résumé toujours conçu dans les mêmes termes, à moins que le client ou sa famille n'exprimât le désir de voir telle ou telle idée, telle ou telle illustration se substituer à telle ou telle autre. Aussi, n'éprouve-t-on aucune peine à le reconstituer jusque dans ses plus petites particularités : les planches publiées par les membres de la mission du Caire permettraient à un maçon et à un peintre en bâtiments de le rétablir exactement dans un coin de Paris, si l'envie leur en venait.

Le choix des sujets n'y était pas laissé pourtant au caprice des entrepreneurs de pompes funèbres ou à leurs pratiques : il répondait aux besoins de l'âme thébaine et à l'idée qu'on avait de son existence posthume. Elle se régalait des sacrifices et elle en absorbait la substance, en réalité d'abord, puis, quand on s'aperçut de la rapidité avec laquelle les générations nouvelles oubliaient les anciennes, en image. La figure en calcaire ou en bois d'un animal ou d'un pain, le dessin de ce même animal ou de ce même pain tracé sur la paroi de l'hypogée et rempli par les prières de la consécration d'une sorte de vitalité mystérieuse, valaient, pour l'ombre, pour l'âme, pour le *double* résidant au fond du caveau, l'animal en chair et en os ou le pain de farine pétrie et cuite. Le décorateur devait donc choisir dans ses cahiers de croquis les motifs multiples qui se rattachaient à l'alimentation. Le mort voulait-il du pain ? On esquissait le champ et les canaux qui l'irriguent, les bœufs traînant la charrue et le semeur lançant le grain à la volée, puis la récolte et les moissonneuses, faucille au poing, abattant les javelles, le foulage des épis, le blé entassé au grenier. Les berceaux de vignes occupaient à côté un pan de muraille, et la cueillette de la grappe, le pressage et la mise en jarres du moût trouble. Le mort assistait à ces travaux en compagnie de sa femme, vêtu de frais et coiffant perruque neuve comme aux jours de ses moissons terrestres ; tout ce qui poussait et tout ce qui coulait sur la fresque était à lui, et son âme, en y contemplant la représentation des objets, obtenait du même coup leur possession effective. Elle composait son menu sur les tableaux dont sa tombe était peinte, et, par la vertu des formules, la semblance des choses se matérialisait pour lui servir de nourriture sans jamais s'affaiblir ni jamais diminuer. Ailleurs, c'était la chasse aux oiseaux du fleuve ou aux animaux du désert, la pêche dans les marais, tous les plaisirs chéris de l'Égyptien et qui lui profitaient en même temps qu'ils le distrayaient des corvées de son existence : les poissons étaient ouverts, séchés, conservés devant lui en peinture, et ce lui était une réserve dont il usait à l'occasion, lorsqu'il était las du gibier ou de la viande ordinaire. La paroi gauche de la chapelle suffisait à peine à contenir ces épisodes rustiques : sur celle de droite, le maître du tombeau était assis avec sa femme, et il recevait de la main de ses enfants le repas préparé avec le produit de ses labours et de ses courses au désert. Les mets s'accumulaient devant lui, dans des coupes, dans des paniers de joncs tressés, sur des guéridons, sur des plats en terre cuite, sur des nattes en sparterie : rien de ce qui se mange en Égypte n'y était oublié, le raisin, les figues, les concombres, les pastèques, et les oignons que les Hébreux regrettaient au Sinaï, et les choux malingres, les poulets, les cuissots de gazelle, les têtes de veau, les côtelettes, enfin dans les intervalles cinquante espèces de pains ou de pâtisseries différentes. Cependant des danseuses à demi nues tourbillonnaient sur la muraille et mimaient chaudement leur peine amoureuse, comme les almées de nos jours : les flûtes sonnaient, les tambourins grondaient, le harpiste encourageait le maître mort et les survivants à « faire un jour heureux », car rien ne dure en ce monde, « et les corps ne naissent que pour passer « depuis le temps des dieux. Le soleil se lève le matin et

« se couche le soir, les hommes engendrent, les femmes « enfantent », et les générations se chassent l'une l'autre sans rien retenir de ce qu'elles ont possédé ici bas. « Oubliant tous les maux, ô Nofirhotpou, prêtre sage aux « mains pures, ne songe plus qu'au plaisir, jusqu'à ce « qu'il arrive ce jour où l'on doit aborder à la terre qui « aime le silence, sans que cesse pour cela de battre le « cœur du fils qui vous aime !... Suis ton désir et ton « bonheur aussi longtemps que tu seras sur terre, n'use « pas ton cœur au chagrin, jusqu'à ce qu'il vienne pour « toi ce jour où l'on supplie sans que le dieu impassible « écoute ceux qui implorent de lui un nouveau délai de vie. « Les lamentations des siens ne font pas que l'homme au « tombeau se console. Fais donc un jour heureux, et jouis-en « de ton mieux. Certes, homme n'y a qui puisse emporter « son bien avec lui dans la mort ; certes, personne n'y a « qui soit parti et qui soit revenu (1) ! »

L'exemple le mieux caractérisé de ce type est au tombeau de Nakhouîti (2) ; rien de plus fin, de plus élégant, de plus coquet même et qui sente moins son charnier, que cette chambrette au plafond multicolore, aux parois couvertes de figurines gracieuses et rehaussées de tons vifs. C'est pitié qu'on n'ait pu la reproduire en couleurs, et qu'on se soit contenté d'imprimer le dessin de l'ensemble et la photographie des scènes principales. Les autres hypogées étudiés dans le volume appartenaient à des personnages de haut rang, premiers ministres de Pharaons, comtes de Thèbes, l'un d'eux baron d'Aphroditêspolis la Petite entre Siout et Abydos (3). Ils ont souffert terriblement, et tout

(1) G. Bénédite, *le Tombeau de Nofirhotpou*, dans les *Mémoires*, t. V, pp. 529-599.

(2) G. Maspero, *le Tombeau de Nakhouîti*, dans les *Mémoires*, t. V, pp. 469-585.

(3) G. Maspero, *le Tombeau de Montouhikhopshouf*, dans les *Mémoires*, t. V, pp. 433-468.

n'est pas d'une clarté engageante dans ce qui nous a été sauvé des inscriptions. Rakhmirîya, qui vivait sous Thoutmôsis III, au delà du xve siècle avant notre ère, s'était plu à nous transmettre, dans de longs discours, les renseignements les plus circonstanciés sur sa carrière administrative : s'ils nous étaient parvenus intacts, nous saurions comment on administrait la justice à Thèbes, mais, comme toujours, des lacunes coupent le texte au bon endroit et nous restons dans notre ignorance (1). Mankhopirrîya, Harmhabi et plusieurs autres exerçaient des fonctions au Ministère de la guerre, et ils présidaient, chacun dans un canton, au recrutement des troupes. On voit, sur les murs de leur tombeau, les conscrits arriver par bandes, décliner leurs noms aux scribes chargés de les enrégimenter, toucher leurs vivres de campagne et leurs armes ; plus loin, on fabrique les chars et on les attelle, mais le dessin s'est effacé par places ou les touristes ont emporté intelligemment un morceau du tableau, et il faudra déblayer et publier une demi-douzaine de tombeaux analogues pour compléter notre instruction sur les choses militaires de l'Égypte (2). Ailleurs, Nofirhotpou, ayant bien mérité de Pharaon, est appelé à l'honneur de recevoir le collier d'or des mains de Sa Majesté. Un beau matin, à l'issue de l'office d'Amon dans le temple de Karnak, le roi l'appelle et lui adresse du haut de son estrade un petit compliment bien senti, tandis que deux chambellans attachent le bienheureux collier au cou du personnage : celui-ci a recommandé qu'on peignît la scène dans son hypogée, afin que la postérité n'ignorât point quel grand homme il avait été, et nous voilà tout informés du coup sur la

(1) Philippe Virey, *le Tombeau de Rekhmarâ*, dans les *Mémoires*, t. V, pp. 1-195.

(2) U. Bouriant, *le Tombeau d'Harmhabi*, dans les *Mémoires*, t. V, p. 419 sqq.

façon dont le *fils du Soleil* conférait ses Ordres à ses serviteurs (1). Chacun d'eux avait eu d'ailleurs le bon esprit de choisir pour sa dernière demeure un type de décoration différent, et nous apprenons, grâce à eux, le détail des cérémonies qui accompagnaient soit la mise au caveau, soit les sacrifices annuels. On y devine pour la plupart un caractère d'étrangeté et de barbarie, singulières chez un peuple aussi policé que les Égyptiens l'étaient. Une croyance répandue partout imposait aux âmes l'obligation de quitter la vallée du Nil par un chemin déterminé, à l'ouest d'Abydos. Une *Fente*, une gorge s'ouvrait là dans la chaîne Libyque par laquelle elles s'acheminaient vers la Grande Oasis d'abord, qui avait été un de leurs séjours primitifs (2), puis vers les pentes de la Montagne d'Occident, au point où la bari du Soleil s'enfonçait dans les cavernes de la nuit. Elles exécutaient toutes ce lugubre pèlerinage : elles s'en allaient de leur ville, c'est-à-dire de leur tombeau, à la *Bouche de la Fente*, et de là dans l'autre monde, avec leur cortège de serviteurs, de troupeaux et de provisions. Le voyage avait lieu par eau, et les Égyptiens, pour le faciliter, plaçaient souvent à côté du cercueil de petites barques en bois peint, munies de leurs agrès et de leurs équipages : diverses figurines y simulaient le défunt et sa famille. Chaque année, aux fêtes solennelles des morts, surtout à celle de l'Ouagaît, on expédiait à chacun dans l'*autre terre* des ravitaillements de blé, de bestiaux et de domestiques. La nuit qui précédait cette Toussaint égyptienne, on armait un de ces bateaux en miniature, on hissait la voile, et, récitant sur lui des prières, il partait pour Abydos, où il abordait bientôt avec

(1) G. Bénédite, *le Tombeau de Nofirhotpou*, dans les *Mémoires*, t. V, pp. 496-501 et pl. V.

(2) G. Maspero, *Mélanges de Mythologie et d'Archéologie*, t. II, pp. 421-427.

sa cargaison et avec les nouvelles de ce qui s'était passé dans la famille pendant l'année (1).

Tous les rites n'étaient pas aussi innocents. Une série d'épisodes mystérieux, retracés dans les parties achevées de l'hypogée de Montouhikhopshouf, sire d'Aphroditêspolis la Petite, se rapporte vraiment au sacrifice de l'homme. On voit les victimes tirées sur un traîneau, puis étranglées et peut-être brûlées ensuite avec les bœufs, les gâteaux et les autres objets de l'offrande dans un foyer allumé en face de la tombe. Était-ce une réalité ou simplement un simulacre? Il est certain qu'au début on égorgeait, le jour de l'enterrement, les favoris d'un prince ou d'un noble, afin qu'ils servissent leur maître dans la *Maison d'Éternité* comme dans la maison terrestre; on avait ensuite remplacé les personnes réelles par des statues et par des statuettes de plusieurs espèces, dont les plus connues sont les poupées en pierre, en bois, en terre émaillée ou non qui dorment à la centaine dans nos musées. Des scènes, copiées dans plusieurs tombeaux, laisseraient croire qu'à l'époque historique le sacrifice humain n'était qu'un faux-semblant pratiqué sur une statue ou sur un personnage particulier, le *tikanou*, qui jouait son rôle dans les convois riches, et qui se faisait étrangler plusieurs fois l'an sans pour cela s'en porter plus mal. Mais il est possible que des parents, plus affligés que les autres, voulussent d'aventure accorder à celui qu'ils pleuraient la satisfaction d'emmener avec lui les âmes d'esclaves égorgés réellement (2). Les Pharaons assommaient devant le dieu Amon les princes ennemis qu'ils avaient pris à la guerre, et cette exécution qu'ils accomplissaient de leur main, aux chants des prêtres,

(1) G. Maspero, *Études Égyptiennes*, t. I, pp. 132-399; cfr. G. Bénédite, *le Tombeau de Nofirhotpou*, dans les *Mémoires*, t. V, pp. 520-521 et pl. III.

(2) G. Maspero, *le Tombeau de Montouhikhopshouf*, dans les *Mémoires*, t. V, p. 452-456.

ils en consacraient le souvenir sur les murailles des temples et sur la face des pylônes. Ce sacrifice humain n'était qu'une exception dans leur vie, mais ils s'en acquittaient sans plus de scrupules que les généraux romains n'en éprouvaient plus tard à terminer les pompes du triomphe par la mort des chefs qu'ils venaient de promener à travers la cité. L'Égypte, celle même des Thoutmôsis et des Ramsès, était trop près encore de la barbarie pour que les rites sanglants en eussent disparu sans retour. Le temps et les progrès de la civilisation les avaient bannis de la vie journalière, mais ils demeuraient légaux, et qui les renouvelait, personne ne songeait à l'en blâmer.

19 janvier 1894.

NAVILLE ET BUBASTIS

Naville a, depuis quatorze ans, battu l'Égypte en tout sens, partie pour son plaisir et pour son instruction, partie au compte d'une Société anglaise de fouilles, l'*Egypt Exploration Fund*. Il y a fait quelques-unes des découvertes les plus importantes de ces derniers temps, et il a publié une demi-douzaine de volumes qui resteront comme des modèles de ce que doit être le livre d'un explorateur. La marche des opérations y est décrite avec une clarté et une probité imperturbables, les résultats sont enregistrés sans dépréciation des recherches d'autrui, les faits historiques ou archéologiques nouveaux sont exposés brièvement, hardiment, en toute sincérité. Ajoutons qu'il a près de lui, dans sa propre famille, un dessinateur excellent qui transcrit les textes et les monuments d'un trait fidèle et vigoureux. Les savants ont apprécié du premier coup cet ensemble de qualités rares, et ils ont classé Naville très haut parmi les égyptologues. Le grand public, moins sensible d'ordinaire aux mérites discrets, a fini pourtant par juger à sa valeur pleine ce modeste qui s'inquiétait plus de bien travailler que de mener bruit autour de ses travaux : le nom de Naville est de ceux qui parlent à son esprit quand il les entend prononcer.

Une des caractéristiques de l'homme, c'est l'ardeur avec laquelle il s'attache aux corvées d'apparence ingrate que les habiles du métier esquivent volontiers. Il y a en Égypte, comme dans tous les pays anciens, des sites où l'on est certain de ramener au jour quelque pièce importante, pourvu qu'on y retourne la terre assez longtemps ou qu'on ait assez d'argent pour engager beaucoup d'ouvriers. Il faudrait être résolument maladroit ou malheureux pour fouiller sans succès à Thèbes et dans le voisinage de Memphis. La masse des objets précieux enterrés là de siècle en siècle a été telle, qu'une proportion notable a échappé forcément aux tentatives des voleurs anciens et modernes : on pourrait calculer, presque à coup sûr, le nombre de chances que l'on a d'y tomber sur une cachette encore intacte, en y creusant au hasard une certaine quantité de trous. D'autres localités ont la réputation d'être très pauvres, et elles attirent moins l'attention des étran gers. Quel voyageur séjourna jamais de son plein gré à Tell-Bastah, et parmi les milliers de touristes qui traversent la vallée du Nil, combien y en a-t-il qui soupçonnent l'existence de Hénassiéh? Ce furent pourtant des cités puissantes, Bubastis, la grande Héracléopolis, et elles fournirent des dynasties souveraines à l'Égypte pharaonique; mais elles ont été à ce point bouleversées par les maîtres du pays, que leurs monuments sont en pièces ou percent à peine la surface du sol. Les rares Européens qui les visitent aperçoivent de grosses buttes, d'où sortent quelques pans de murs, çà et là des pierres éparses ou des tronçons de colonnes, et partout ce débordement de tessons multicolores qui inonde l'emplacement des villes antiques. L'aspect n'en a rien de séduisant, et l'on ne conçoit guère l'espoir d'y déblayer un édifice complet, des statues intactes, quelqu'une de ces inscriptions triomphantes qui nous disent la vie entière d'un roi ou les vicissitudes d'une époque obscure. Il faut d'ailleurs pour s'y tirer d'affaire toute sorte de vertus solides, dont plusieurs ne s'acquièrent que lentement, une grande habileté à lire le terrain, de la persévérance, du tact, une familiarité imperturbable avec l'histoire et l'archéologie afin de savoir s'orienter au milieu des débris accumulés par une centaine de générations successives. Naville s'est fait comme une spécialité de ces localités décourageantes, et il les a contraintes à lui rendre ce qu'elles avaient tenu caché jusqu'alors. Il a attaqué l'un après l'autre l'ouady Toumilât (1), Saft-el-Hinéh, le pays de Goshen (2) et il a retrouvé tour à tour la Pithom de la Bible, l'Onias des Macchabées (3), l'Héroopolis des itinéraires romains, les forteresses que les Ptolémées avaient échelonnées sur les lacs Amers alors en communication avec la mer Rouge. Tell-Bastah et Hénassiéh sont les deux derniers monceaux de ruines qu'il explora, dans le Delta et dans la Moyenne Egypte, avant de transporter ses chantiers à Thèbes, au temple célèbre de Déîr-el-Baharî.

Bubastis présentait une apparence paradoxale, dans le moment qu'Hérodote la visita. Bâtie et rebâtie sans cesse sur un terrain fort étroit, elle s'était exhaussée graduellement tandis que le temple demeurait à son niveau primitif : il était comme au fond d'une cuvette oblongue, dont les maisons couronnaient le bord (4). La déesse chatte qu'on y adorait célébrait des fêtes d'une gaîeté proverbiale, où l'on accourait de tous les points de la vallée. Les pèlerins

(1) E. Naville, *the Store-city of Pithom and the Route of the Exodus*, 1883-1884, in-4°, Londres. Ce livre est parvenu à sa quatrième édition en vingt ans, succès rare pour un livre d'archéologie pure.

(2) E. Naville, *Goshen and the Shrine of Saft-el-Hineh*, 1886-1887, in-4°, Londres. Ce livre en est à sa seconde édition.

(3) E. Naville et Ll. Griffith, *the City of Onias and the Mound of the Jews*, 1888-1889, in-4°, Londres.

(4) Hérodote, II, CXXXVIII.

s'entassaient pêle-mêle sur des bateaux, hommes et femmes, et ce n'était pendant le chemin qu'une mascarade perpétuelle. Chaque fois qu'on accostait, les femmes débarquaient à grand bruit de castagnettes et de flûtes, et elles s'en allaient provoquer les matrones de l'endroit, gambadant et troussant leurs cottes à qui mieux mieux. La fonction même n'avait, pour les étrangers, rien qui la distinguât beaucoup des autres panégyries égyptiennes, une procession avec hymnes et sacrifices. Mais, pendant les quelques jours qui la précédaient ou qui la suivaient, Bubastis et ses faubourgs étaient le théâtre de réjouissances extraordinaires. « Les dieux du ciel jubilaient, les « ancêtres s'ébaudissaient, ceux qui se trouvaient là « s'enivraient de vin, une couronne de fleurs sur le chef ; « la populace courait çà et là gaiement, la tête ruisselante « de parfums, les enfants s'ébattaient en l'honneur de la « déesse, depuis le lever du soleil jusqu'à son coucher (1). » Les habitants estimaient, non sans fierté, qu'on buvait là plus de vin en un seul jour, qu'on ne faisait pendant le reste de l'année (2). La foire a émigré dans la cité prochaine de Tantah, où les Égyptiens musulmans offrent au chéîkh Sidi-Ahmed-El-Bedaouî le même hommage de prières et de désordres que leurs ancêtres païens rendaient à Bastît, la déesse chatte. La ville, entièrement déserte, répond assez bien, dans son état actuel, à la description qu'Hérodote en donnait : les ruines des maisons couronnent un creux, au fond duquel quelques tas de pierres marquent les débris du temple. L'aspect de l'ensemble est si peu attrayant que Mariette, après avoir travaillé quelques jours, désespéra d'y trouver rien qui valût son temps et sa peine. Pendant de longues années, Tell-Bastah demeura livrée à la merci des chercheurs de *sebakh*, cette

(1) Dümichen, *Bauurkunden der Tempelanlagen von Dandera*, p. 21.
(2) Hérodote, II, LX.

poussière salpêtrée de briques en décomposition dont les fellahs usent comme d'un engrais; ils y recueillaient assez souvent des scarabées, des figures en terre émaillée, des bijoux, en dernier lieu, ces milliers de chats en bronze qui parurent sur le marché de 1880 à 1890. Des tranchées menées en tout sens convainquirent M. Naville que le sous-sol contenait beaucoup plus de débris anciens qu'on ne l'avait cru avant lui : il s'attela résolument à la besogne, et deux campagnes laborieuses lui suffirent pour mettre à nu les arasements du temple.

Ce n'était pas grand'chose à première vue : pas un mur ne subsistait intact, pas une colonne, pas une statue. Partout gisaient des pierres énormes, ouvrées sur chaque parement de cartouches, d'emblèmes, de figures mutilées, de portions de textes interrompues. Les matériaux avaient été réemployés à plusieurs reprises dans l'antiquité, et toujours on avait tourné vers l'intérieur leur face écrite, pour commémorer des rois nouveaux sur la face qui demeurait libre. Il était facile de reconnaître que le temple avait été remis à neuf par les plus illustres Pharaons de la IVe dynastie, Chéops et Chéphrên ; que ceux de la XIIe l'avaient agrandi et restauré ; que, détruit à moitié au temps des Pasteurs, les conquérants de la XIXe dynastie l'avaient réparé luxueusement ; enfin que la XXIIe dynastie, originaire de l'endroit, avait donné aux bâtiments un développement qu'ils n'avaient point eu avant elle. Mais cette histoire une fois restituée, quel moyen avait-on de rétablir par la pensée les édifices divers et de recomposer la décoration qui couvrait les surfaces ? Naville prit le parti de retourner successivement et de copier en détail tous les blocs qui jonchaient le sol ; il rapprocha ensuite les copies et il parvint, à force de patience, à combiner les fragments de manière à restaurer des figures, des scènes, des inscriptions, des parois entières. Il faut avoir été obligé d'entreprendre soi-même une tâche analogue, pour comprendre quelle intensité d'effort et quelle somme de travail il fournit pendant les deux années de sa vie que Bubastis lui coûta. Deux volumes en consacrèrent le résultat définitif : le premier, attribué à la description du temple en général (1), le second, réservé à la reconstruction théorique d'une cour et d'une porte monumentale, sur laquelle des fêtes d'une nature particulière étaient représentées (2). L'ouvrage est unique jusqu'à présent en égyptologie : les matériaux abondent tellement, et les ouvriers sont si peu nombreux qu'on a presque toujours négligé les temples démembrés et dispersés comme celui de Bubastis. On s'attaque de préférence aux édifices d'abord aisé et dont les restes conservent un contexte continu ; cependant les fellahs brisent les pierres l'une après l'autre afin d'en fabriquer de la chaux ou d'en vendre les morceaux aux voyageurs, et bien des monuments précieux pour l'histoire ou pour l'art disparaissent de la sorte, qu'on aurait sauvés si tous les savants qui exploitent l'Égypte déployaient une persévérance égale à celle de Naville.

Rien n'est plus curieux que cette *salle des Fêtes* ressuscitée. Elle avait été élevée par Osorkon II, vers le milieu du IXe siècle avant notre ère, et elle commémorait sinon l'anniversaire de son avènement, du moins celui de sa divinisation. On y voit et le souverain, et les prêtres d'Amon, et les sacerdoces des villes égyptiennes, et les mille acteurs qui participaient aux cérémonies majeures, nobles, soldats, esclaves, hommes et femmes du peuple. Osorkon II sort de son palais pour aller au temple : il entre dans le sanctuaire et il y voit son père Amon

(1) *Bubastis*, 1889-1890, in-4° avec 54 planches et plans.

(2) *The Festival-Hall of Osorkon II, in the great Temple of Bubastis*, avec 39 planches.

face à face. Celui-ci l'assure de son affection paternelle, le bénit, l'embrasse, l'introduit parmi les immortels, et le souverain, promu dieu à son tour, reçoit en cette qualité les hommages des dieux ses confrères, avec les prières des humains. La procession se déroule aux applaudissements de la foule ; ici, des soldats exécutent des danses de guerre ; là, des nains ou des nègres font mille grimaces et mille contorsions, tandis que les assistants les excitent de leurs cris. Le cortège revient au palais aussi pompeusement qu'il en était parti, et, tandis qu'Osorkon, las mais divinisé, offre un banquet aux gens de la cour, la ville prolonge ses ébats bien avant dans la nuit. Ce n'est pas la foire dont Hérodote parle et dont il a si bien décrit les préliminaires, mais on ne peut s'empêcher de songer que le spectacle entrevu par le voyageur grec devait ressembler singulièrement à celui dont nous suivons les péripéties variées sur les murs du pylône dessiné par madame Naville. Cette Égypte que ses momies nous font imaginer morose et funèbre était un des pays les plus gais de l'antiquité. Les fellahs avaient alors, comme aujourd'hui, l'esprit caustique, la repartie prompte, le rire léger, l'oubli rapide des chagrins et des ennuis de la vie courante : il ne leur fallait pas grand'chose pour s'amuser, et de ce pas grand'chose ils s'amusaient longtemps sans se lasser, avec une naïveté d'enfants. La ferveur religieuse et les acclamations dont ils saluaient les statues et les arches divines qui défilaient devant eux, ne les empêchaient point de remarquer et d'apprécier les incidents grotesques qui se produisent infailliblement au cours des cérémonies les mieux ordonnées : le faux pas d'un porteur d'offrande ou les contorsions des danseurs nègres étaient accueillis par de grands éclats et par des lazzis, que les légendes gravées au-dessus des groupes ont enregistrés pour notre édification. La foi à la divinité était si ferme qu'on ne craignait pas de prendre des libertés avec elle, et l'on ne s'estimait pas obligé de faire de longues figures ou de s'imposer une gravité surnaturelle pour lui témoigner le respect qu'on lui devait : on ne croyait pas rire des dieux eux-mêmes, à rire en leur présence ou pendant leurs promenades publiques.

Héracléopolis a-t-elle laissé réellement moins de traces que Bubastis? Il serait imprudent de l'affirmer. Le site qu'elle occupait est parsemé de buttes immenses, sur lesquelles s'élèvent les différents villages qui constituent la cité moderne de Hénassiéh. On n'y apercevait guère, au-dessus du sol, qu'une rangée de colonnes grossières qui appartinrent à une basilique romaine ou byzantine; partout ailleurs, ce n'étaient que des lignes insignifiantes de murs en briques. L'étendue est si considérable que des centaines de mille francs ne suffiraient pas à l'explorer entièrement : les monuments pourraient s'y dérober pendant des mois ou des années, et la patience du chercheur se lasser avant qu'il fût parvenu au bout de ses tranchées. Naville n'a fait qu'effleurer le site, mais le peu qu'il en a tiré mérite encore qu'on le mentionne. Ce qui nous intéresse dans Héracléopolis, c'est qu'elle servit de capitale à l'Égypte pendant la première moitié de ce qu'on appelle le Moyen Empire. Deux dynasties sortirent d'elle, la IXe et la Xe, puis les premières des grandes dynasties thébaines, la XIIe et la XIIIe, résidèrent dans ses murs ou sur son territoire, à l'entrée du Fayoum. Ces Pharaons l'embellirent de constructions considérables, et leurs inscriptions nous apprennent qu'ils amenaient du désert situé entre le Nil et la mer Rouge les granits ou les basaltes nécessaires à ses architectes. Il y avait donc une chance de retrouver, au milieu des décombres, quelques vestiges de ces princes et de leurs œuvres; et, de fait, Naville a déterré plusieurs architraves d'un style élégant dont l'inscription renferme le nom d'Ousirtasen II. Par malheur, Héracléopolis souffrit beaucoup pendant les guerres civiles, et ses temples furent renversés et relevés à plusieurs reprises. Ramsès II donna au plus grand d'entre eux, celui d'Arsaphès, la forme qu'il garda jusqu'à l'avènement du christianisme. Il utilisa les colonnes que ses prédécesseurs de la XIIe dynastie avaient taillées, et son nom est presque le seul qu'on lise sur les textes que Naville a copiés (1). Le vestibule subsiste : les chambres et le sanctuaire ont disparu presque complètement. Les vieux Pharaons employaient de préférence le beau calcaire blanc qui se prête merveilleusement à la sculpture, mais qui fournit une chaux incomparable : les Coptes, puis les Arabes ont démoli et calciné pièce à pièce tout ce qui était construit en calcaire. L'histoire inscrite sur les murs s'est évanouie en fumée ou s'est étalée en crêpi blanc sur des cahutes de fellahs.

Depuis lors, Naville a passé deux années dans le vallon de Déîr-el-Baharî. Il a communiqué récemment à l'Académie des Inscriptions, dont il est un des correspondants, des photographies qui montrent le point où il en est de sa tâche. Il ne s'agit plus cette fois de rapiécer des lambeaux, mais de dégager un édifice presque intact : c'est une entreprise comparable aux déblayements d'Abydos, de Dendérah, de Louxor, d'Edfou. Les premiers rois de la XVIIIe dynastie avaient choisi le fond du cirque pour y établir une chapelle funéraire : Thoutmôsis Ier la commença, Thoutmôsis II la continua, la reine Hâtchopsouîtou et Thoutmôsis III l'achevèrent. C'était un temple à plusieurs étages de terrasses, adossé aux flancs de la montagne. Les portiques sont supportés par des colonnes à seize pans, surmontées d'un simple abaque, d'une justesse de proportions et d'une élégance de galbe inusitées, même aux

(1) E. Naville, *Ahnas el Médinèh* (*Heracleopolis Magna*) *with Chapters on Mendes, the nome of Thoth, and Leontopolis*, 1891-1892, in-4°, Londres.

meilleures époques de l'art égyptien. Les sculptures dont les murailles sont revêtues valent les plus beaux bas-reliefs du temple de Sétouî Ier ; peut-être même sont-elles d'une allure plus ferme et plus libre. Il est encore un peu tôt pour juger de l'aspect que le monument présentera, quand Naville aura terminé d'enlever les sables qui l'ensevelissaient dans certains endroits jusqu'à l'architrave et qui en masquaient les abords ; ce qui en est visible jusqu'à présent présente un caractère de grâce souriante que l'on refuse d'ordinaire à l'Égypte pharaonique.

3 août 1894.

LA SYRIE DU XVIIIe AU XIVe SIÈCLE

D'APRÈS LES MONUMENTS ÉGYPTIENS

Entre l'Assyrie et l'Égypte, la géographie monumentale laisse un grand vide. Phéniciens, Philistins, Cananéens, Amorrhéens, gens de la Syrie du Nord et de la Cilicie, tous ces peuples si riches et si turbulents n'avaient pas le goût des constructions immenses, ou ils jugeaient inutile de décorer leurs temples et leurs palais avec cette profusion d'inscriptions ou de bas-reliefs qui fait des ruines de Ninive et de Thèbes une sorte de paradis pour l'archéologue. Ils écrivaient peu sur la pierre, ils sculptaient moins encore, et nous saurions mal leur histoire ou même leurs noms, s'ils avaient toujours été assez forts pour sauvegarder leur indépendance. Ils ont eu le bon esprit de se laisser battre souvent et de fournir aux Pharaons comme aux rois assyriens la matière de victoires nombreuses; des deux côtés de l'isthme, on s'est empressé d'enregistrer leurs défaites, d'en raconter le détail, de figurer sur les murailles la fuite de leurs armées ou l'assaut de leurs forteresses, et ce zèle louable des souverains à célébrer redondamment leur propre gloire nous vaut de connaître avec assez d'exactitude la physionomie, le costume, l'ornement, le culte, les mœurs de ces vaincus. Chacun des savants modernes qui ont étudié ces tableaux de batailles et de prouesses guerrières en a tiré les sujets de Mémoire les mieux adaptés à ses goûts et à ses aptitudes, les uns l'histoire politique de l'Égypte, les autres un commentaire illustré des récits bibliques, d'autres un supplément aux notions acquises sur les commencements des civilisations grecques, et M. Max Müller la géographie de l'Asie occidentale et de l'Europe, entre le XVIIIe et le Xe siècles principalement (1).

Le Max Müller dont je veux parler n'est point le célèbre philologue d'Oxford, qui se serait converti à l'égyptologie sur ses vieux jours. Les Müller sont nombreux en Allemagne, et le prénom de Max est devenu si illustre que beaucoup de Müller en ont gratifié leurs fils comme d'un souhait d'intelligence et de prospérité dans l'avenir. W.-Max Müller est un homme jeune encore, originaire de Nuremberg, mais émigré depuis quelques années en Amérique, à l'Université de Philadelphie; il a semé dans nos Revues des notes d'une érudition imperturbable et d'une critique parfois poussée à outrance, mais toujours remplies d'idées neuves et d'observations ingénieuses. Il a réuni dans cet ouvrage, le premier qu'il destine au public, les notions que les textes égyptiens renferment sur les peuples qui habitaient l'Europe ou l'Asie et avec lesquels les Pharaons entrèrent en contact. Ce qu'on doit y critiquer a été signalé ailleurs dans un journal spécial (2) : ce qu'il faut noter ici et louer sans réserve, c'est le nombre des renseignements amassés, la manière habile et souvent heureuse dont ils ont été traités, le tableau complet que l'auteur a

(1) W.-Max Müller, *Asien und Europa nach altægyptischen Denkmælern, mit einem Vorwort von G. Ebers, mit zahlreichen Abbildungen in Zincotypie und einer Karte.* — Leipzig, Engelmann, 1893, in-8°.

(2) *Revue Critique*, 1894, t. I, pp. 501-505.

su en composer des contrées syriennes. Les gens du métier secoueront la tête à bien des endroits, mais l'ensemble est ordonné si ingénieusement et si bien réussi, que longtemps encore ils le recommanderont aux historiens comme un document indispensable et comme un appui certain de leurs études. L'abondance des caractères hiéroglyphiques et la tournure bizarre qu'y prennent les noms anciens transcrits en caractères romains lui enlèveront beaucoup de lecteurs : c'est un inconvénient presque inévitable dans la plupart des ouvrages qui traitent sérieusement de l'Orient le plus antique, mais les curieux qui surmonteront un premier moment d'effroi à l'aspect des signes seront récompensés de leur bravoure par l'abondance des enseignements qu'ils recueilleront de chapitre en chapitre.

La Syrie entière était alors sous l'influence chaldéenne. Babylone y avait exercé directement son autorité à plusieurs reprises, dès le troisième et peut-être dès le quatrième millénaire avant notre ère : ses rois y avaient conduit des expéditions triomphantes, et ils y avaient implanté les mœurs des populations euphratéennes, ses marchands la visitaient en plus grand nombre que ceux de l'Égypte et ils y vendaient avantageusement leurs bijoux, leurs armes, leurs étoffes. L'infiltration des usages chaldéens s'y produisit si efficace à la longue, qu'au moment où les Pharaons l'envahirent, vers 1600 avant J.-C., les cités de la Phénicie et de la Cananée devaient offrir pour la plupart aux voyageurs l'aspect des villes provinciales de la Chaldée, Ourou, Nipour ou Sippara. Les habitants paradaient les lourdes robes brodées et bariolées des Babyloniens, ils affectaient la chevelure longue et la barbe frisée ou ondulée selon la mode en vigueur aux plaines du bas Euphrate, ils avaient adopté le syllabaire cunéiforme et ils le traçaient sur des tablettes d'argile avec des stylets de métal ou d'os, comme les scribes de là-bas. Non seulement les affaires privées se débattaient par écrit en paquets de clous, mais celles de l'État ; et, lorsque les Pharaons eurent soumis les pays du Liban, ils durent se procurer des interprètes et des secrétaires habiles au déchiffrement des cunéiformes pour suffire aux nécessités de leur correspondance diplomatique (1). Ils n'y mirent pas de vanité et ils n'exigèrent pas qu'on se servît des hiéroglyphes lorsqu'on leur adressait de Damas ou de Jérusalem une requête ou un avis : que le tribut leur fût payé exactement en métal franc d'alliage, ils s'inquiétaient peu de savoir si la dépêche qui en annonçait l'expédition était rédigée dans un caractère ou dans un autre. Ils ne firent donc rien pour changer le goût ou les habitudes des populations syriennes, mais ils tolérèrent qu'elles calquassent leur vie sur celle de leurs anciens maîtres. Si, au bout d'un certain temps, on remarque, dans leurs industries et dans leurs modes, quelques tendances à copier l'Égypte, c'est par esprit d'initiative et par entraînement volontaire que le changement s'opéra, non par contrainte. Les poncifs égyptiens avaient au moins le mérite de la nouveauté, et leur élégance les fit accepter avec plaisir dès qu'on les connut plus nombreux. Ils ne chassèrent jamais complètement les autres, et l'art, comme la civilisation de ces contrées, demeura malgré tout ce qu'elles étaient elles-mêmes par leur position, quelque chose d'intermédiaire entre l'Égypte et la Chaldée.

La surface du sol était divisée en petits États isolés, sans cesse en guerre l'un contre l'autre pour conquérir ou pour conserver la suzeraineté de quelques arpents de blé dans la plaine ou de quelques ravins boisés dans la montagne. Les caravanes ou les armées qui y circulaient traversaient chaque jour un royaume pour le moins, quelque-

(1) Cfr. p. 2 sqq. du présent volume, l'article sur la trouvaille d'El Amar a.

fois même plusieurs royaumes entre deux étapes. Le roi de Mageddo apercevait de chez lui la capitale du roi de Taanach, et celui-ci se heurtait, avant d'atteindre l'horizon, aux frontières des empires d'Apour ou de Shounem. Toutes ces royautés étaient fortifiées à outrance, et elles possédaient des enceintes assez vastes pour abriter à la première alerte la population des villages qui dépendaient d'elles. Elles étaient pour la plupart juchées sur des collines isolées ou sur des eperons de montagne rattachés à la chaîne principale par une sorte de levée étroite. Leurs murailles épousaient les contours du terrain et elles s'échelonnaient sur deux ou trois lignes aux points les plus faciles d'accès. Elles étaient construites en pierre, flanquées de hautes tours crénelées, munies d'un donjon où le maître et les restes de la garnison se réfugiaient quand la cité même avait été forcée. On y pénétrait quelquefois par escalade, ou en brisant et en brûlant les battants des portes, mais il fallait presque toujours les bloquer et les réduire par la famine. Citadins ou campagnards, les Syriens étaient d'un tempérament violent et dur jusqu'à la cruauté : ils coupaient volontiers les mains et les pieds de leurs prisonniers, ou ils les massacraient de sang-froid après le combat. Leur armement était aussi perfectionné que celui des Égyptiens, bouclier, pique, javelines, arc et flèches, haches, épées, poignards, casque pointu et souvent une longue cotte rembourrée qui tenait lieu de cuirasse ; leurs chars étaient lourds et portaient trois hommes, le soldat, l'écuyer, le cocher, tandis que les Égyptiens n'en admettaient que deux, le soldat et l'écuyer qui sert en même temps de cocher. Ils lâchaient pied aisément devant les soldats de Pharaon, mais c'était plutôt absence de discipline que manque de courage. Chacune de leurs milices minuscules étant incapable de résister aux grosses armées de l'Égypte, ils se coalisaient parfois pour mettre en ligne des troupes considérables, mais leurs bandes, inaccoutumées à agir d'ensemble, se disloquaient promptement sous les mouvements concertés et sous les charges à fond de leurs adversaires. Ils ne commencèrent à remporter d'avantages sérieux qu'après deux siècles de servitude, quand les Hittites réunirent sous leur domination toutes les contrées du Nord, et qu'ils opposèrent à Ramsès II des masses compactes habituées au commandement d'un seul chef.

Les noms des nations et des villes sont épars dans les inscriptions qui racontent les épisodes de la conquête, mais on les trouve aussi assemblés en listes interminables sur les murs des pylônes thébains. Les rois avaient coutume de mener avec eux des files de prisonniers attachés à une même corde, et qu'ils semblaient traîner derrière leur char. Ces malheureux, après avoir figuré dans le cortège triomphal le jour où le souverain rentrait dans sa résidence, étaient pour la plupart condamnés à l'esclavage ; plusieurs étaient choisis pourtant parmi les plus nobles, que le vainqueur conduisait devant l'image de son père Amonrâ et qu'il sacrifiait religieusement à coups de massue (1). On les gravait tous dans un endroit du temple bien en vue, et, comme ils auraient tenu trop d'espace, on leur substituait autant de groupes abrégés, où le nom de chacun d'eux se combinait avec son portrait idéalisé. Le corps cédait la place à une sorte d'ellipse crénelée dans laquelle on emprisonnait le nom : des épaules la surmontaient, d'où jaillissaient deux bras liés par derrière, et une tête humaine, tête de sémite pour les peuples de l'Asie, tête de nègre pour les tribus du haut Nil. On les classait dans un ordre assez régulier, presque toujours le même, et nous réussissons souvent à les identifier avec l'une ou l'autre des

(1) Voir plus haut, pp. 35-36, du présent volume.

localités hébraïques, grecques ou arabes. Beaucoup incarnent des villes obscures : un certain nombre nous apprennent l'existence à cette époque de cités célèbres aux siècles classiques. Ce sont d'abord celles de la Palestine, Gaza, Ascalon, Joppé, Mageddo, Taanach, Ako et cent autres, parmi lesquelles on s'étonne de ne pas rencontrer Jérusalem : elle florissait pourtant, et les dépêches de ses rois nous apprennent qu'elle s'appelait Ourousalîm. Damas est là sous la forme Dimaskou, avec Hamath et une forteresse célèbre alors, Qodshou sur l'Oronte ; puis on compte par dizaines les localités de la Syrie septentrionale, Khaloupou-Alep, Karchémis au gué de l'Euphrate, Nirab, Dour-Banat qui est le *Castrum puellarum* de nos Croisades, Ourima, Dolikhê. La Phénicie propre est absente de ces énumérations triomphales, et les plus septentrionales de ses villes y sont seules inscrites, Arad et Simyra. Byblos, Sidon, Sarepta, Tyr étaient peuplées de marchands bien avisés qui se sentaient impuissants à résister aux archers et aux marins de Pharaon : ils calculèrent qu'en payant un tribut ils obtiendraient l'avantage de commercer sans entraves avec leurs soi-disant maîtres, et qu'ils regagneraient ainsi largement par des moyens pacifiques l'argent de leurs rançons annuelles. Ils ne furent jamais battus parce qu'ils ne résistèrent jamais, mais d'autres documents mentionnent leur pays : Tyr, par exemple, était déjà lancée en pleine mer sur son île, toutefois elle ne possédait pas encore de sources ou de citernes où s'abreuver, et elle importait son eau du continent, dans des barques.

Elle avait ses raisons pour déployer autant de prudence. Il y avait longtemps déjà qu'elle avait commencé ses voyages de découverte et de colonisation sur les côtes orientales de la Méditerranée. Elle s'était établie dans la grande île de Chypre, qui s'appelait alors Asi (Asia), et qui lui fournissait des bois pour ses constructions navales, du cuivre et du bronze pour ses forges et pour ses ateliers d'orfèvres. Elle avait gagné de proche en proche la Crète, les îles de l'Archipel, la Grèce continentale, peut-être les rives de la Propontide et de la mer Noire. Elle trouvait là des peuples d'origine diverse, d'une civilisation inférieure aux civilisations orientales, mais nullement sauvages comme on est souvent tenté de le croire. Elle leur apportait les produits des industries asiatiques et elle tirait d'eux en échange les matières premières qu'elle utilisait dans ses fabriques, de l'alun, des couleurs, de la pourpre, de l'or, de l'argent, du bronze, des vases et des parures d'un goût rude, mais qui plaisaient aux raffinés de l'Égypte ou de la Syrie au même titre que les bijoux africains ou asiatiques tant prisés par nos femmes et dont elles se parent. Ses marins occupaient des îlots, construisaient des factoreries sur des promontoires bien placés où ils se sentaient à l'abri des indigènes. Très probablement, ils en agissaient déjà comme les Carthaginois firent plus tard à l'égard des terres qu'ils découvraient : ils en cachaient soigneusement le site et ils n'en parlaient que de manière vague. C'étaient pour eux les *Iles de la mer*, les *Terres de la mer*, et les Égyptiens les désignèrent de la même façon, *Iles de la Très Verte*, *Terre de la Très Verte*, la *Très Verte* étant ici notre Méditerranée. On se tromperait, cependant, si l'on croyait qu'ils se contentèrent de les citer d'après les ondit de leurs vassaux phéniciens, et qu'ils n'essayèrent jamais de les aborder directement. Ils n'avaient pas, ainsi qu'on le répète encore, l'horreur de la mer, mais chaque fois qu'une dynastie puissante surgissait chez eux, elle s'appliquait à créer une marine de guerre qui protégeait les embouchures du Nil, ou à favoriser le développement de la marine marchande qui pratiquait le cabotage entre les ports du Delta et ceux de la côte syrienne. Les tableaux de Déîr-el-Baharî nous montrent quelques navires de la flotte royale de Thoutmôsis III. Ce serait peu de chose chez nous ; mais il ne faut pas oublier qu'alors l'Égypte était le pouvoir le plus formidable qu'il y eût au monde, et sa flotte représentait ce que l'on construisait de mieux sur les chantiers de tous les pays. Ses voyages au pays des Somalis à la recherche de l'encens témoignent de l'habileté de ses pilotes : ce qu'ils accomplissaient sans désastre dans les parages méridionaux, ils étaient certainement de taille à l'entreprendre dans les régions moins périlleuses du Nord.

La fortune nous a refusé le récit détaillé et illustré de l'une ou l'autre de ces explorations, mais nous avons la preuve directe qu'elles ont eu lieu à plusieurs reprises. Les Pharaons entretenaient en Syrie des *envoyés royaux*, hauts personnages choisis parmi les plus intelligents ou les plus nobles de ceux qui formaient leur entourage immédiat. Le nom de plusieurs d'entre eux est parvenu jusqu'à nous, mais celui sur lequel nous possédons le plus de renseignements vivait sous le règne d'Aménôthès IV. C'est un certain Doudou, dont le tombeau existe encore dans les collines d'El-Amarna, et dont il est plusieurs fois question dans les dépêches échangées entre le souverain et ses vassaux asiatiques. Doudou représentait Pharaon en Syrie, et il parcourait le pays, recevant les plaintes, redressant les torts, essayant de rétablir l'ordre partout où quelque chef le troublait : les fonctions de *messager royal* exigeaient que celui qui en était revêtu se rendît de sa personne dans les provinces dont on lui confiait la surveillance. Or, parmi ceux de ces *messagers* dont il nous reste des monuments, plusieurs sont en même temps intitulés *administrateurs des pays septentrionaux*, et ils joignent à la mention de cette charge un certain nombre d'épithètes flatteuses, destinées à énumérer les contrées sur lesquelles ils exerçaient la suprématie de l'Égypte.

L'un des plus illustres d'entre eux, Thoutii, le héros d'un conte populaire, disait de lui-même qu'il avait gagné la bienveillance de son maître Thoutmôsis III par le zèle avec lequel il s'était acquitté de sa mission « sur toute contrée étrangère », « aux Iles de la Très Verte »; il avait rempli le trésor de lapis-lazuli, d'or d'argent, provenant de ces régions lointaines (1). Avait-il poussé jusque-là sur un navire égyptien ou sur une escadre phénicienne? On n'en sait rien, mais un de ses contemporains, Rakhmirîya a fait peindre dans son tombeau les peuples de ces îles, et l'on voit ailleurs les galères qui les amenaient jusques à Thèbes : le gabarit en est tout égyptien, et elles sont montées par des Égyptiens de race. Je ne vois, pour ma part, aucune raison de douter qu'au milieu de la XVIIIe dynastie plus d'un Égyptien ait visité la Grèce. Bien des îles appartenaient aux Phéniciens, qui eux-mêmes relevaient du roi thébain, et celui-ci, en expédiant un *messager* chez les vassaux ou chez les sujets de ses vassaux, usait d'un droit dont personne au monde n'aurait osé alors lui contester la légitimité. Un vieux préjugé empêchera quelques savants d'admettre que ces relations très antiques, dont les Grecs de l'époque classique n'avaient point perdu le souvenir, aient existé ailleurs que dans l'imagination des égyptologues, mais on peut tout attendre de l'Égypte : je m'assure que, le jour où l'on connaîtra mieux ses monuments, on y trouvera des textes ou des images qui ne laisseront subsister aucun doute dans les esprits les plus prévenus.

Les points de contact se multiplièrent, deux ou trois siècles après Thoutmôsis III, entre les riverains de la mer Égée et les pays civilisés de l'Orient. Les *peuples de la mer* se mirent en branle et ils voulurent se conquérir

(1) Devéria, *Mémoires et fragments*, t. I, pp. 35-53, partie d'après ses propres recherches, partie d'après celles de Birch.

une patrie nouvelle sur les bords du Nil. Les Achéens vinrent se faire battre en plein Delta avant de se fixer à Chypre, ainsi que les Tyrsènes avant de se tourner vers l'Italie. Il y a là de quoi étonner tous ceux des modernes qui se sont imaginé le monde ancien comme un assemblage de nations ou de tribus casanières, timorées, effrayées à l'idée de courir l'aventure, forcées de temps en temps à la conquête par quelques souverains ambitieux, mais toujours prêtes à retomber dans leur isolement et dans leur immobilité dès que ces importuns avaient disparu. C'est le contraire de ce tableau qui est vrai, et l'agitation, parfois sans but, était au moins aussi grande au deuxième millénaire avant J.-C. qu'elle le fut à l'époque romaine. L'histoire de l'Égypte, celle de la Syrie, celle de l'Assyrie, celle de la Chaldée, sont, partout où nous les connaissons, remplies d'expéditions lointaines sur terre et sur mer. L'imperfection des moyens de communication, le mauvais état des rivières, l'insécurité des routes, les dangers perpétuels de pillage, de mort ou d'esclavage, rien n'arrêtait les marchands, et les matelots ne le cédaient pas en hardiesse aux conducteurs de caravanes; ils sillonnaient la Méditerranée orientale en tous sens, et les peuples chez lesquels ils fréquentaient, instruits par leur exemple, n'hésitaient pas à braver comme eux les risques des voyages au long cours. Il leur fallait des semaines où parfois des heures nous suffisent. Tel cap, que le moindre de nos bâtiments double en tout temps sans difficulté, les retenait plusieurs jours dans l'attente d'un calme relatif ou d'un vent favorable pour leurs frêles embarcations. L'on se contait des histoires effroyables de gouffres où tout s'engloutissait, d'îles habitées par des monstres ou qui plongeaient dans les flots dès qu'on les approchait, de roches mouvantes entre lesquelles il fallait se glisser très vite pour n'en être pas écrasé, et l'on partait quand même, sauf à ne revenir qu'après des années d'absence. Les traditions de la Grèce avaient conservé la mémoire de ces mouvements de navigation et des migrations perpétuelles auxquelles les prédécesseurs des Hellènes classiques étaient accoutumés; mais la critique des archéologues les avait rejetées dans le domaine de la fable d'une façon si péremptoire, qu'on n'en parlait plus qu'avec méfiance et presque en s'excusant. L'Égypte et les égyptologues ont eu le mérite de nous rappeler qu'il y a une grande part de vérité dans beaucoup de ces traditions suspectes, et de fournir la preuve contemporaine de plusieurs déplacements de peuples. On a révoqué leur témoignage et bien des gens se montrent incrédules encore. Je les renvoie au livre de W. Max Müller : ils y trouveront de quoi se convaincre, — s'ils veulent se donner la peine de l'étudier.

28 décembre 1894.

LES MYSTÈRES D'ÉLEUSIS ET L'ÉGYPTE

On a d'autant plus longuement disserté sur l'origine et sur la nature des mystères d'Éleusis que l'on possède moins de documents précis au sujet des rites qui y étaient célébrés et des enseignements qui s'y donnaient. Les affiliés avaient pris l'engagement de n'en rien révéler et ils n'en parlaient guère, ou ils n'en avouaient que les généralités déjà connues de la foule. Les apologistes chrétiens, retenus par une saine crainte des résultats fâcheux auxquels des indiscrétions trop flagrantes les auraient exposés, n'abordaient jamais franchement la démonstration des dogmes ou des opérations secrètes; d'ailleurs l'esprit de prosélytisme violent qui les agitait les portait souvent à ne voir que le côté ridicule ou indécent des cérémonies, et rendait leur témoignage suspect ou incomplet. Nous en sommes réduits, pour deviner ce qui se passait dans le sanctuaire, à ramasser çà et là chez eux, chez les historiens, chez les orateurs, chez les moralistes, chez les grammairiens et les rhéteurs, chez les poètes, les allusions toujours brèves, toujours obscures de parti pris qu'ils se sont permises; des inscriptions d'époques diverses confirment ces renseignements, les corrigent, les contredisent, y ajoutent parfois des détails précieux. Le tout a été classé, étiqueté, commenté par des générations de savants dont les systèmes, accommodés au goût et à la mode du moment, sont très ingénieux et très bien déduits, mais d'un esprit si subtil et d'une invention si raffinée qu'après les avoir étudiés, on se sent un peu moins instruit qu'auparavant : on les quitte convaincu nettement que si les fêtes éleusiniennes étaient des mystères pour les anciens, elles sont, d'autre façon, des mystères non moins ineffables pour les modernes, et l'on se console de n'y rien entendre soi-même en s'avouant que les gens du métier n'y entendent pas grand'chose.

Voici pourtant un Mémoire où M. Foucart s'est décidé à publier le résultat des recherches qu'il a entreprises sur ce terrain hasardeux (1). M. Foucart a plus d'une raison de connaître Éleusis et de s'intéresser aux associations religieuses de la Grèce : son expérience lui a suggéré une solution du problème, que, pour ma part, je tiens véritable partout dans le gros et presque partout dans le menu. Plusieurs hésiteront à l'admettre ou ne se rendront qu'à demi; tous seront d'accord pour admirer la façon précise dont il a posé la question, expliqué les textes l'un par l'autre et mené l'esprit du lecteur jusqu'à la conclusion finale sans jamais rencontrer une difficulté qu'il esquive ou un obstacle qu'il ne puisse surmonter. Ils sont rares, même en France où l'on prise si fort la clarté, les savants capables de conduire, pendant plus de quatre-vingts pages in-4°, une dissertation dont aucun point ne reste obscur par défaut de composition, et où la thèse principale est démontrée avec une progression de preuves si habilement introduites au bon moment, qu'on passe de la méfiance et du scepticisme à la conviction presque

(1) P. Foucart, *Recherches sur l'origine et la nature des mystères d'Éleusis* (extrait des *Mémoires de l'Académie des Inscriptions et Belles-Lettres*, t. XXXV, 2e partie). Paris, 1895, in-4° de 84 p.

inconsciemment. M. Foucart indique au début que la Déméter d'Éleusis est une Égyptienne de naissance, une Isis qui s'hellénisa peu à peu. Il la suit dans son évolution, marque ce que fut son sacerdoce, les idées qu'il se forgea sur la vie future et le tour très particulier qu'il prêta à ses doctrines, ce qu'il offrit de séduisant aux âmes pieuses et par quels procédés variés il les rallia autour de lui. Rien n'est plus curieux que de voir cet helléniste de profession, que rien dans son éducation ne prédisposait à la recherche des origines orientales, se laisser gagner peu à peu par l'attrait des choses égyptiennes, leur accorder une attention que tant d'autres leur refusent parmi nos classiques, et se mettre enfin à les aimer, sans que ce sentiment nouveau lui fasse perdre un instant le sang-froid ordinaire de son esprit et le parfait équilibre de son jugement.

Les Grecs anciens, qui avaient assez bonne opinion d'eux-mêmes, et qui se persuadaient aisément de leur supériorité sur les barbares, c'est-à-dire sur tous les autres peuples, confessaient pourtant qu'ils devaient quelques-uns des éléments de leur civilisation aux grandes nations de l'Orient, en particulier aux Égyptiens. Les Grécisants de notre siècle, plus Grecs en cela que les Grecs d'autrefois, repoussèrent pendant longtemps les traditions d'emprunts à l'Orient, et ils se suggérèrent d'excellentes raisons de croire que la Grèce avait produit et développé, sans secours étrangers, tous ses dieux, tout son art, tous ses dogmes religieux ou philosophiques. M. Foucart admet au contraire l'authenticité des légendes qui nous ont conservé le souvenir des migrations égyptiennes : les monuments des dynasties thébaines lui enseignent que, dès le XVIe siècle avant notre ère, les officiers du Pharaon Thoutmôsis III et de ses successeurs se sont rendus directement des bouches du Nil ou de la côte syrienne aux îles de la mer Égée sur des bateaux phéniciens (1). La prétendue horreur des Égyptiens pour la mer ne les a pas empêchés de naviguer dès la Ve et la VIe dynastie ; à la XVIIIe, ils étaient une puissance maritime autant qu'un peuple possesseur d'une étendue restreinte de côtes utilisables peut l'être, et leurs vaisseaux descendaient jusqu'aux régions productives de l'encens, dans le pays des Somalis, passé le détroit de Bab-el-Mandeb, ou ils remontaient journellement en Syrie, à Chypre, en Asie Mineure. Il n'y a jamais eu contre la tradition de rapports fréquents entre les cités de l'Hellade et celles de l'Égypte qu'un préjugé de philologue ou d'archéologue classique, étranger du tout aux études orientales ; ce préjugé s'efface aujourd'hui, mais les opinions qu'il a suscitées subsistent encore en partie, et plus d'un parmi les historiens répugne à penser que des exilés ou des marchands aient pu venir des bouches du Nil en Argolide ou en Attique. M. Foucart le croit et il cite les faits qui sont de nature à le prouver. Il compare ensuite le personnage et le culte de la Déméter Éleusienne au personnage et au culte d'Isis, puis il fait ressortir les ressemblances que les deux déesses présentent non pas à la surface et par accident, mais au fond même de leur nature. La Grecque n'est pas le calque exact de l'Égyptienne ; adaptée au milieu occidental, elle y préserve pourtant les principaux caractères de son modèle africain. Sa religion rappelle aux fidèles le double bienfait qu'elle leur a rendu, l'invention de l'agriculture qui les a introduits dans la vie civilisée de ce monde, l'initiation aux mystères qui leur vaut le bonheur dans la vie posthume. Les plus anciennes de ses fêtes, qui existaient déjà au XIe siècle avant notre ère, célèbrent le moment où le blé verdit, où le chaume se

(1) Voir pp. 55-56 du présent volume ce qui est dit des inspecteurs égyptiens et de leurs voyages aux îles de la mer Égée.

forme, où l'on bat le grain sur l'aire. On lui consacrait les prémices de la récolte, et le plus saint de ses emblèmes, celui qu'on dévoilait aux affiliés en dernier lieu, était l'épi de blé mûr. Ceux qui se liaient à elle par des cérémonies et par des serments solennels, elle leur promettait au-delà un bonheur certain en récompense de leur dévotion. Il n'y a pas besoin d'être grand clerc en égyptologie pour reconnaître sous le nom et sous le vêtement grec l'Isis du Delta, la terre féconde, dame des moissons et du pain, qui concède à ses féaux le même sort qu'elle avait assuré à son mari Osiris, et qui les dirige vers un paradis lumineux à travers les horreurs de la nuit d'outre-tombe.

Les révélations qu'on faisait de sa part aux néophytes ne contenaient aucun enseignement moral, ni aucun symbolisme philosophique. Elles comportaient trois éléments différents, une action, un drame que le sacerdoce jouait devant eux pendant les veillées de l'initiation, des objets qu'il leur montrait, des formules qu'il prononçait et qu'il leur enseignait. Le drame leur apprenait des faits ignorés du vulgaire ou mal sus de lui : le rapt de Coré par Hadès, la douleur de Déméter et ses tristes voyages à la recherche de sa fille, son union avec Céléus et la naissance d'Eubouleus, la façon dont Triptolème avait délivré sa demi-sœur Coré sur un char attelé de serpents. Dans une autre série de scènes, le hiérophante et la prêtresse de Déméter mimaient le mariage de Zeus et de Déméter, et ils présentaient aux spectateurs le résultat final, l'épi de blé mûr. Tout cela avait lieu dans l'enceinte sacrée et dans les salles du temple, sans mise en scène extraordinaire, sans machines, sans artifices compliqués : « Le « silence de la nuit, les alternatives d'ombre et de « lumière, la voix majestueuse du héraut sacré, les cos« tumes imposants des hiérophantes et des ministres du « culte, les chants du chœur, tantôt plaintifs, tantôt

« triomphants, suffisaient pour exercer une action puis-« sante sur les sens et sur l'imagination. Ce n'était pas « non plus froidement que le myste pénétrait dans l'en-« ceinte sacrée, mais le cœur échauffé par la préparation « qui précédait l'initiation : les promesses et les demi-« révélations du mystagogue chargé de l'instruire, la « retraite dans l'Éleusinium d'Athènes, le jeûne, les « purifications et les sacrifices répétés, les chants et « les danses de la procession d'Athènes à Éleusis, les « cris répétés de Iacchos, l'arrivée dans la ville sainte à « la lueur des flambeaux, et, par-dessus tout, l'attente « impatiente et inquiète de ce qui allait lui être dévoilé, « s'unissait pour disposer son âme aux émotions les plus « fortes. Et lorsque enfin le hiérophante découvrait à ses « regards les effigies divines, sous une forme et avec des « attributs inconnus aux profanes, ne se sentait-il pas « plus près des dieux et comme admis à les contempler « face à face? » Cela ne suffisait pas cependant à lui inculquer la certitude qu'il réclamait d'un bonheur inaltérable dans la vie future. Il exigeait, de plus que la vue des dieux souffrant puis trônant dans leur gloire, une action solennelle où il remplissait un rôle avant d'arriver à la pleine possession de la vérité mystérieuse. Nous savons que c'était comme une répétition anticipée des pérégrinations que son âme devait accomplir afin d'atteindre la félicité suprême. D'abord, affirme Plutarque, des courses au hasard, de pénibles détours, des marches inquiétantes et sans terme à travers les ténèbres : telle la route des enfers qu'il lui fallait parcourir afin de gagner le paradis. Au moment où il allait succomber à la fatigue et à l'épouvante, une lumière merveilleuse pointait à ses yeux, puis c'étaient des lieux purs et des prairies où retentissaient des voix et des danses, des oraisons sacrées, des apparitions divines. Là encore la révélation demeurait incomplète pour lui : elle lui marquait les obstacles à surmonter et le but final vers lequel ses efforts tendaient, mais elle ne lui indiquait pas le moyen de se tirer victorieux des épreuves.

Les paroles entendues au cours des rites le lui procuraient enfin : le hiérophante avait seul le droit de les prononcer et ce n'était pas la moindre gloire de son ministère, mais les auteurs anciens ne nous les ont pas conservées, et nous en serions réduits aux conjectures, si des documents émanant de la secte orphique ne nous en avaient restitué l'équivalent. Les Orphiques avaient l'habitude d'écrire à la pointe, sur des lames d'or qu'ils déposaient dans les tombeaux, des extraits du poème où ils avaient consigné la partie de leur exégèse qui était relative aux voyages de l'âme, *la Descente dans l'Hadès*. C'étaient des instructions secrètes, puisqu'on les emprisonnait avec le corps dans cette demeure dernière où nul regard humain ne pénétrait plus à partir du jour où elle se refermait : « Tu « trouveras, disaient-elles, dans la demeure d'Hadès, sur « la gauche, une source, et près d'elle un cyprès blanc; « tu n'approcheras pas de cette source. Tu en trouveras « une autre dont l'onde fraîche coule du lac de Mémoire « et devant se tiennent des gardiens. Dire alors : « — Je « suis l'enfant de la Terre et du Ciel étoilé, mais mon « origine est céleste, sachez-le, vous aussi. Je suis dévoré « et je me meurs de soif, mais donnez-moi soudain l'eau « fraîche qui coule du lac de Mémoire. » Et ils te donne- « ront à boire de la source divine, et alors tu régneras « avec les autres héros. » Dans un second fragment, c'est un ami qui se charge de guider le pèlerin : « Mais « lorsque ton âme aura quitté la lumière du soleil, prends « à droite comme doit faire tout homme avisé » pour éviter le cyprès blanc et la source fatale; « adieu, toi qui « as éprouvé ce que tu n'avais jamais éprouvé encore,

« d'homme tu es devenu dieu, tu es [blanc et pur] comme « le chevreau tombé dans le lait; adieu, adieu, toi qui « prends à droite, vers les prairies et vers les bois sacrés « de Proserpine. » Ailleurs l'âme se tient en arrêt devant la source et elle cause avec celle-ci : « Je suis dévorée et « je me meurs de soif. — Or donc, bois à ma source; je « coule toujours à la droite du cyprès. Qui es-tu? de qui « es-tu fils ? — Je suis fils de la Terre et du Ciel étoilé. » Un dernier extrait décrit son état lorsqu'elle est au terme de son voyage : « Pure et issue de pure, je viens « vers toi, reine des enfers, et vers vous, Euclès, Eubou- « leus, et vers vous tous, Dieux immortels, car je me « vante d'appartenir à votre race... J'ai échappé au cercle « terrible des profondes douleurs, et de mes pieds rapides, « je suis entrée dans la couronne désirée, je suis descen- « due dans le sein de la reine des enfers. » La ressemblance entre les idées des orphiques et les dogmes d'Éleusis est telle qu'on peut s'imaginer, sans crainte d'erreur générale, les portions découvertes jusqu'à présent du Rituel orphique comme étant analogues aux formules encore inconnues du Rituel éleusinien. Ces paroles que le hiérophante déclamait d'une voix juste et forte, c'étaient les prières et les définitions nécessaires pour que l'âme de l'initié sût ce qu'était chacune des régions infernales, les dangers qu'elle recélait et qu'on devait y éviter, les routes qu'il fallait y suivre, les vertus des êtres qu'on y rencontrait avant d'être admis auprès de la déesse et de participer aux félicités dont elle comblait ses fidèles. « Le myste voyait, au milieu d'un appareil propre à « frapper les sens et l'imagination, la vie et les aventures « des divinités qui régnaient dans le monde souterrain ; « il était admis en leur présence et il contemplait leurs « images; il parcourait leur domaine et il apprenait les « paroles toutes-puissantes qui lui en ouvraient l'entrée.

« N'était-ce pas là ce qu'il était venu demander aux « déesses d'Éleusis? Ces révélations, instrument et gage « assuré d'un bonheur éternel, ne suffisent-elles pas à « expliquer les transports de joie auxquels se livraient les « initiés? Enfin, ne justifient-elles pas cette ferme con- « fiance dans l'avenir, qui faisait dire à l'un d'eux : — « Grâce aux mystères, la mort pour les mortels n'est pas « un mal, mais un bien. »

Il faudrait être mieux informé que je ne le suis des religions de Déméter et de Coré pour juger à quel point la ressemblance de leurs dogmes aux religions d'Isis et d'Osiris est exacte. Tous les faits allégués par M. Foucart sont vrais de l'Isis égyptienne : c'est aux hellénistes à décider si le rapprochement avec les faits correspondants qu'il allègue de Déméter prouve autant qu'il me paraît. Cela dit, il me semble certain que les mystères éleusiniens sont égyptiens d'intention et d'exécution : c'est la pensée égyptienne qui y domine et la façon dont cette pensée s'exprime est la façon de l'Égypte. Les Égyptiens, toujours préoccupés de l'au delà, avaient essayé très anciennement d'enseigner aux hommes l'art de survivre à la mort et de mener auprès des dieux une existence semblable à l'existence terrestre, la plus agréable qu'ils pussent imaginer. Il fallait, pour y réussir, s'entourer ici-bas de toutes les précautions, et commencer par s'attacher à quelque divinité qui fût en état de protéger ceux qui reconnaissaient sa suzeraineté : c'était, en général, un dieu qui, ayant subi la mort, s'était échappé d'elle, Sokaris, Khontamentît, Phtah, Osiris, et le futur mort s'intitulait *le féal* à Sokaris, à Khontamentît, à Phtah, à Osiris, selon qu'il avait choisi l'un ou l'autre. Il apprenait par cœur les chapitres qui lui ouvraient l'entrée de son domaine : une fois momie, comme il aurait risqué de les oublier dans les premiers troubles de l'embaumement, on les lui récitait à l'oreille avant de l'emporter au tombeau, et, pour plus de sûreté, on déposait dans son cercueil un ouvrage spécial qui les renfermait, un *Livre des Morts* illustré de vignettes, véritable routier de l'Hadès où lui étaient décrites étape par étape les voies qui menaient de notre terre à tous les paradis. Comme le hiérophante d'Éleusis, le prêtre égyptien devait avoir la voix juste pour intoner les formules, et l'initié qui les reprenait après lui devait être ainsi que lui *juste de voix*. Comme l'initié d'Éleusis, le mort égyptien rencontrait sur son chemin des fontaines dangereuses ou salutaires, des monstres qu'il repoussait par son chant; il parcourait les ténèbres opaques, et il abordait enfin à des îles fertiles, éclatantes de lumière, les *Prés des Souchets*, où son maître Osiris lui offrait un asile tranquille, à condition pour lui de répéter les mots de passe. Il y a longtemps déjà, j'avais été frappé de la tournure égyptienne des vers tracés sur les plaques d'or de Pétélie (1), et je les tenais pour un emprunt fait à l'Égypte par les théologiens de la Grande-Grèce. Cette opinion, venant d'un égyptologue, aurait semblé suspecte aux hellénistes et entachée de partialité; venant d'un helléniste de renom, elle obtiendra, je l'espère, un accueil meilleur et elle sera discutée avec le soin qu'elle mérite.

Les peuples de la Méditerranée manifestèrent, du VIIIe au Ve siècle avant notre ère, un goût prononcé pour les bijoux, les scarabées, les verreries, les ivoires, les statuettes en bronze et en émail de l'Égypte. Le commerce phénicien et le commerce grec les jetaient par cargaisons sur toutes les côtes, en Asie Mineure, dans les îles de l'Archipel, à Carthage, en Sardaigne, en Italie : on a découvert à Rome, dans les portions non remaniées du rempart de Servius Tullius, des figurines et des objets

(1) Je les avais empruntées tout d'abord à Fr. Lenormant pour les citer dans mon Cours au Collège de France de 1887.

égyptiens mêlés à la terre au moment de la construction comme amulettes préservateurs. Il en fut des doctrines religieuses ou philosophiques comme des produits de l'industrie : elles se répandirent sur le monde, et, quand elles ne s'expatrièrent pas d'elles-mêmes, les étrangers vinrent les recueillir sur le sol natal. Plusieurs des savants, des philosophes et des théologiens de la Grèce voyageaient alors en Égypte, et les notions qu'ils rapportèrent eurent parfois grand succès : ce qui était vieux et banal aux bords du Nil put paraître souvent original et nouveau dans les cités de la mer Égée ou du littoral Ionien. C'est le temps où les doctrines orphiques prévalurent ; c'est celui, sans doute, où les mystères d'Éleusis assumèrent la forme que nous leur connaissons et que M. Foucart a expliquée si heureusement.

29 mars 1895.

UNE CAPITALE OUBLIÉE DE L'ÉGYPTE PHARAONIQUE

Un vaste amphithéâtre de sables ravinés par les eaux et de collines basses, une bande étroite de sol cultivé maigrement le long du Nil, trois bourgs échelonnés à quelques kilomètres de distance du Sud au Nord, et, dans le voisinage du plus gros, ce tumulte de murs dépareillés courant en tous sens, de briques éparses, de calcaire et de granit en éclats, de tranchées à demi comblées qui bouleverse en Égypte le site des terrains de fouilles; c'est ce qu'on appelle d'un nom inexact Tell-el-Amarna, l'emplacement d'une des vieilles capitales pharaoniques. Au commencement de notre siècle, la ville était assez bien conservée encore pour qu'on y distinguât, avec la direction des rues, le dessin des maisons et des palais : les savants de la commission française en avaient dressé un plan qui fut copié dans les ouvrages de Lepsius et de Prisse d'Avennes. Comment ce qu'ils ont vu a-t-il péri? Les usuriers et les marchands de Mellaoui s'y sont approvisionnés de matériaux pour leurs constructions, les paysans des environs y ont puisé à pleines couffes cette poussière nitrée, le *sébakh*, qui est l'engrais du Saïd, les chercheurs d'antiquités ont travaillé à s'y procurer des antikas de vente facile, surtout des bagues émaillées, bleues, vertes, jaunes, rouges, blanches, violettes, dont les étrangers sont on ne peut plus curieux; enfin la découverte d'une correspondance en écriture cunéiforme (1) et les incitations imprudentes des voyageurs en quête de bonnes aubaines, ont mis en campagne les indigènes qui ont achevé de tout ravager. Lorsque M. Petrie se présenta pour y pratiquer des sondages, presque rien ne subsistait de ce que ses prédécesseurs avaient signalé. Il ne s'en est pas moins acharné à l'œuvre avec la ténacité qui le caractérise, et, s'il a été obligé de constater dans certains endroits la disparition complète d'édifices importants, il a réussi à déterrer ailleurs des documents précieux pour l'histoire de l'Égypte et du monde ancien (2).

La fortune de ce coin de terre a été singulière. Il dépendait à l'origine de la seigneurie d'Hermopolis et il n'avait point de vie propre. Les montagnes qui le limitent à l'Est renferment, il est vrai, des carrières d'un albâtre très pur et très fin qu'on utilisa dès le temps des souverains memphites, mais le port où l'on chargeait les blocs se trouvait plus au Sud, et le mouvement d'affaires que l'exploitation suscitait ne profitait qu'à lui seul. Le cirque d'El-Amarna devait sembler, dès lors, ce qu'il est aujourd'hui, un canton médiocrement fertile, petitement peuplé, exposé aux rapines des nomades qui battent la lisière du désert. Brusquement, vers le XVe siècle avant notre ère, un Pharaon excentrique, Aménôthès IV, s'éprit pour lui de belle passion, vint s'y installer, y créa des jardins, y construisit des palais et des temples, y attira la

(1) Voir sur cette découverte l'article reproduit aux pages 1-7 du présent volume.

(2) W.-M. Flinders Petrie, *Tell-el-Amarna, with Chapters by Prof. A.-H. Sayce, F.-Ll. Griffith, E.-G.-J. Spurrell.* — In-4°, 1894; Londres, Methuen and Co, IV-46 p. et 42 pl.

cour, y transféra les bureaux des administrations : une ville poussa du jour au lendemain où il n'y avait eu jusqu'alors que des hameaux obscurs, et, pendant une vingtaine d'années, les destinées du monde s'y agitèrent. Les premiers savants qui observèrent le fait, et qui cherchèrent à en déduire les raisons, furent frappés d'abord par la physionomie étrange que les artistes contemporains avaient prêtée au souverain et à sa famille, puis par la haine que les personnages principaux de l'État témoignaient, du moins officiellement, au dieu de Thèbes, Amonrâ seigneur de Karnak. Ils se livrèrent aux suppositions les plus saugrenues pour expliquer ces anomalies, et ils firent d'Aménôthès IV tantôt un eunuque, bien qu'ils lui connussent beaucoup de filles, tantôt une femme, bien que les monuments le représentassent habillé en homme et accompagné d'une reine qu'il paraissait aimer tendrement. Ils s'accordèrent d'ailleurs à le déclarer idiot ou fanatique, ou les deux à la fois ; comme le dieu dont il se proclamait le serviteur dévot s'appelait Atonou, et qu'Atonou assonne au nom de l'Adonis phénicien, ils imaginèrent qu'il avait essayé d'acclimater en Égypte un culte asiatique, ou modifié par l'adjonction d'idées asiatiques un ancien culte égyptien. Mais quel motif un pharaon de race pure aurait-il eu de se vouer aussi tardivement à une divinité étrangère ? Il avait dû l'adorer dès sa plus tendre enfance, assurément sous l'influence d'une mère syrienne, d'où la conclusion que Tîyi, la femme d'Aménôthès III et la mère d'Aménôthès IV, était une princesse sémite. Tout s'expliquait aisément, comme on voit, — au prix de quelques hypothèses.

La vérité, telle qu'elle commence à se dégager des documents, est moins compliquée. Tîyi n'était ni princesse, ni venue d'Asie : elle sortait d'une famille égyptienne qui ne tenait en rien à la Maison royale, et elle dut probablement à l'amour ce rang de reine que les filles de race pharaonique atteignaient seules pour l'ordinaire. Le fils qu'elle eut de son mari prit Amon Thébain en horreur. Peut-être les prêtres s'étaient-ils opposés à ce qu'on le choisît comme héritier; dès qu'il fut maître, il résolut de briser leur puissance, et il transféra ses hommages de leur idole à une vieille idole héliopolitaine, Atonou, le Disque du Soleil. C'était une décision des plus graves, car, en reniant la religion de ses ancêtres, il soulevait contre lui l'hostilité du sacerdoce le plus riche qu'il y eût au monde, et, ce qui était plus grave, la haine de sa propre capitale ; Thèbes en effet, était la ville d'Amon avant d'être celle des Pharaons. La cité et son patron céleste étaient unis si étroitement en Égypte que toucher à l'un c'était forcément s'attaquer à l'autre : ni Thèbes, ni Memphis, ni le moindre village n'aurait voulu renier son dieu, même pour gagner la faveur du souverain. Si Aménôthès avait adopté le Soleil, Râ, Khopri, Atoumou, tel qu'on l'adorait à Héliopolis, il n'aurait eu qu'à émigrer dans Héliopolis et à la proclamer sa capitale ; mais comme il avait choisi une forme secondaire du Soleil héliopolitain, Héliopolis ne pouvait pas plus renoncer à ses maîtres que Thèbes aux siens, et il n'eut de ressource que de bâtir une ville nouvelle où Atonou aurait la dignité suprême. On ne dit pas les motifs qu'il eut d'élire le canton d'El Amarna : il fut séduit très vraisemblablement par la largeur de la plaine, par la position centrale qu'elle occupait dans le royaume, surtout par l'absence de divinités considérables et de sanctuaires importants à exproprier. Il sépara du nome d'Hermopolis un territoire dont les limites sont marquées par des stèles gravées sur les rochers, et il en fit un nome nouveau qu'il appela Khouît-Atonou, « l'Horizon du Disque solaire », ainsi que la ville. Il renonça, vers le même temps, au nom d'Aménôthès qui le consacrait à son ennemi Amon, et il voulut qu'on le traitât désormais de Khouniatonou, « la Gloire du Disque solaire ». Les monarques orientaux ne sont jamais embarrassés pour s'improviser des résidences : le nôtre se chargea d'édifier le temple avec le palais et son entourage fit le reste. Le temple s'étalait sur une aire immense, dont le sanctuaire proprement dit ne couvre que la moindre part : des magasins en briques le flanquaient, et un gros mur enveloppait le tout. Il était de calcaire blanc, très fin, mais presque nu : le loisir manqua pour le décorer comme il convenait. Le palais était en briques et il se composait de salles spacieuses entremêlées de chambrettes où la domesticité s'entassait. Des colonnes soutenaient les pièces principales, celles où le Pharaon donnait audience, mais partout la terre des parois et des piliers était enduite d'un stuc blanc ou d'un lait de chaux sur lequel on avait tracé en couleurs vives des scènes de la vie privée. Le pavé était peint comme les murs. Dans une des pièces qui paraissent avoir été habitées par les femmes, l'image d'un bassin rectangulaire rempli de poissons et de lotus épanouis s'aperçoit encore. Des fourrés de plantes d'eau et d'arbustes fleuris en garnissent les rives, parmi lesquels des oiseaux volent et des veaux circulent ou gambadent ; des guéridons chargés de fruits s'alignent à droite et à gauche, et une file de prisonniers nègres et syriens, séparés par des arcs gigantesques, se déploie sur les côtés courts. L'ensemble est d'une tonalité claire et gaie ; les animaux sont dessinés avec une liberté d'allures et une facilité spirituelle qui étonnent et amusent le visiteur.

M. Petrie a ramassé un peu partout dans les ruines les fragments des statues qui représentaient Khouniatonou, sa femme et les personnes de leur famille. Il a même trouvé un masque en plâtre d'une vérité si curieuse, qu'il n'hésite pas à y reconnaître un exemplaire du moulage exécuté sur le cadavre du souverain très peu d'instants après la mort, afin de servir de modèle aux sculpteurs qui décorèrent le tombeau. Ces morceaux sont des plus intéressants à étudier. Les premiers, qui remontent aux débuts du règne, sont conçus dans le style conventionnel en usage sous la XVIIIe Dynastie pour les statues royales. Aménôthès IV s'y distingue à peine de son père Aménôthès III : il a les traits réguliers et un peu lourds, le corps idéalisé des pharaons orthodoxes. On dirait qu'en reniant son nom il a voulu renier sa figure, car ses portraits du temps où il s'appelle Khouniatonou lui composent une apparence des plus paradoxales. Ils ont la tête longue, étroite, culminée en pain de sucre, le front fuyant, un grand nez aquilin et pointu, une bouche mince, le menton énorme, saillant en avant, rattaché péniblement à un cou maigre et prolixe; peu d'épaules, peu de muscles, mais une poitrine si ronde, un ventre si ballonné, des hanches si évasées sur des cuisses si grasses, qu'on s'imaginerait volontiers voir une femme. La silhouette générale prête aisément à la caricature, et les artistes contemporains en ont exagéré le détail, peut-être intentionnellement, au point de la tourner au grotesque : le personnage n'avait pourtant rien de ridicule en lui-même et plusieurs de ses portraits lui attribuent une grâce alanguie, presque maladive, qui ne manque point de dignité. Il semble avoir été bon et affectueux : il aimait sa femme à la passion, et il l'associait aux actes de sa royauté. S'il sortait pour monter au temple, elle le suivait sur un char. S'il honorait un serviteur publiquement, elle se tenait debout près de lui et elle l'aidait à distribuer les insignes d'or. Elle adore avec lui le « Disque solaire », elle le sert dans l'intimité pendant les heures où il se délasse au barem du tracas des affaires, et leur ménage est si uni qu'un bas-relief nous la montre assise sur les genoux de son mari, dans une pose câline dont nous ne connaissons point d'autre exemple. Ils eurent six filles, qu'ils élevèrent à vivre avec eux dans une familiarité sans bornes : elles accompagnaient père et mère partout, et elles jouaient autour du trône tandis qu'ils remplissaient les devoirs de leur charge. La douceur et la gaieté des maîtres se reflétaient dans l'existence des sujets ; les peintures que nous en avons ne sont que de processions, de cavalcades, de banquets, de divertissements. C'est le grand-prêtre Marirîya que le pharaon accable de colliers d'or pour le récompenser de ses services : le peuple danse de joie autour de lui. C'est Houîya, qui revient de Syrie, et qui présente solennellement les tributs recueillis au cours de son inspection des provinces asiatiques ; le souverain en va rendre des actions de grâces devant son dieu, porté dans son palanquin sur les épaules de ses officiers, au chant des hymnes et au vent des grands éventails. C'est le prince Aî, qui épouse la nourrice de l'une des princesses : la ville entière se divertit et boit considérablement à sa noce. N'allez pas croire au moins que tant de fêtes répétées nuisissent à la bonne administration de l'État : Khouniatonou veillait scrupuleusement à la politique étrangère, et le prestige de l'Égypte n'en souffrait ni en Éthiopie ni en Syrie.

Les ruines des habitations privées sont plus curieuses encore que celles du palais à examiner de près. Elles nous apprennent, en effet, ce qu'était une ville à l'époque de la grande puissance égyptienne, et comment le peuple s'y tirait d'affaire tandis que ses chefs s'enrichissaient des trésors de l'Afrique et de l'Asie. Quelques-unes des maisons appartenaient évidemment à des seigneurs, et elles nous inspirent une idée avantageuse du confort dont les riches savaient s'entourer : plafonds hauts, soutenus de colonnes, sous lesquels on était au frais pendant la chaleur du jour; chambres à coucher mignonnes et d'aspect agréable; magasins immenses pour les provisions et le matériel; cuisines bien garnies de fourneaux. Les logis du commun sont étroits mais propres, et ils ressemblent beaucoup à la demeure d'un bourgeois aisé dans une bourgade actuelle de la Haute-Égypte. Les tableaux gravés dans les hypogées complètent le résultat des fouilles, et grâce à eux nous restituons par la pensée l'ameublement et le décor. Des débris de vaisselle et de cuisine fournissent des renseignements positifs sur l'alimentation. M. Petrie a recueilli à la centaine des goulots d'amphores qui portent, estampées ou écrites, les indications relatives au contenu : ce sont pour la plupart des vins d'années et de crus différents, mais aussi du vin de palmes, de l'huile, du miel, des liqueurs, des conserves, ce qui se mangeait et se buvait de meilleur chez les Pharaons. Il faut nous figurer le menu peuple comme se livrant aux trafics pratiqués dans les grandes cités d'alors, mais deux grandes industries ont seules laissé des traces sensibles, celles du verrier et de la sculpture industrielle. Les Égyptiens de la XVIIIe Dynastie aimaient fort la poterie émaillée : l'instinct de netteté physique, qui était si développé chez eux, leur faisait fort apprécier, pour les usages courants de la vie, les vases et les ustensiles, les bijoux revêtus de cet émail aussi facile à tenir propre ou à laver que frais à l'œil et au toucher. M. Petrie a découvert plusieurs endroits où l'on travaillait le verre et les émaux de couleur, et il a reconstitué les manipulations dans le détail. Il a décrit les fours, les creusets, dont quelques-uns sont pleins encore de pâte vitreuse, les cendres, les rebuts de fabrique; l'analyse lui a révélé la composition de plusieurs espèces de verres colorés. C'est un curieux chapitre pour l'histoire de la verrerie antique, et il serait à souhaiter que tous les directeurs de fouilles attachassent autant d'importance à la recherche des objets analogues : nous aurions vite fait de connaître à fond le matériel et la technique de ces métiers dont on déterre chaque jour les produits merveilleux. Plusieurs ateliers de sculpteur contenaient beaucoup de ces modèles, de ces esquisses, de ces croquis jetés rapidement ou retouchés, de ces statues inachevées, qui ne sont plus rares dans nos musées; ce qu'ils nous offrent de nouveau, c'est un nombre assez considérable de moulages en plâtre. J'avais eu l'occasion d'acquérir plusieurs pièces de ce genre à Thèbes, à Abydos, à Coptos, mais elles étaient mêlées à des objets de dates si diverses, qu'il était impossible d'en préciser l'âge et de décider si elles appartenaient aux temps gréco-romains, ou si l'on pouvait les faire remonter jusqu'à l'âge pharaonique. Il faut convenir maintenant que les sculpteurs de la grande époque thébaine employaient couramment les procédés du moulage, et plusieurs faits, mal interprétés récemment, m'incitent à croire que ceux des générations memphites ne s'en servaient ni moins souvent, ni avec moins d'adresse.

Les bas-reliefs qui ornent les tombeaux d'El-Amarna ont une tournure aussi excentrique que celle des statues ou des peintures mises au jour dans la ville. Les tableaux n'y ressemblent que d'assez loin à ceux des hypogées thébains du même siècle, et l'on en a conclu que la révolution religieuse avait failli entraîner une révolution artistique. C'est là une exagération manifeste, et, dès qu'on va au fond des choses, on est forcé d'en beaucoup rabattre de l'idée qu'on s'était faite. La différence est dans la nature des scènes beaucoup plus que dans la façon dont ellés sont exécutées; conventions, dessin, facture, les artistes d'El-Amarna ne sont séparés par rien d'essentiel de ceux qui florissaient alors à Thèbes. On se l'explique lorsqu'on réfléchit aux conditions dans lesquelles ils furent recrutés. Le roi se réserva pour lui-même les hommes qui avaient travaillé pour son père, Thébains ou provinciaux élevés à l'école des Thébains, et l'on ne remarque dans ses statues aucun détail de métier qui les distingue de celles d'Aménôthès III : la perfection est égale chez les unes comme chez les autres. Les entrepreneurs de pompes funèbres, qui se chargèrent du soin de préparer les hypogées, ne rencontrèrent certainement pas, dans la localité même, les sculpteurs nécessaires à leur industrie : les gens qui avaient habité El-Amarna jusqu'alors étaient trop misérables pour aspirer au luxe d'une sépulture décorée. On dut tirer le gros des ouvriers partie de Thèbes, partie de la cité la plus voisine, qui était Hermopolis ; ces provinciaux étaient naturellement moins habiles que les autres, et, de fait, lorsqu'on a visité les tombes d'El-Amarna, on avoue volontiers que la technique y est assez sommaire et assez gauche. On n'y aperçoit rien qu'on puisse comparer, même de loin, aux bas-reliefs de Houîya ou de Khâmhaît à Thèbes. Ils réjouissent l'œil par la variété des sujets et par la liberté avec laquelle ils sont enlevés. Selon la tradition, les morts dont ils tapissaient la dernière demeure voulaient, en y rappelant les actes principaux de leur existence, assurer à leur *double* la possession du rang et des honneurs dont ils avaient joui ici-bas : comme c'était auprès du dieu de Khouîtatonou qu'ils devaient les retrouver, c'était leur carrière à Khouîtatonou qu'ils faisaient figurer, leurs entrevues avec le roi, les récompenses qu'ils avaient reçues, le cérémonial qui avait accompagné leurs visites à la cour. Il y a là une question d'archéologie et non une évolution dans le développement de l'art égyptien. Les honnêtes artisans qui couvraient les murs de leurs esquisses, ne songeaient qu'à interpréter de leur mieux les poncifs que les maîtres dessinateurs, les *ganouatiou*, leur distribuaient, et ces maîtres eux-mêmes n'avaient rien fait qu'accommoder au culte d'Atonou et à la cité nouvelle les motifs en usage pour les tombeaux, à Thèbes ou dans le reste de l'Égypte.

La ville prospéra tant que son fondateur la soutint : ce fut peu de temps. M. Petrie et M. Griffith ont réussi très ingénieusement à rétablir la chronologie de cette époque : ils ont calculé que le roi mourut dans la dix-huitième année de son règne. Ses filles lui succédèrent par ordre de primogéniture, ou plutôt les maris de ses filles, Samankhkerîya d'abord, puis Toutanoukhamanou, puis Aî. Khouniatonou n'avait eu qu'un croyant sincère pour sa religion, lui-même : dès qu'il eut disparu, le zèle des autres tiédit et le culte d'Amon reprit le dessus. On détruit difficilement en un jour ce qui est l'œuvre de générations nombreuses, et Thèbes était montée au premier rang depuis trop longtemps pour que le caprice ou la haine d'un seul homme pût l'en précipiter de si tôt. Khouniatonou avait décidé qu'on la remplacerait par une cité neuve, et, s'il avait vécu, il aurait persisté sans doute jusqu'au bout dans sa volonté de la découronner; ses successeurs, Thébains d'origine et féaux d'Amon par naissance n'avaient aucun motif de persévérer. Samankhkerîya ne fit probablement que passer sur le trône, mais Toutanoukhamanou y siégea assez longtemps, et il ne commandait pas depuis plus de trois ou quatre ans, que déjà il avait quitté « l'Horizon du Disque » et le Disque lui-même. Il rentra à Thèbes, s'associa aux cérémonies de l'ancien culte ; son beau-frère Aî, qui vint après lui, agit comme lui. La cour les suivit, et la ville s'étiola aussi rapidement qu'elle avait fleuri. Le mouvement s'arrêta dans ses rues, ses palais et ses temples se vidèrent, ses tombes demeurèrent inachevées ou inoccupées ; son patron redevint ce qu'il avait été auparavant, un dieu d'aventure relégué au troisième ou au quatrième rang du Panthéon égyptien. Elle végéta quelque temps encore, grâce aux industries qui s'y étaient implantées; puis ses fabriques d'émail se fermèrent et les ouvriers émigrèrent à Thèbes ou à Hermopolis. « L'Horizon d'Atonou » s'effaça de la liste des nomes, et il ne resta plus bientôt de ce qui avait été un moment la capitale de l'empire qu'un monceau de ruines croulantes, avec deux ou trois villages de fellahs dispersés sur la rive occidentale du Nil. Le palais royal ne fut pas abandonné simplement : il fut démantelé de propos délibéré et dépouillé des œuvres d'art qu'il renfermait. On n'y laissa que des objets de nulle valeur, et dans le nombre une partie de la correspondance diplomatique entretenue par Aménôthès III et par Aménôthès IV avec les gouverneurs de la Syrie, ou avec les souverains indépendants du Mitâni, de l'Assyrie, de la Chaldée.

Un hasard heureux nous a révélé l'histoire de cette grandeur éphémère, mais combien ne dut-il pas y en avoir, pendant les quarante siècles que l'antique Égypte dura, de ces capitales d'un jour que la fantaisie d'un pharaon éleva, que le dédain du pharaon suivant replongea dans la poussière ! Les souverains qui bâtirent les Pyramides eurent chacun la leur, et Memphis elle-même, avant de devenir la métropole du pays entier, commença par n'être que la résidence temporaire d'un des monarques les plus illustres de la VIe dynastie, Pioupi Ier. Le sol de la vallée était parsemé de ces cités mourantes ou mortes, et leur destinée suggérait aux moralistes ou aux poètes la matière de réflexions mélancoliques : « J'ai entendu dire ce qui est arrivé aux ancêtres : *leurs murs sont détruits, leur place n'est plus* ». Quelques-unes ont échappé à l'anéantissement, par exemple ces *châteaux* de Sanouosrît (Ousirtasen) II et d'Amenemhâît III, que M. Petrie a explorés vers l'entrée du Fayoum. Les maisons y sont presque intactes, des quartiers entiers subsistent et le mobilier abonde ; mobilier de pauvres ou de petits bourgeois, que sa vieillesse nous rend très précieux, car il remonte au delà du XXXe siècle avant notre ère. Les ruines d'El-Amarna ont souffert davantage du temps et des hommes, mais nous connaissons le moment exact où la ville fut édifiée, la date où elle fut abandonnée, les circonstances qui favorisèrent son exaltation et qui hâtèrent sa chûte, le dieu qu'on y adorait, l'existence qu'on y menait. Vue de loin, l'histoire d'Égypte paraît uniforme, les accidents s'y effacent et se fondent : dès qu'on l'aborde de près, mille détails se détachent sur la trame et mille incidents se distinguent qui en rompent la monotonie. Elle a eu, sans parler des meurtres de princes et des drames de harem, ses révolutions religieuses ou politiques aussi fréquentes et aussi soudaines que celles des empires modernes. Nous savons à peu près ce qui s'est passé à El-Amarna, sous Aménôthès IV ; beaucoup d'épisodes analogues ont dû se produire que nous connaîtrons, le jour où des fouilles, dirigées aussi consciencieusement que celles de M. Petrie, auront obligé le sol à nous restituer les documents qu'il nous tient cachés trop longtemps.

27 septembre 1895.

LE TEMPLE DE DEIR EL-BAHARI

Tous les voyageurs qui ont visité les ruines de Thèbes il y a cinq ou six ans se rappellent sans doute l'aspect étrangement désolé que le vallon de Deîr el-Baharî présentait alors. Partout des pans de mur sortant du sable dans un désordre inextricable, des débris de statues, des fragments de colonnes, deux terrasses superposées abutant à des portiques plus qu'à moitié ensevelis sous les décombres, une voûte dont les blocs disloqués menaçaient de tomber à la moindre secousse, des portes de granit encadrées dans des restes de parois en calcaire blanc délicatement sculpté, et, dominant le tout, une misérable tour en briques sèches, d'un ton gris sale, seul débris à peu près intact d'un couvent de moines coptes établi sur les substructions de l'édifice païen. Aujourd'hui le site a changé complètement de physionomie. La tour a été jetée bas et les sables ne cachent plus les rampes et les colonnes. Un portique a été dégagé sur la face nord de la vallée, d'une telle élégance et de proportions si exquises que l'art grec des beaux temps n'a rien produit de plus fin ni de plus gracieux. Naville est passé par là avec ses lieutenants, et, pendant trois hivers, il a déblayé le plus original peut-être des monuments que les pharaons des grandes dynasties thébaines nous avaient légué. Mariette l'attaqua jadis, et ce qu'il en avait tiré l'engageait à persévérer dans son entreprise quand l'argent lui manqua ; Naville, mieux outillé, mieux pourvu de ressources, moins surchargé de tâches administratives, ne laissera rien à faire aux savants qui viendront après lui (1).

C'était le mausolée que deux rois, les deux premiers Thoutmôsis, et une reine Hâtshopsouîtou, fille de l'un, femme de l'autre, s'étaient préparé eux-mêmes ; Hâtshopsouîtou se l'était approprié et elle y avait réduit les hommes de la famille à n'y posséder que l'espace strictement nécessaire pour l'entretien de leur culte. Elle avait régné seule à la mort de son mari, et le désir de montrer à la postérité ce qu'une femme peut oser lorsqu'on lui confie l'administration d'un empire, l'avait poussée à graver et à peindre sur les murailles des tableaux où ses principales actions étaient figurées et racontées en détail. Mariette avait déjà publié presque tous ceux d'entre eux qui représentaient l'expédition maritime au pays des parfums ; Naville en a déterré d'autres qui complètent ceux-là, et sur lesquels est retracée par le menu l'histoire de ce voyage mémorable. Hâtshopsouîtou veut bien nous apprendre elle-même qu'un jour où elle priait dans le temple d'Amon, « ses supplications montèrent jus-« qu'au trône du Maître de Karnak, et l'on entendit un « ordre dans le Saint des Saints, un mandement du dieu, « à l'effet d'explorer les voies qui mènent au Pouanît, de « parcourir les chemins qui conduisent aux *Échelles de « l'Encens* ». Les essences nécessaires aux sacrifices n'arrivaient aux prêtres thébains que par l'intermédiaire du commerce étranger ; elles s'éventaient à traverser lentement l'Afrique, et le contact de mains impures les

(1) E. Naville *Deir-el-Bahari* 1892-1893, — *Deir-el-Bahari*, Part I, 1893-1894, — *Deir-el-Bahari*, Part II, 1894-1895, Londres, in-4°.

souillaient. D'ailleurs, les marchands confondaient sous un seul nom, *anatiou*, des substances d'origine et de qualité très diverses, dont plusieurs pouvaient à peine être considérées comme des parfums ou étaient réputées peu agréables aux dieux. Une espèce leur plaisait sur toutes les autres, celle qu'on récolte aujourd'hui encore au pays des Somalis et qu'on ne récolte que là ; mais « personne « ne montait plus aux *Échelles*, personne des Égyptiens, « et si l'on en oyait parler de bouche en bouche, c'était « d'après les récits des gens d'autrefois ». On se les rappelait comme une région située vers le sud ou vers l'orient lointain. Amon se chargea de la décrire et d'en révéler le site : « Les *Échelles*, c'est un canton secret du Tonoutir, « c'est en vérité un lieu de délices. Je l'ai créé et j'y veux « mener Ta Majesté, pour qu'on y prenne des aromates à « volonté, pour qu'on y charge des vaisseaux, en toute « joie, d'arbres à encens vivants et de tous les produits « de cette terre ». Hâtshopsouîtou choisit cinq navires solides, montés par des équipages éprouvés, les chargea des marchandises propres à séduire des barbares et les lança dans la mer Rouge sur la piste de l'encens.

Nous ne savons ni de quel port l'escadre partit, ni le nombre de jours qu'elle employa à gagner le Pouanît. Elle dépassa Saouakîn, Massaouah ; elle s'aboucha aux Ilîm qui habitaient les parages du Bab-el-Mandeb, elle franchit le détroit et elle toucha enfin au pays qui produit les parfums, à la côte des Somalis. Là, de la baie de Zeilah au Ras-Hafoun, s'étendait la région barbarique, visitée plus tard par les négociants grecs et romains. Les premières stations que ceux-ci rencontraient au sortir de la mer Rouge, Avalis, Malao, Moundos, Mosyllon, n'étaient que des rades ouvertes et peu sûres ; mais, au delà de Mosyllon, ils signalent plusieurs ouadys dont le dernier, la rivière de l'Éléphant située entre le Ras-el-Fîl et le cap

Guardafui, paraît avoir été assez considérable pour que des navires d'un faible tirant d'eau pussent y pénétrer. C'est là probablement que les gens de Hâtshopsouîtou atterrirent. Ils remontèrent le fleuve jusqu'à l'endroit où le flux et le reflux ne se faisaient plus sentir, et ils s'arrêtèrent en vue d'un village épars sur la rive, au milieu des sycomores et des palmiers. On n'y voyait que des cabanes arrondies, surmontées d'un toit conique, sans autre ouverture que la porte ; elles étaient juchées sur pilotis, par crainte des bêtes féroces ou de l'inondation, et l'on y accédait par une échelle mobile. Des bœufs ruminaient, couchés sous les arbres. Les indigènes étaient grands, élancés, d'une couleur qui varie entre le rouge brique et le brun presque noir. La barbe se terminait en pointe ; la chevelure, tantôt était coupée court, tantôt s'étageait en petites mèches ou roulait sur l'épaule en nattes minces. Le costume consistait pour les hommes en un simple pagne, pour les femmes en une robe jaune, sans manches, serrée à la taille, et qui tombait à mi-jambe. Le commandant de l'escadre débarqua d'abord avec huit soldats. Il étala sur un guéridon bas des cadeaux variés, cinq bracelets, deux colliers en or, un poignard muni de sa gaine et de sa courroie, une hache de bataille, onze fils de verroterie. La population, éblouie par l'aspect de tant d'objets précieux, accourut au-devant de lui, chef en tête, et elle lui témoigna un étonnement bien naturel. « Comment, di-« saient-ils, avez-vous atteint cette contrée inconnue aux « hommes ? Êtes-vous descendus par les voies du ciel, ou « bien avez-vous navigué par eau sur la terre de Tonou-« tir ? Vous avez suivi la route du Soleil, car, le roi de la « terre d'Égypte, on ne saurait se tenir écarté de lui, et « nous vivons du souffle qu'il nous donne. » Leur chef s'appelait Parihou, et on le distinguait de ses sujets au boumerang qu'il brandissait à la main, à son poignard, à son collier de verre; sa jambe droite disparaissait dans une sorte de gaine formée par des anneaux d'un métal jaune, probablement de l'or. Sa femme Atouî était douée du genre de beauté qui plaît dans ces contrées, un boursouflement graisseux où les lignes du corps se perdent sous des amas de chairs tremblotantes. Les premiers compliments échangés on aborda les affaires sérieuses. Les Égyptiens dressèrent une tente sous laquelle ils emmagasinèrent la pacotille dont ils s'étaient pourvus, et, pour épargner à leurs hôtes des tentations trop vives, ils tirèrent tout autour un cordon de troupes. Les principales conditions du marché se réglèrent dans un banquet; le paiement de chaque objet avait lieu au moment de la livraison. Pendant plusieurs jours ce fut un défilé continuel de gens poussant des baudets chargés de denrées. Il y avait un peu de tout dans ce que les Égyptiens achetèrent : des dents d'éléphant, de l'or, de l'ébène, de la casse, de la myrrhe, des cynocéphales et des singes verts, des lévriers, des peaux de léopards, des bœufs de forte taille, des esclaves, même trente et un arbres à encens déracinés avec leur motte et transplantés dans des couffes. L'arrimage fut long, difficile; quand il n'y eut plus de place à bord et que les navires furent remplis autant qu'ils pouvaient l'être, ils reprirent la mer et ils rebroussèrent vers le nord.

Au retour, la reine célébra une fête solennelle en leur honneur; les milices thébaines sortirent au-devant d'eux, la flottille royale les escorta jusqu'au débarcadère du temple, où ils se formèrent en procession pour aller offrir leur butin au dieu. Le bon peuple de Thèbes, réuni sur leur passage, admira le défilé, les otages barbares, les sycomores de l'encens, l'encens lui-même, les félins, la girafe, les bœufs, dont les Mémoires du temps évaluent le nombre au millier et à la centaine, avec toute l'exagération officielle. Les arbres furent plantés à Deîr el-Baharî et l'on improvisa pour eux un jardin sacré : on creusa dans le roc des fosses carrées que l'on combla de terre, et ils y végétèrent à force d'arrosages. Naville a retrouvé, au cours de ses fouilles, ces sortes de puisards, le limon qu'ils renfermaient, les débris de végétaux qui s'y étaient entassés. Les gros monceaux d'aromates frais devinrent l'objet de soins particuliers : Hâtshopsouîtou « donna un boisseau en vermeil, afin de « jauger les amas de gommes, la première fois qu'on eut « le bonheur de mesurer les parfums pour Amon, seigneur « de Karnak, maître du ciel, et de lui présenter les merveilles que Pouanît produit. Thot, le maître d'Hermo« polis, enregistra les quantités par écrit; la déesse « Safkhîtâboui en vérifia le compte. Sa Majesté elle-même « en fabriqua, de ses propres mains, une essence aroma« tique pour tous ses membres : elle exhala l'odeur de la « rosée divine, son parfum pénétra jusqu'au Pouanît, sa « peau en brilla comme l'or et son visage en reluisit « comme les étoiles dans la grande salle des Fêtes. » La coquetterie ne perdait pas ses droits du moment que la piété était satisfaite, et la femme reparaissait encore sous le roi. Les bas-reliefs de Déîr el-Baharî montrent la petite escadre voguant à pleines voiles vers l'inconnu, son arrivée au terme de la course, la rencontre des indigènes, les palabres emphatiques, le troc librement consenti, et, grâce aux soins minutieux avec lequel les moindres particularités de l'action ont été dessinées, nous assistons comme sur place aux opérations diverses dont se composait la vie maritime non seulement des Égyptiens, mais des autres nations orientales. Les Phéniciens, lorsqu'ils s'aventuraient dans les eaux lointaines de la Méditerranée, c'est ainsi, à coup sûr, qu'ils armaient et qu'ils maniaient leurs navires. Les points de la côte asiatique ou grecque sur lesquels ils débarquaient, le décor n'en est pas le même que celui du Pouanît, mais ils employaient les mêmes objets d'échange, et ils n'en agissaient pas avec les tribus de l'Europe autrement que les Égyptiens avec les barbares de la mer Rouge.

L'honneur d'avoir retrouvé ce chapitre d'histoire revient presque entier à Mariette (1); mais voici qui appartient à Naville et n'appartient qu'à lui seul. C'est toute une série de tableaux où sont illustrées et racontées les circonstances qui précédèrent et qui accompagnèrent la naissance de la reine. L'action se passe partie chez les dieux, partie chez les hommes. On y apprend comment, une nuit que la princesse Ahmôsis, femme du pharaon Thoutmôsis Ier, reposait dans le harem, elle fut éveillée soudain par une vive lumière et par un parfum violent. Le dieu Amonrâ avait déserté pour elle son sanctuaire de Karnak; après l'avoir honorée de ses caresses, il lui annonça qu'un enfant naîtrait de ses amours divines, qui aurait un règne glorieux et une longue existence « sur le siège de l'Horus des vivants ». Il s'éclipsa ensuite et dans le tableau le plus proche voici qu'Ahmôsis est parvenue au terme de sa grossesse. Les divinités protectrices des accouchées la guident tendrement vers son lit de misère, et l'expression de fatigue douloureuse empreinte sur ses traits, la grâce languissante répandue sur toute sa personne, font de son portrait un morceau de sculpture accompli. Cependant, l'enfant vient au monde parmi les cris de joie, la fille qui sera dans un avenir prochain la reine Hâtshopsouîtou : les génies propices la reçoivent, les déesses l'allaitent, les dieux lui donnent l'éducation des rois. Les années s'écoulent ; elle est l'héritière du trône d'Égypte, le successeur désigné pour régner. Son père, Thoutmôsis, rassemble les délégués du pays et la leur

(1) Mariette, *Déir el Baharî*, 1876, Leipzig, in-f°.

présente. Il énumère ses titres en longs discours fleuris, il lui pose le pschent sur la tête : elle est désormais pharaon et elle s'ingénue à dissimuler de son mieux sa qualité de femme. Elle modifie son nom, Hâtshopsouîtou, qui signifiait *la première des favorites augustes*, et, par l'adjonction d'une terminaison masculine, elle le change en Hâtshopsouiou, *le premier des favoris augustes*. Elle revêt dans les cérémonies publiques le costume d'un homme ; elle a sur les monuments le buste nu, la gorge plate, les hanches minces, le pagne court, le diadème ou le casque de guerre posé sur des cheveux ras, la barbe postiche au menton, et elle ne se réserve plus de la femme que l'habitude de parler d'elle-même au féminin dans les inscriptions. Ces scènes étranges de mariage divin, destinées à rattacher directement au dieu de la cité l'enfant qui doit dominer légalement sur la cité, on les retrouve sur deux autres monuments d'époque différente, et peut-être en découvrira-t-on des exemples plus nombreux ; dans le sanctuaire de Louxor, c'est le pharaon Aménôthès III, dans celui d'Erment, c'est Ptolémée Césarion, le fils de César et de Cléopâtre, dont la naissance est expliquée de cette façon mystérieuse.

Selon la théorie d'alors, le roi descendait directement du dieu qui avait créé le monde et régné le premier sur la vallée du Nil, le Soleil. Nul ne pouvant être pharaon s'il ne touchait par quelque coin à la race divine, les fondateurs de dynasties suppléaient à l'infériorité de leur noblesse en inventant des généalogies extraordinaires qui les rattachaient de haut à l'une des dynasties antérieures, et surtout en épousant l'une des princesses sans nombre qui restaient du harem de leurs prédécesseurs. La noblesse de chaque membre d'une famille et ses droits au pouvoir se mesuraient sur la qualité de sang solaire qui roulait dans ses veines : celui qui en avait hérité à la fois de son père et de sa mère prenait le pas sur celui qui n'en tenait que de son père ou de sa mère seule. Mais là encore une des lois égyptiennes le plus rigoureusement observées intervenait pour établir des distinctions qui ne peuvent plus exister dans nos civilisations. Le mariage le plus saint était le mariage entre frère et sœur, et il acquérait un degré de perfection insurmontable lorsque le frère et la sœur qui s'alliaient ainsi étaient nés eux-mêmes d'un mariage identique au leur. Cette particularité des mœurs égyptiennes, qui nous paraît un raffinement d'inceste, était considérée comme une institution d'origine céleste, la plus propre à conserver la pureté des races. Elle a produit des conséquences importantes pour l'histoire du pays, et tout un ensemble de dispositions légales ou de fictions qui étaient destinées à pallier ses effets dans les questions de succession royale ou à suppléer aux insuffisances de légitimité qu'elle entraînait au détriment des héritiers mâles. Si, par exemple, un souverain avait, pour le remplacer sur le trône, un fils né d'un esclave ou d'une concubine de rang inférieur prise au hasard dans la population, et une fille née de son union avec une de ses sœurs de père et de mère, cette dernière était réellement la souveraine désignée, et l'autre demeurait malgré tout un être de condition inférieure. On les mariait pourtant ; mais leurs enfants, ayant pour père un prince croisé de race vile et mortelle, n'étaient que des rejetons hybrides, pétris d'une pâte moins pure. On avait imaginé alors de faire intervenir en personne le dieu ancêtre. Amon daignait descendre sur terre, et, s'incarnant au corps du mari, il s'unissait à la femme. Ce qui naissait de ces rapports surnaturels était la race pure du Soleil et pouvait désormais donner naissance à des princes ou à des princesses légitimes. Thoutmôsis Ier n'avait qu'une moitié de sang solaire, car sa mère était une concubine obscure, et sa femme

Ahmôsis était née de parents frère et sœur, le roi Aménôthès Ier et la reine Ahhotpou II; il fallait, pour compenser son infériorité, qu'Amon se mît de la partie, et c'est pour cela que nous voyons à Déîr el Baharî les scènes singulières que Naville y a découvertes.

6 décembre 1895.

UNE INSCRIPTION TRILINGUE DE C. CORNELIUS GALLUS, PRÉFET DE L'ÉGYPTE

On n'imagine pas volontiers qu'une inscription hiéroglyphique permette de déterminer une date dans la vie d'un auteur latin ; le cas s'est présenté pourtant ces jours derniers. Le capitaine Lyons, à qui le gouvernement égyptien confia récemment le soin de sonder les sous-sols de l'île de Philæ, a recueilli, au cours de ses travaux, les deux morceaux d'une stèle en grès dont les habitants s'étaient servis naguère pour consolider un mur de maison. On y lit encore les restes de plusieurs textes superposés, le premier en égyptien, le second en latin, le troisième en grec ; tous ont été composés à la louange de C. Cornelius Gallus, fils de Cneius, chevalier, en son vivant homme d'État, général et poète. Il était né à Fréjus, sur le sol gaulois, et il avait été le camarade d'école de Virgile ; il comptait trente-neuf ans, quand la faveur d'Auguste fit de lui le premier administrateur romain de la province d'Égypte. Les défaites successives de Cléopâtre et d'Antoine y avaient provoqué des rébellions qu'il dut étouffer tout d'abord. Ce fut chose facile au voisinage d'Alexandrie et de Memphis, dans les cantons les plus rapprochés de la mer ; les affaires prirent une tournure plus fâcheuse dans le Saïd, et il lui fallut entreprendre une guerre véritable pour y avoir raison des résistances.

Les populations qui l'occupaient étaient depuis longtemps dans un état d'esprit particulier dont leur condition politique se ressentait. Elles ne se résignaient pas à oublier, malgré dix siècles d'abaissement, qu'elles avaient commandé jadis à la vallée entière, et que leur Thèbes avait possédé le monde. Lorsque, après la chute des Ramessides, la suprématie était dévolue aux cités du Delta, à Memphis, à Tanis, à Bubaste, à Sais, elles avaient voulu avoir leurs seigneurs à elles, les grands-prêtres d'Amon d'abord, puis les Pharaons éthiopiens issus des grands-prêtres d'Amon, puis des infantes chez lesquelles le sang des grands-prêtres se mêlait à celui des Pharaons éthiopiens ; elles avaient constitué comme une sorte d'État autonome, semi-théocratique et semi-guerrier, hostile aux usurpateurs du Nord et sans cesse en lutte contre eux pour défendre son indépendance. Psammétique, Néchao, Amasis, les représentants les plus glorieux des dernières dynasties nationales, n'y avaient pas été obéis à titre personnel, mais ils avaient épousé les princesses auxquelles seules le Midi reconnaissait le droit de régner sur lui ; tandis qu'ailleurs on les acclamait en leur propre nom, dans la Thébaïde on les tolérait à cause de leurs femmes. Lorsque les dernières de celles-ci disparurent sans laisser de postérité, il se trouva, parmi les descendants de la vieille noblesse féodale, des gens qui se prétendaient liés par quelque alliance lointaine à l'une ou à l'autre des familles qui avaient porté jadis la double couronne : ils recueillirent l'héritage des Thébaines et ils devinrent les champions de la légitimité pharaonique contre les conquérants étrangers, Perses ou Macédoniens.

Les fellahs du Saïd se montraient dès lors irréductibles aux influences du dehors. Ils les subissaient, faute de se sentir assez forts pour les rejeter, et ils acceptaient en apparence les modifications qu'elles imposaient à leur vie politique ou privée ; ils payaient l'impôt, ils fournissaient le service militaire, ils se pliaient aux rites de l'administration nouvelle, ils inscrivaient les noms des Achéménides et des Ptolémées en tête de leurs actes ou sur les murailles de leurs temples, mais leur obédience s'arrêtait à ces marques extérieures, et, dans tout ce que la volonté des gouvernements étrangers ne leur ordonnait pas expressément, ils conservaient leurs habitudes et leurs conceptions d'autrefois. Quand le stratège grec avait perçu leurs taxes et réglé celles de leurs affaires qu'ils étaient obligés de lui soumettre, ils rentraient dans leur vie antique, et ils y retrouvaient toutes les formes en usage dans l'Égypte des Thoutmôsis ou des Ramsès ; le véritable chef n'était plus pour eux le Grec mais le noble ou le prêtre héréditaire, et si, par fortune, il avait dans les veines quelques gouttes plus ou moins pures du sang royal, il était le roi de droit, qu'ils vénéraient secrètement jusqu'au jour où une circonstance heureuse les encourageait à le déclarer roi de fait et à l'introniser ouvertement. Un siècle et demi au moins avant la mort de Cléopâtre, deux de ces prétendants avaient réussi à soulever la ville même de Thèbes et ils s'étaient succédé sur le trône, tandis que les Ptolémées se querellaient dans le Nord. Ç'avaient été des Pharaons véritables, avec cartouches, sceptres au poing, uræus au front, casques et couronnes traditionnelles ; leur suzeraineté n'avait pesé que sur une demi-douzaine de villes ou de bourgades, mais les premiers princes de la XIe ou de la XVIIe Dynasties n'avaient-ils pas débuté par être des roitelets d'étoffe aussi mince, et leur faiblesse originelle les avait-elle empêchés de réunir les nomes en un État unique, puis de fonder un empire immense ? Ceux-ci n'eurent pas le temps d'affermir et d'étendre leur autorité ; Ptolémée Épiphane mit la main sur Thèbes et châtia les rebelles de façon cruelle. Il ne parvint pas à étouffer l'esprit d'indépendance qui animait le pays, et des séditions éclatèrent après sa mort, dont la dernière ne fut réprimée par Ptolémée Aulète qu'au prix d'une guerre meurtrière. Thèbes succomba en l'an 67, après un long siège ; son enceinte fut rasée, sa population fut dispersée. Elle ne guérit jamais de la blessure dont elle fut frappée alors.

Strabon attribue l'insurrection qui se propagea au Midi contre les Romains aussitôt après la conquête à la difficulté de supporter des impôts écrasants. Il est plus probable que les nomes du Saïd avaient profité des troubles qui précédèrent la mort de Cléopâtre pour chasser les garnisons grecques et pour rétablir leurs dynasties locales. Lorsqu'Alexandrie fut prise et l'Égypte annexée à l'empire, ils refusèrent assez naturellement de payer au nouveau maître les tributs qu'ils refusaient à l'ancien. Ils n'avaient sans doute que des idées assez confuses sur ce qu'était Rome ; ils savaient seulement qu'elle était située au-delà des mers, et ils crurent que l'éloignement les sauverait de ses attaques. Gallus fut contraint de mener la campagne à fond pour prendre possession de ce peuple qui ne voulait pas courber sous son autorité : « C. Cornelius, fils de Cneius Gallus, chevalier romain, le premier « préfet d'Alexandrie et de l'Égypte après la défaite des « rois par César, fils du divin Jules, pour avoir vaincu « la défection de la Thébaïde en quinze jours pendant « lesquels il défit l'ennemi deux fois en bataille rangée, « pour avoir enlevé cinq villes, Borêsis, Coptos, Kéramikê, Diospolis-la-Grande, Ophiæon, et avoir tué les « chefs de ces défections, pour avoir conduit le premier

« une armée au-delà de la cataracte du Nil, auquel lieu « n'étaient parvenus les étendards ni du peuple romain, « ni des rois égyptiens, après avoir soumis la Thébaïde, « commune terreur de tous les rois, entendu près de « Philæ les envoyés du roi des Éthiopiens, reçu ce roi « dans la tutelle du peuple romain, institué un prince « vassal dans le Triacontaschène sur la frontière de « l'Éthiopie, [a érigé cette stèle] aux dieux de la patrie et « au Nil propice, [en actions de grâces]. » C'était la prise de possession et l'organisation des territoires qui appartinrent désormais pendant près de sept siècles aux Césars, puis aux empereurs byzantins. Le Pharaon d'Éthiopie voulut se concilier son voisin, et il lui dépêcha soudain une ambassade pour nouer des relations amicales avec lui. Gallus affecta de voir dans cette démarche une marque de sujétion, mais les termes différents qu'il emploie en latin et en grec afin de rendre sa pensée prouvent bien qu'il savait à quoi s'en tenir. Dans l'un, il parle de la protection et de la tutelle acceptées par le souverain ; dans l'autre, il se borne à confesser que le roi lui a proposé d'être son hôte, et il rend à la soi-disant déclaration de vasselage son caractère d'offre de proxénie. Dion Cassius expose que les ennemis de Cornelius Gallus l'accusèrent plus tard auprès d'Auguste d'avoir affecté les allures d'un roi plutôt que celles d'un simple gouverneur, et ils citèrent à l'appui de leurs dires les inscriptions qu'il avait gravées sur le revêtement des pyramides de Gizéh. Disgracié, rappelé à Rome et se sentant perdu, il se tua pour échapper au supplice, donnant le premier exemple de ces suicides qui se multiplièrent si fort à partir du principat de Tibère ; Auguste se plaignit qu'il lui eût ainsi ravi sa vengeance. Les inscriptions des Pyramides n'existent plus, mais celles de Philæ nous sont un bon échantillon de ce qu'elles pouvaient être, et le ton y dénote la haute opinion que l'homme entretenait de lui-même. La langue en est ferme et le tour ample, comme dans la plupart des textes de cette époque; mais on conçoit, en les lisant, qu'Auguste ait conçu quelque inquiétude sur la fidélité d'un général qui savait si bien exalter ses propres mérites.

Il est difficile pour un contemporain de ne pas songer immédiatement à cette autre inscription plus moderne, qui s'étale en bonne place sur le montant intérieur de la grande porte à Philæ. Dix-huit siècles après le Gaulois Cornelius, d'autres Gaulois, transportés en Nubie par un coup d'aventure et voulant y laisser un souvenir de leur présence, racontaient en style lapidaire, comment « l'an VI « de la République, le 12 messidor, une armée française, « commandée par Bonaparte, est descendue à Alexandrie. « L'armée ayant mis, vingt jours après, les mamelucks « en fuite aux Pyramides, Desaix, commandant la pre- « mière division, les a poursuivis au-delà des cataractes, « où il est arrivé le 13 nivôse de l'an VII ». L'inscription du Français est plus simple que celle du latin, mais au fond le sentiment est le même chez les deux. La prèmière cataracte n'est plus à nos yeux, dans cet âge de communications rapides, qu'une banlieue un peu lointaine de Paris ou de Londres, et une dizaine de jours suffisent à l'atteindre pour qui sait combiner son affaire. Les temples de Philæ voient défiler à leurs pieds des caravanes périodiques de touristes au rabais, et chaque hiver le pronaos abrite presque autant de pique-niques qu'il recevait d'offrandes ou de sacrifices au temps des païens. A l'époque d'Auguste, l'île était littéralement au bout du monde, et, si on ne la classait point parmi les terres fabuleuses, on la plaçait sur la limite extrême du réel, au point même où les merveilles incroyables commençaient. On répétait vingt histoires sur la hauteur de la cataracte, sur le volume de ses eaux, sur le bruit assourdissant qui s'échappait d'elles, sur la hardiesse avec laquelle les riverains se laissaient entraîner par elle et la descendaient : au-delà, c'étaient ces déserts de l'Afrique, d'où quelque monstre nouveau sortait toujours, des régions hantées par des sphinx et des onocentaures, parcourues par des tribus d'Oreillards ou de Sciapodes. Les Français de Desaix ne croyaient plus à aucun de ces beaux contes ; mais il faut voir, dans le *Voyage* de Denon ou dans les volumes de la *Description*, à quel point ils étaient nourris des souvenirs de l'antiquité classique, et quelle émotion ils éprouvaient à faire flotter leurs drapeaux sur les rochers où les légions avaient jadis planté leurs aigles. Romains et Français, ils avaient mené à bien, en quelques semaines, une entreprise qui semblait presque impossible à terminer : on conçoit qu'ils aient tenu à n'en point laisser perdre la mémoire. Cornelius Gallus la raconta en trois langues, pour que nul ne l'ignorât de ceux qui viendraient après lui. La stèle devait se dresser en bonne lumière et le texte en était surmonté d'un tableau qui attirait l'attention tout d'abord; on y admirait un cavalier qui foulait des barbares renversés sous les sabots de sa monture. On aimerait à savoir l'endroit précis où les morceaux ont été retrouvés ; les circonstances de la découverte nous permettraient peut-être de deviner si la stèle fut épargnée et si elle survécut à celui qui l'avait érigée, ou si Auguste la fit renverser par le préfet nouveau, afin que le souvenir de la victoire s'effaçât aux lieux mêmes où le vainqueur avait voulu le perpétuer.

1er avril 1896.

SUR UN MONUMENT ÉGYPTIEN QUI PORTE LE NOM D'ISRAEL (1)

Le doux Mènéphtah, roi d'Égypte, eut grand peur une fois au moins dans sa vie, quand les Libyens envahirent les cantons orientaux du Delta et qu'ils poussèrent leurs avant-gardes jusques au voisinage de Memphis. Il assembla son armée, les milices indigènes, les bataillons nègres et syriens, sa garde de Shardanes ; il marcha à la rencontre de l'ennemi, il prépara tout pour la bataille décisive, mais, sur le point de la livrer, il fut saisi d'un émoi bien naturel ou ses généraux le furent pour lui. Il avait suivi les camps en son jeune temps, sous les ordres de son père, le glorieux Ramsès, et il avait fait le coup de lance aussi bravement qu'un autre, mais une quarantaine d'années s'étaient écoulées depuis lors ; il n'était plus jeune, loin de là, il avait négligé les armes, et il pouvait se demander quelle figure il aurait sur le char de guerre tandis qu'il devrait donner à fond. Le roi, lorsqu'il se trouvait avec les troupes, était tenu de les mener lui-

(1) W. Flinders Petrie, *Egypt and Israel*, dans *the Contemporary Review*, n° 365, mai 1896, pp. 617-627. Elle a été reproduite depuis lors dans *Six Temples at Thebes*, 1897, Londres, in-4°.

même et tous ceux qui avaient connu Ramsès avaient les oreilles rebattues du récit de sa prouesse à Qodshou, lorsque, seul avec son écuyer Manouna, il avait chargé huit fois de suite la charrerie des Khâti. C'était exploit de jeune homme, que Mènéphtah presque septuagénaire ne pouvait guère recommencer, et, pourtant, son absence au moment du choc décisif risquait de déconcerter les soldats et d'amollir leurs courages. Les dieux, qui se mêlaient alors aux affaires de ce monde beaucoup plus qu'on ne croit, intervinrent à propos pour le tirer d'embarras avec honneur et sa dignité sauve. Il crut voir en songe une figure gigantesque de Phtah, qui se dressait devant lui et qui l'empêchait d'avancer : « Demeure à Memphis », lui cria-t-elle ; et elle lui tendait le sabre recourbé des Pharaons : « Éloigne de toi le découragement ! » Sa Majesté s'en étonna assez naturellement : « Mais alors que « dois-je faire ? — Dépêche ton infanterie, lui répondit le « Dieu, et envoie en avant des charriers en nombre aux « confins du territoire de Piriou. » — Mènéphtah le fit comme Phtah l'avait dit. Il demeura dans la ville, expédia ses généraux au danger, et quand ils eurent gagné la bataille, il rentra dans Thèbes, triomphant.

Prêtres, nobles, bourgeois, petit peuple, tout le monde l'y accueillit avec un enthousiasme sincère, et les historiographes de la cour se mirent en frais d'épithètes nouvelles pour raconter à la postérité quel vainqueur il était. On afficha un peu partout le journal de la campagne, dans le temple de Memphis par reconnaissance du service que Phtah avait rendu, dans le temple d'Amon à Karnak, et dans tous les endroits où il y avait chance qu'un récit de ce genre ne passât pas inaperçu. Il y avait sur la rive gauche du Nil, à Thèbes, dans un des édifices construits un siècle et demi auparavant par le célèbre Amènôthès III, une stèle colossale en granit gris. Mènéphtah s'empara d'elle, retourna contre le mur la face qui portait le panégyrique de son prédécesseur et grava sur la face libre une inscription que M. Petrie a découverte il y a quelques mois à peine. Ce n'est qu'un long hymne à sa louange, d'un style parfois emphatique; on y lit l'arrivée des Libyens, leur défaite, leur fuite précipitée, l'impression de terreur que la nouvelle du désastre produisit sur les tribus du désert. « Leurs bandes se répétaient ses exploits entre elles : « — Rien de pareil ne nous a frappées, depuis « l'âge de Râ, le Soleil! » Et tous les vieillards disaient à leurs fils : « — Malheur aux Libyens, c'en est fait de « leur vie. Personne ne peut plus se promener sans « crainte à travers nos champs, mais notre sécurité d'al- « lures nous a été ravie en un seul jour; les Tahonou « ont été comme dévorés par la flamme en une seule « année, Soutkhou notre dieu a tourné son dos à notre « chef et il a enlevé d'assaut ses campements. Il n'y a plus « à porter les couffes en ces jours; il n'est que de se cacher, « et nous ne trouverons le salut que dans une enceinte ». L'Égypte, au contraire, était en liesse, et ses habitants se criaient l'un à l'autre : « — On peut remuer mainte- « nant, et circuler au loin sur les routes, car il n'y a plus « d'effroi au cœur des hommes ! » « Et l'on abandonne les « postes fortifiés, on ouvre les citadelles, les patrouilles « de police sommeillent au lieu de faire la ronde, les « créneaux des murs sont calmes au soleil, jusqu'à ce « que leurs gardes se réveillent. Les soldats de police « sont couchés et dorment, les courriers et les ghafirs « sont dans les prés qu'ils sèment, les bestiaux vont de « nouveau au pâturage et il n'y a plus de fuyards sur les « eaux pleines du fleuve, mais l'on n'entend plus de gens « qui hurlent dans la nuit : « Arrête! ou « Viens, viens! » « Chacun s'en va chantant, et il n'y a plus lamentations ni « soupirs; les cités sont comme restaurées à nouveau, et

« celui qui laboure pour moissonner, il mangera de sa « récolte ». Et cependant au dehors, l'Égypte, que ses rivaux d'Asie ont crue perdue, reconquiert du coup tout son prestige. « Les grands se traînent sur la face et les « hauts nul d'entre eux ne hausse plus la tête parmi les « Nomades, car, maintenant que les Libyens ont été dé- « truits, les Khâti sont en paix, le pays de Canaan est « prisonnier en tout ce qu'il avait de méchant, les gens « d'Ascalon sont emmenés et ceux de Gèzer entraînés « en captivité, la cité d'Ianouâmîm est réduite au néant, « *ceux d'Israîlou sont arrachés, il n'y en a plus de « graine*, Kharou, la Syrie méridionale, est [triste] comme « les veuves d'Égypte, et toutes les terres sont réunies « en paix », sous la main du Pharaon.

Israîlou est, en caractères hiéroglyphiques, l'équivalent exact de l'Israël biblique, et c'est la première fois que ce nom paraît sur les monuments égyptiens. Les tentatives n'ont pas manqué, depuis soixante ans, pour l'y retrouver, ou, à son défaut, l'un des termes employés jadis à désigner tout ou partie des Hébreux. La plus sérieuse avait été celle de Chabas, qui, vers 1864, voyant mentionnés à différentes reprises dans des documents de l'époque des Ramessides, certaines gens appelés les *Apourîou*, y avait reconnu les *Hébreux : ces Apourîou* fabriquaient, en effet, de la brique, et comme ils étaient les esclaves, les auxiliaires ou les manœuvres des Égyptiens, il n'en fallait pas davantage pour qu'on songeât aux débuts du livre de l'Exode, où la misère des descendants de Jacob en Égypte est exposée en traits énergiques. L'identification, accueillie d'abord à grande faveur, est repoussée aujourd'hui par la plupart de ceux qui s'occupent de ces matières. Plus tard, on remarqua, de différents côtés, que plusieurs des noms énumérés dans les listes de Thoutmôsis III, *Joshoup-îlou, Jakob-îlou*, renfermaient l'élément Joseph ou Jacob, uni à l'un des mots qui expriment le concept de la divinité chez les Sémites, et l'on en conclut qu'ils nous avaient conservé le souvenir d'au moins deux des clans qui avaient constitué plus tard le peuple hébreu, ceux de Joseph-el et de Jacob-el (1). On voit à combien peu se réduisait ce que les textes de l'Égypte pouvaient fournir de renseignements sur l'histoire la plus ancienne de la famille juive. Ce n'est pas que les noms fissent défaut aux Annales d'un Thoutmôsis ou d'un Ramsès, des cités ou des nations mentionnées dans la Bible, mais ils s'appliquaient toujours soit à des villes qui existaient avant l'occupation de la Terre-Promise, soit aux tribus qui souffrirent de cette occupation et qui essayèrent de l'empêcher. Gaza figure dans le catalogue qu'on en a dressé, Ascalon, Joppé, Gézer, Maggedo, Taanak, Damas, les Amorrhéens, les Hittites ; Jérusalem elle-même a reparu sous la forme originelle d'Ourousalîmou, et l'on a pu reconstituer quelque chose de son histoire au XIVe siècle avant notre ère. Tout cela a servi et sert à rétablir pièce à pièce l'aspect de la scène sur laquelle Israel joua le premier rôle par la suite : Israël lui-même s'obstinait à cacher tout de lui, et jusqu'à son nom. Le fait n'a rien de singulier. Israël fut un assez mince personnage à côté de l'Égypte, de la Chaldée, de l'Assyrie, même au temps où il était gouverné par les plus énergiques de ses rois; à plus forte raison ne tenait-il qu'une place médiocre en son principe, lorsqu'il n'était encore qu'un serf, logé dans un coin du Delta, puis échappé au désert d'Arabie. Il se perdait dans la foule des comparses, et, si quelque circonstance attirait sur lui l'attention de ses compagnons ou de ses maîtres, ce n'était que pour un moment, entre deux événements qui semblaient alors d'un intérêt plus

(1) Cfr. Groff, *Œuvres diverses*, t. I, pp. 1-23.

présent. Les inscriptions ou les Annales l'enregistraient au vol, mais la destruction a sévi si formidable parmi les temples de l'Égypte, qu'on ne peut guère s'étonner de ne plus découvrir dans ce qui subsiste la plupart des passages qui l'y concernaient : le merveilleux n'est point qu'on n'y rencontre rien des Hébreux, c'est plutôt qu'on y rencontre encore quelque chose.

La mention d'Israîlou dans l'inscription de Mènéphtah est donc une bonne fortune ; mais quel parti doit-on en tirer pour l'histoire? Somme toute, jetée comme elle l'est au milieu d'un développement de pure rhétorique, elle nous apprend deux faits certains, l'existence d'une tribu d'Israîlou et une défaite que cette tribu aurait essuyée récemment. Le scribe qui rédigea l'hymne de Mènéphtah emploie pour marquer cet échec des expressions qui laisseraient croire qu'il s'agit d'un désastre, mais ce n'est là bien certainement qu'une des exagérations habituelles à ses pareils : les textes sont remplis de peuples que chaque Pharaon anéantit à son tour sans qu'ils s'en portent plus mal, et il suffisait qu'une tribu eût perdu quelques hommes dans une escarmouche pour qu'un poète de cour adressât au souverain le compliment de l'avoir détruite. Où vivaient ces Israîlou ? Par quel méfait avaient-ils attiré à leurs trousses les chars et les archers d'Égypte ? L'ordre dans lequel les autres peuples sont énumérés indique qu'ils habitaient la Syrie méridionale; ils arrivent en effet après Askalani, l'Ascalonien, après le Gèzer qui existe encore auprès d'Ascalon à Tell-Djèzer, après Ianouâmîm que d'autres documents paraissent placer dans la montagne de Juda, et il ne tient qu'à nous de supposer qu'ils sont tout ou partie des enfants d'Israël réfugiés auprès de Kadesh-Barnéa, après leur sortie d'Égypte. De là à déclarer que le désastre dont on les dit victimes n'est autre que la persécution du « Pharaon qui n'avait point connu

« Joseph », il ne s'en faut guère : nous aurions, dans ce passage de cinq mots, une allusion à la version égyptienne de l'Exode telle qu'on la répétait à la cour de Mènéphtah. En effet, une vieille tradition identifie à Mènéphtah le prince ennemi des Juifs qui eut des démêlés avec Moïse. D'autres hypothèses sont possibles et elles ont été examinées par les savants qui ont tenu en main le texte de l'inscription. M. Petrie, par exemple, déclare qu'Israël était divisé à cette époque en deux masses principales, dont l'une serait descendue aux bords du Nil et y résidait encore au moment de la guerre libyenne, tandis que l'autre était demeurée en Palestine et avait continué d'y mener une existence nomade d'Hébron aux plaines de Jezréel : cet Israël oublié au pays serait celui dont Mènéphtah nous apprend l'existence et qu'il avait châtié vertement. Je n'ai pour mon compte aucune raison d'adopter une version plutôt que l'autre : je me borne à enregistrer qu'Israël se révèle à nous pour la première fois sur un document contemporain, ou peu s'en faut, des faits racontés par ses chroniqueurs dans l'Exode, et à regretter qu'il n'obtienne de l'écrivain égyptien qu'une mention très brève.

Je crains que d'autres ne se contentent pas d'un résultat aussi maigre et que les cinq mots du panégyrique égyptien ne servent bientôt de thème à une littérature complète.

14 juin 1896.

COPTOS D'ÉGYPTE

Deux ou trois hameaux de huttes basses, des monceaux irréguliers de terre où pointaient confusément des crêtes de murs en briques ou en pierres de petit appareil; au Centre, un vaste emplacement presque vide, où jadis un temple se dressait; à l'Ouest, les restes d'une porte en granit de beau travail pharaonique, un pont jeté sur un canal, des digues entrecroisées; à l'Est et au Nord, un immense rempart romain, flanqué de tours engagées à demi dans la courtine, et près de l'une d'elles une brèche immense, celle-là même sans doute par laquelle les légions de Dioclétien se précipitèrent dans la ville, il y a seize siècles : voilà tout ce qui restait de Coptos, il y a une quinzaine d'années, quand je la visitai pour la première fois. Quelques coups de pioche frappés çà et là ramenèrent à la surface de beaux ustensiles en cuivre d'époque copte, qui doivent être aujourd'hui encore au musée. Vers 1884, je déblayai en cinq ou six jours un couloir de temple où les inscriptions hiéroglyphiques de Caligula surchargeaient des graffites grecs tracés par les pèlerins sous un des derniers Ptolémées. Chaque fois que j'y séjournais quelques heures, j'y ramassais des inscriptions importantes, des statues, des stèles, des bronzes, des étoffes, des centaines de menus objets : j'y aurais entrepris des travaux de longue haleine, si j'avais eu un peu d'argent en plus des 28.000 à 30.000 francs en quoi consistait alors le budget des fouilles. M. Petrie a réalisé ce qui ne fut pour moi qu'un vain rêve : il a ramassé là en six semaines assez de matériaux pour écrire l'histoire de la ville antique et de l'un de ses temples principaux (1).

Coptos s'élevait à faible distance du Nil, au débouché des deux routes maîtresses qui mènent par le désert aux rivages de la mer Rouge, l'une à Qoçéir, l'autre au Ras-Banas. Une partie du commerce entre l'Égypte et les pays de l'Arabie du Sud ou des Somalis passait par là de toute antiquité. Les matelots débarquaient, dans l'un des havres qui avoisinent la Qoçéir actuelle, les denrées qu'ils apportaient du Pouanît ou des *Terres divines*. C'étaient surtout ces résines, ces gommes ou ces écorces odorantes dont les anciens faisaient une telle consommation pour leurs sacrifices, l'encens, la myrrhe, la cannelle, puis de l'or, de l'ivoire, de l'ébène, des bois précieux, des animaux rares comme les singes ou la girafe. Le tout était réparti entre des caravanes qui gagnaient Coptos en quatre ou en cinq jours de voyage et qui y empruntaient la voie du Nil pour se répandre dans la vallée entière, entre Syène et Memphis. Coptos était donc un entrepôt où les marchandises indigènes et les exotiques s'accumulaient et s'échangeaient : sa prospérité haussait ou baissait avec les fluctuations du commerce de la mer Rouge, et elle atteignait l'apogée aux époques où les forces de l'Égypte réunies toutes entre les mains d'une famille énergique pouvaient garantir la sécurité des routes du désert contre les Bédouins ou exercer une police sévère sur le littoral de l'Érythrée. Les ruines, éprouvées qu'elles ont été par les inva-

(1) *Koptos*, by Flinders Petrie, with a Chapter by Hogarth; Londres, Quaritch, 1896. In-4°, IV-38 p. et XXVIII pl.

sions, conservent encore assez de documents pour nous enseigner que la VIe Dynastie, vers 3600 av. J.-C., la XIe et la XIIe vers 3200, la XVIIIe et la XIXe de 1700 à 1300, les Ptolémées, les Antonins protégèrent efficacement la ville et l'enrichirent. Elle vécut ses plus beaux jours du troisième siècle avant notre ère au troisième après, sous les Macédoniens d'abord, puis sous les Romains, quand une portion considérable du trafic maritime avec l'Inde et la Chine s'écoulait par elle avant de se diriger vers Alexandrie. Le caractère turbulent de ses habitants et leurs révoltes attirèrent sur elle la colère de ses maîtres, à plusieurs reprises. Dioclétien la détruisit, Kous se substitua à elle, puis Kénéh. Elle déclina, se vida, s'écroula : elle n'est plus qu'un amas de décombres exploité par les fellahs et par les archéologues.

On récolte un peu de tout sur un site occupé depuis si longtemps par tant de générations différentes. M. Petrie a exploré de préférence le grand temple, et il en a extrait des fragments de toutes les époques. Les plus nombreux appartiennent aux XIe et XIIe Dynasties et ils proviennent des salles reconstruites par un des Antouf, Antouf V, et par Amenemhâît Ier. Ils sont d'une finesse merveilleuse, et ils prendront place parmi les œuvres les plus remarquables que le ciseau égyptien ait exécutées pendant le premier empire thébain. La saillie en est très basse, à peine sensible sur le niveau général de la paroi, et pourtant les quelques touches délicates qui rehaussent le contour des figures sont d'une précision et d'une justesse telles, elles sont si bien appliquées aux endroits nécessaires, que le modelé des têtes et des corps s'accuse aussi complètement que s'il s'agissait de morceaux en haut relief. Les sculptures des tombeaux nous donnaient déjà une idée de ce que cet art de la XIIe Dynastie comportait d'élégance et d'habileté technique, mais nous ne possédions que des débris trop mutilés des grands édifices officiels pour pouvoir imaginer à quel point de perfection il était poussé dans les ateliers où l'on travaillait pour le compte des rois. Les pièces que M. Petrie a découvertes et dont il publie les photographies nous permettront désormais de juger en connaissance de cause, et nous comblerons en partie, grâce à elles, une des lacunes les plus graves que nos manuels d'archéologie égyptienne présentaient. Les tableaux de Déir el-Bahari, de Louxor et d'Abydos rivalisent seuls avec ceux de Coptos; encore le procédé mécanique y est-il peut-être un peu plus marqué. Les blocs au nom de Thoutmôsis III et des souverains postérieurs que M. Petrie a figurés à la suite de ceux-là sont loin d'offrir le même intérêt pour l'histoire de l'art. Ils nous autorisent à déclarer que Coptos posséda toujours des écoles notables et que l'art du sculpteur n'y descendit jamais aussi bas que dans beaucoup des villes égyptiennes; ils valent surtout par les renseignements historiques qu'ils nous fournissent, malgré les insultes qu'ils ont subies au cours des âges.

Le plus curieux est un véritable décret d'excommunication promulgué en l'an III du roi Antouf V par le chapitre du dieu Mînou, le patron de la ville. Ce que Téti, fils de Mînhotpou, avait fait pour mériter sa condamnation, le document ne nous le dit pas, et il est probable que nous ne le saurons jamais expressément. Je soupçonne, d'après plusieurs expressions, que la politique fut pour beaucoup dans son affaire, et qu'il s'affilia à quelque conjuration contre le souverain, mais ce n'est là qu'une hypothèse, en ce moment du moins. Voici la pièce, qui ne manque pas d'originalité : « L'an III, le 25 Phamenôth, sous Sa Majesté « Antouf, qui donne la vie comme le soleil éternellement. « — Ordre du roi au gouverneur de Coptos, Mînouhâît, « au fils royal qui commande à Coptos, Kaîninou, au « leude Monkhoumînou, au hiérogrammate Nofirhotpou, à

« tous les soldats de Coptos, ainsi qu'à la communauté « entière du temple. Vous autres, cet ordre vous est expé- « dié pour vous faire savoir ce qui suit : — Ma Majesté a « dépêché le hiérogrammate leude d'Amon, Siamonou, et « le chef des huissiers, Ousiramonou, faire une enquête au « temple de Mînou, à propos de la députation que la com- « munauté du temple de mon père, Mînou, avait envoyée « à Ma Majesté pour dire : « Un complot pervers s'est « produit en ce temple, et un ennemi s'y est introduit, ce « (puisse passer son nom!) Teti, fils de Mînhotpou ! » — « Qu'on le rejette donc du temple de mon père Mînou ; « qu'on le chasse de son emploi dans le temple, lui et les « siens, de fils en fils, de postérité en postérité, et qu'ils « errent sur la terre ; que ses rations de pain lui soient « enlevées, que sa part des viandes sacrées soit rayée des « registres, que son nom ne soit commémoré, ainsi qu'on « fait à quiconque a, comme lui, blasphémé ou combattu « son dieu ; que tout ce qui est porté à son compte sur les « écrits du temple soit effacé, ainsi que tout ce qui est « porté sur les registres du Trésor royal. — Si n'importe « quel roi réel ou faisant fonction de roi lui pardonne, que « celui-là ne porte plus la couronne blanche, qu'il n'ar- « bore plus la couronne rouge de l'Égypte, qu'il ne siège « plus sur le trône de l'Horus qui règne sur les vivants, « que les deux déesses du Midi et du Nord ne lui prodi- « guent plus leur amour ; si n'importe quel commandant, « n'importe quel gouverneur se présente devant le sei- « gneur-roi pour qu'il soit pardonné à ce pervers, que ses « biens, que ses terres, soient forfaits au fisc de mon père « Mînou de Coptos, et que personne de ses clients, de ses « dépendants, des clients et dépendants de son père et de « sa mère, ne soit pourvu de son office, mais que cet office « soit donné au leude, administrateur du palais, Mînoum- « hâît, et qu'on donne de même à celui-ci les pains de

« l'autre, ses portions de viande sacrée et qu'on les porte « à son nom dans les registres du temple de Mînou de « Coptos, de fils en fils, de postérité en postérité ! » Un document postérieur de deux mille ans condamna des excommuniés à être brûlés vifs en Éthiopie, à Napata; ici on fait grâce de la vie à Téti. Est-ce clémence intentionnelle ou s'était-il dérobé aux poursuites ?

Des rois peu connus jusqu'à présent surgissent çà et là, ainsi un Râhotpou qui paraît avoir régné vers le XVIIIe siècle sans beaucoup d'éclat, mais il faut descendre presque aux derniers jours de la ville pour rencontrer des textes dont l'intérêt soit égal à celui du décret d'excommunication. Les Grecs, puis les Romains entretenaient là une garnison assez forte, qui surveillait le Nil et le désert, ainsi qu'un poste de douane où tout ce qui venait de la mer Rouge ou s'y rendait payait les droits d'entrée et de sortie. Soldats et gabelous ont laissé leur trace dans les inscriptions que M. Petrie a déterrées. Antistius Asiaticus, préfet de la côte à Bérenice, sur la mer Rouge, avait rédigé un tarif vers l'an 90 après J.-C. sous le principat de Domitien. On y apprend que les concessionnaires des transports entre Coptos et Bérénice devaient verser : pour introduire en Égypte un pilote 8 drachmes, une vigie de proue 10 drachmes, un matelot 5 drachmes, une esclave de plaisir 108 drachmes, un âne 2 oboles et ainsi de suite ; pour convoyer une momie de Coptos à la mer et réciproquement, 1 drachme 4 oboles. Les Égyptiens qui mouraient loin de leur village exigeaient qu'on les y rapatriât : leur cadavre était consigné à un batelier ou à un chef de caravane qui les livrait contre nolis à l'endroit voulu, et la quantité de ces colis funèbres en circulation était assez considérable pour qu'on les soumît à des droits de péage. Des soldats auxiliaires, levés en Asie, ont laissé des dédicaces à leurs divinités, ainsi Marcus Aurelius Beliakôb, des archers palmyréniens, au très haut dieu Jérablous de Hiérapolis. Un matelot ou un marchand, qui avait échappé aux dangers de la mer Rouge, dédie un ex-voto à la très grande Isis pour un heureux voyage du bon vaisseau le *Sarapis*. Tel de ces monuments, sans apparence par lui-même, dérive un intérêt du nom de souverain par lequel il débute : l'un d'eux est un des rares souvenirs qui nous soient parvenus de Caius Fulvius Quietus, qui fut empereur en Orient avec son père Macrien, en 259, pendant les années qui suivirent la défaite de Valérien et sa prise par les Perses. Ce sont là de petits événements et de petits faits, lorsqu'on les considère isolément. Rapprochés l'un de l'autre, ils s'éclairent, ils se complètent et ils finissent par reconstituer, comme en une mosaïque, le tableau de ce qu'était la vie d'une cité de province en Égypte sous les Pharaons ou sous les maîtres étrangers.

2 octobre 1896.

LE TOMBEAU D'ANTINOUS A ROME

Comme on ne doit jamais décourager personne, je n'assurerai pas que l'obélisque Barberini est le plus laid des obélisques égyptiens ; je me bornerai à dire qu'il est de beaucoup le plus lamentable de ceux qu'on a érigés sur les places publiques de Rome à diverses époques. Il est mal taillé, mal proportionné, lourd, trapu, et les quatre faces en sont surchargées chacune de deux colonnes d'hiéroglyphes, empilés l'un sur l'autre dans un désordre tel qu'on a peine à y démêler la suite des mots. Les sculpteurs qui ont exécuté ce chef-d'œuvre se sont donné beaucoup de peine, mais l'intelligence leur manquait et l'habileté de main que possédaient encore ceux de leurs collègues employés vers le même temps à décorer les sanctuaires de la Haute-Égypte, de Thèbes à Philæ. Ils n'ont su lui imprimer aucune des qualités qui prêtent une si fière allure aux obélisques de la grande époque, la pureté des lignes, la netteté inflexible des arêtes, le poli irréprochable de la matière, la disposition large et harmonieuse des légendes, la beauté des caractères ; ils n'ont réussi qu'à faire de lui une contrefaçon gauche et prétentieuse.

Et pourtant, ses inscriptions lui valent aux yeux de

l'archéologue un intérêt qu'il n'a pas à ceux de l'artiste. On sait depuis Champollion qu'elles sont consacrées à l'éloge d'Antinous et que cet étrange favori d'Hadrien y est célébré comme un dieu : Erman vient de les traduire d'une façon presque définitive, et il y a eu d'autant plus de mérite que jamais texte plus barbare ne s'offrit à l'attention d'un égyptologue (1). L'idiome qu'on parlait sur les rives du Nil au temps d'Hadrien était à celui des Pharaons thébains ce que l'italien ou le français sont au latin. Les savants, les prêtres, les gens des classes nobles l'entendaient encore à peu près, par routine, à la façon dont les moines du onzième ou du douzième siècle pouvaient comprendre la langue de Cicéron ; lorsqu'ils voulaient l'écrire, ils en étaient réduits à composer avec des lambeaux empruntés à leurs lectures des centons où le lexique et la grammaire étaient également maltraités au tournant de chaque période. Erman a été parfois embarrassé de s'y reconnaître au milieu de ces périodes falotes, compliquées d'une orthographe sans préjugés, et l'étonnant n'est point qu'il ait réservé quelques blancs dans sa traduction, c'est plutôt qu'il n'en ait pas ménagé davantage. Il a déployé une ingéniosité inépuisable pour trouver un sens, et la version qu'il propose à plus d'une phrase paraîtra suspecte à beaucoup de ses lecteurs : elle me semble pourtant s'adapter exactement à l'original, et l'on devra se résigner à l'accepter comme correspondant presque partout à la pensée du scribe égyptien à qui nous devons ce morceau d'éloquence. Aussi bien le fond même des idées et des formules est-il pour beaucoup dans la sensation d'invraisemblance qu'elle nous fait ressentir. Le protocole égyptien appliqué à des Égyptiens de race pure ou aux

(1) A. Erman, *der Obelisk des Antinous*, et Huelsen *der Grab des Antinous*, tirage à part des *Mémoires de l'Institut archéologique allemand*, partie romaine, 1896, t. XI, p. 113-130.

Ptolémées égyptianisés est déjà d'une belle étrangeté : on imagine difficilement quels effets baroques et presque comiques il produit lorsqu'on l'adapte au bel Antinous et à son entourage romain.

« Combien est splendide », s'écrie l'auteur sur une des faces, « l'heur qui est arrivé à l'Osirien Antinous ! Son « cœur est dans une allégresse très grande parce qu'il a « connu sa nouvelle forme, depuis qu'ayant recommencé « sa vie il voit son père Horus! » Aussi profite-t-il de son entrée au ciel égyptien pour réclamer la bienveillance de Râ en faveur d'Hadrien et de sa femme l'impératrice Sabine. Ce devoir accompli, il prend la pleine possession de tous ses privilèges divins, et ce n'est que justice, car on l'a momifié de la façon la plus régulière. Il est maintenant « un vaillant, sans défaillance... ; il respire l'air de « vie, sa gloire est au cœur de tous les hommes, et le « Seigneur d'Hermopolis, le maître des livres saints, Thot « rajeunit son âme comme la Lune et le Soleil se rajeu- « nissent, en leurs saisons, nuit et jour, en toute heure, « en toute minute ! Son amour est dans le cœur de ses « serviteurs, sa crainte dans tous leurs membres, sa « louange chez tous les hommes et ils l'adorent. La place « de ses pieds est dans la Salle de Vérité », où Osiris juge les morts; les âmes l'acclament, il va où il veut, toutes les portes de l'Enfer s'ouvrent devant lui. Et tandis que, là-haut, les immortels ne lui ménagent pas leur meilleur accueil, les mortels le comblent d'honneurs à l'envi. « Des joutes sont instituées dans la ville dont le nom est « tiré du sien pour les braves qui sont en ce pays, pour « les bateliers et pour les lutteurs de la terre entière, de « même pour tous les gens qui connaissent la demeure de « Thot; on leur distribue en prix des couronnes sur leurs « têtes, ainsi que des récompenses de toutes sortes de « bonnes choses. On fait l'offrande sur ses autels, on y

« place les liturgies des dieux devant lui, chaque jour...
« On vient à lui de toutes les villes, parce qu'il écoute « les prières de qui l'invoque. Il cure les malades », en leur dépêchant de ces songes prophétiques où les dieux révélaient à leurs clients les remèdes les plus propres à les guérir. Une telle vertu ne pouvait pas appartenir aux enfants de la race humaine, aussi le panégyriste ne doute-t-il pas que son héros ne soit d'extraction divine : sa mère l'a conçu d'un dieu descendu incognito ici-bas. Ç'avait été assez l'habitude des dieux égyptiens, lorsqu'ils voulaient introniser une famille de Pharaons nouveaux (1) ; ils la reprirent à propos d'Antinous, non plus pour fonder une dynastie, ce que Rome n'aurait point toléré, mais pour octroyer au monde un dieu de plus, ce à quoi Rome ne s'opposait pas d'ordinaire.

Voilà ce que nous racontent les inscriptions gravées sur trois des faces de l'obélisque. Bien des lecteurs jugeront que c'est peu : ils auraient préféré y lire un récit, fût-il officiel, de la mort d'Antinous, et savoir laquelle plaisait à l'empereur des versions qui circulèrent à ce sujet. Antinous s'était-il dévoué pour sauver Hadrien des périls qu'on lui prédisait, ou s'était-il noyé par accident? L'auteur égyptien n'en dit rien, et probablement cela ne l'intéressait guère ; on lui avait commandé un panégyrique conçu selon les règles les plus strictes de la rhétorique égyptienne, et il avait exécuté la commande honnêtement, avec le plus de belles phrases et le moins de faits ou d'idées possible. La légende de la quatrième face nous révèle pourtant une circonstance inconnue aux historiens anciens et dont les modernes n'ont pas tenu un compte suffisant. C'était près d'Hermopolis qu'Antinous avait péri, et sa déification, les jeux célébrés en son honneur, l'institution

(1) Voir plus haut, pp. 91-94 du présent volume.

de son culte, tous les événements rappelés jusqu'à présent s'étaient accomplis près d'Hermopolis, dans la ville d'Antinoé : cette fois, le récit nous transporte à Rome. « *Cet Antinous qui est ici, et qui repose en cette* « *localité, qui est dans le champ adjacent de la dame* « *puissante, Rome,* il est reconnu pour dieu dans les « localités divines de l'Égypte. On lui a bâti un temple, « il y est adoré comme un dieu par les prophètes et par « les prêtres du Midi et du Nord, ainsi que par les gens « de l'Égypte; une ville est nommée d'après lui, et les « soldats, ainsi que tous ceux des Grecs qui sont dans « les localités égyptiennes, viennent vers cette ville, tous « tant qu'ils sont, et on leur donne des champs et des « terres pour leur rendre la vie très douce. Là se trouve « un temple de ce dieu qu'on appelle Osiris-Antinous, « bâti de beau calcaire blanc, entouré de sphinx, de « statues, de colonnes nombreuses, ainsi que les faisaient « les rois nos ancêtres et de même que les Grecs les « firent après eux; tous les dieux et toutes les déesses « donnent le souffle à Antinous, afin qu'il respire une « jeunesse nouvelle. »

Erman comprend, comme Birch autrefois (1), qu'Antinous fut enterré à Rome même, dans le champ adjacent à la ville, et je ne vois pas qu'on puisse traduire autrement qu'il ne le fait. On doit admettre qu'Antinous, momifié à Hermopolis, aussitôt après sa mort, ne fut pas enterré dans sa cité d'Antinoé : Hadrien l'emporta avec lui ou l'expédia directement à Rome, et lui éleva un tombeau en dehors du Pomœrium comme l'inscription égyptienne l'affirme expressément. Birch pense que l'expression *le champ adjacent à la dame puissante, Rome,* désigne le Champ-de-Mars; l'obélisque, placé en avant

(1) Dans l'ouvrage du Parker, *Obelisks of Rome.*

du tombeau, aurait été transporté de là au cirque de Varius Marcellus, peut-être par Héliogabale, vers 220, comme le veut Parker. D'autre part, M. Huelsen, qui a joint au Mémoire d'Erman des notes fort intéressantes sur la découverte de l'obélisque au seizième siècle et sur ses destinées depuis l'instant qu'il tomba aux mains des Barberini jusqu'à celui où il fut dressé par le Pape Pie VII sur la place du Pincio en 1822, pense que l'emplacement où il fut découvert dans la *Vigna Saccocci* marque à peu près le site même où Hadrien l'érigea dès l'origine. On souhaiterait qu'une fouille bien menée remît au jour le monument qu'il accompagnait, seul ou accouplé à un de ses semblables selon la coutume égyptienne. Si, vraiment, le tombeau désigné dans l'inscription n'était pas un cénotaphe consacré par l'empereur au culte de son favori, peut-être aurait-on quelque chance d'en retirer le cercueil ou le sarcophage. Le climat de Rome ne prête pas à la conservation des corps comme celui de l'Égypte, mais le hasard fait parfois bien les choses, et les procédés de momification, si dégénérés qu'ils fussent à l'époque romaine, opposaient encore une résistance efficace à la décomposition. On imprégnait les cadavres d'un bitume bouillant qui les transformait en une masse noirâtre, hideuse à la vue, fétide à l'odorat, facile à briser ou à brûler, mais moins pénétrable à l'humidité que les momies mieux préparées des grands siècles pharaoniques : si la chambre funéraire échappa aux déprédations des voleurs et des barbares, on a quelque chance d'en extraire encore intact le bloc de charbon à forme vaguement humaine qui fut le bel Antinous.

30 décembre 1896.

UN DIALOGUE PHILOSOPHIQUE ENTRE UN ÉGYPTIEN ET SON AME

Un Égyptien causait avec une de ses âmes. On en avait beaucoup dans ce temps-là : le *baî*, un oiseau qui s'envolait, après la mort, vers les sphères célestes, mais qui en revenait à son gré, — le *double*, une image colorée, fluide, animée, qui séjournait dans le tombeau comme dans son domicile légal, et qui s'en échappait pendant le jour, quand bon lui semblait, afin de revoir les lieux témoins de son existence, — l'ombre noire, la *khaibît*, — le *lumineux*, le *khou*, qui se cachait dans les coins les plus reculés du caveau et qui ne les quittait qu'à de rares intervalles, pour punir les vivants de l'oubli dans lequel ils le laissaient. Quel prétexte notre homme avait saisi de lier conversation avec un de ces êtres, nous l'ignorons encore, car le début de l'histoire manque au manuscrit qui nous l'a conservée. Au point où nous la prenons, l'entretien dure depuis quelque temps déjà et les propos vont leur train. Il s'agit certainement de la mort, mais on ne discerne pas bien la thèse que chacun des deux interlocuteurs défend. J'avais pensé que l'homme, effrayé par les incertitudes de l'au-delà, exposait ses angoisses à l'âme : celle-ci s'appliquait à le rassurer et elle lui traçait un tableau presque attrayant du passage entre la vie présente et la vie future. Erman, qui vient de traduire notre dialogue (1), croit, au contraire, que l'homme appelait la mort, mais que l'âme essayait de le détourner du suicide. Les deux façons de comprendre le texte sont possibles, et, seule, la découverte des premières lignes nous autorisera à déclarer laquelle est la vraie. Un point demeure certain dans tous les cas, la conception fort sombre que l'auteur se faisait de l'humanité et qu'il développe largement dans les derniers couplets de son œuvre. Qui a vu la perversité du siècle et le train lamentable du monde, l'Hadès n'a plus de terreurs pour lui, et la mort n'est à ses yeux que le retour d'un exil lointain ou la guérison d'une maladie douloureuse.

L'âme ayant terminé une tirade fort éloquente à n'en pas douter mais dont il ne reste que deux ou trois mots, l'homme « ouvrit sa bouche et répondit à l'âme à propos « de ce qu'elle lui avait dit ». Il se plaignait qu'elle ne lui eût point parlé aussi sagement dans les épreuves qu'il avait traversées, mais qu'elle « se fût enfuie aux jours de « malheur. — Et voici, mon âme m'attaque, parce que je « ne l'ai pas écoutée lorsqu'elle m'entraînait à la mort, « parce que je ne suis pas venu vers elle lorsqu'elle me « jetait aux flammes pour me consumer ! » Et pourtant, elle devrait « se serrer contre moi, aux jours de malheur, « se tenir à mon côté, comme qui pleure sur moi, comme « celui-là qui sort de la foule et se range près de moi. O « mon âme, cesse de me reprocher le deuil sur la vie, de « me pousser vers la mort parce que je ne vais pas à elle « de mon plein gré, de me faire une peinture agréable de

(1) A. Erman, *Gesprach eines Lebensmüden mit seiner Seele, aus dem Papyrus 3.024 der Kœniglichen Museen*, extrait des *Mémoires de l'Académie des Sciences de Berlin*, 1896; in-4°, 77 p. et 10 planches.

« l'Hadès! N'est-ce pas un malheur que la vie n'ait qu'un « temps ? » Et l'Hadès n'est-il pas rempli de dieux qui demandent aux mânes un compte sévère de leurs péchés ? Ici l'âme, que cette faiblesse impatiente, interrompt brusquement : « N'es-tu pas un pauvre diable ? Voilà-t-il « pas que tu exècres l'autre monde, et que tu restes là à « gémir sur ton sort comme si tu étais un richard! » Mais l'homme ne se laisse pas déconcerter par cette sortie : Tu as beau t'indigner, reprend-il, « je ne partirai « pas » ; et il insiste plus fortement encore sur l'effroi que lui inspirent la mort et les péripéties de l'enterrement. L'âme tire un argument nouveau des paroles même qu'elle vient d'entendre. « Si tu songes sans cesse à la « sépulture, c'est un trouble du cœur, c'est un sujet de « larmes qui anéantit l'individu et qui l'arrache à sa « maison ; car, une fois jeté sur la colline », où sont les tombeaux, « tu n'en sors plus pour voir le Soleil » ; tous les trépassés sont voués fatalement à l'oubli et « ceux à « qui l'on a sculpté des statues en granit, dont la double « demeure a été taillée en forme de pyramide, dont les « perfections ont été accomplies en un travail excellent, « les statues divines qu'on leur a modelées, ainsi que les « tables d'offrandes qui y sont attachées, finissent par « être aussi délaissés que s'ils avaient été des humbles, « morts de misère sur la berge, ou un métayer à qui « l'inondation ou la sécheresse auraient ravi sa force, « pauvres diables qui n'avaient plus d'autres causeries « qu'avec les poissons au bord de l'eau! » C'était là, en effet, le comble de la détresse pour l'Égyptien bavard de nature, et une vieille chanson de berger disait du briquetier qui travaille les pieds dans la vase vers le retrait de la crue : « Le briquetier est dans l'eau, parmi les pois- « sons, — il cause au silure, il salue l'oxyrrhinque, — « Hadès, votre briquetier est un briquetier d'Hadès! » il meurt de n'avoir à qui causer. L'âme se garde pourtant de laisser son homme sur une image aussi funeste. Elle lui conseille de chasser les tristes pensées et de s'abandonner à la joie présente : « Ecoute-moi, — car écouter « est bon pour les hommes, — suis le jour heureux, « ignore la plainte ! » Et elle appuie ce conseil d'exemples empruntés à la vie courante. « Quand le vassal a labouré « son champ et qu'il a chargé sa récolte sur une barque, « il s'en va sur l'eau et sa fête approche », la fête de la mise au grenier. « Mais soudain, il a vu qu'une nuit de « tempête s'annonce ; il veille dans sa barque du coucher « au lever du soleil, tandis que sa femme et ses enfants », qui venaient à sa rencontre, « périssent sur le canal, « égarés la nuit parmi les crocodiles. » Alors il s'accroupit et il force sa voix, disant : « Je ne pleure pas cette bonne « amie qui ne sortira pas de l'Hadès pour revenir sur « terre; je gémis sur ses enfants qui ont été écrasés « dans l'œuf et qui, pour avoir vu la face du crocodile, « ne vivent plus ! » Ceux qu'on doit plaindre, ce sont non pas ceux qui meurent après avoir fourni leur terme de jours, mais ceux à qui la vie a été ravie prématurément.

Ce discours convainc enfin notre homme. Il fait un retour sur lui-même et il confesse qu'il n'a plus grand bonheur à espérer ici-bas ; la tombe est un abri sûr où il jouira d'une quiétude inaltérable. Ce qui suit constitue, évidemment, la partie maîtresse de l'œuvre, celle que le poète avait soignée avec le plus d'amour et que ses lecteurs admiraient de leur mieux. Le morceau est divisé en trois couplets, construits sur le même modèle : des strophes de trois vers, dont le premier se répète identique et dont les deux autres apportent une image nouvelle au développement du thème posé dans chaque couplet. L'homme constate la misère et le mépris dans lesquels il est tombé à la suite des événements racontés sans doute au début de l'histoire, mais que nous ignorons pour le moment. « Vois, mon nom est diffamé plus que l'odeur des « corbeaux aux jours de l'été, quand le ciel est en feu ! « — Vois, mon nom est diffamé plus que la pêche, quand « le ciel est en feu. — Vois, mon nom est diffamé plus « que l'odeur des oiseaux, plus que la prairie haute où « paissent les bandes d'oies ! » Et il passe en revue de la sorte une série d'animaux ou de métiers qui répandent une odeur fétide, avant de risquer des comparaisons tirées d'un ordre d'idées plus relevé. « Vois, mon nom est diffamé « plus que la femme qu'on a calomniée auprès de son « mari ! — Vois, mon nom est diffamé plus que l'enfant « vaillant dont on dit mensonge auprès de ses parents ! « — Vois, mon nom est diffamé plus qu'une ville qui « complote sans cesse la révolte, mais dont on ne voit « jamais que le dos ! » Cette mauvaise réputation, contre laquelle il se débat en vain, auprès de qui pourrait-il s'en justifier, puisque tous les hommes du siècle sont égoïstes et poltrons ? « A qui parlerai-je aujourd'hui ? Les frères « sont mauvais et les amis d'aujourd'hui n'aiment per- « sonne. — A qui parlerai-je aujourd'hui ? Les cœurs « sont violents, et chacun prend les biens de son voisin. « — A qui parlerai-je aujourd'hui ? Le doux périt, le fort « a accès auprès de tout le monde. — A qui parlerai-je « aujourd'hui ? On ne se rappelle plus hier, et personne « n'ose plus agir à l'instant qu'il faut ! — A qui parlerai-je « aujourd'hui ? Il n'y a plus de justes, et la terre n'est « qu'un tas de malfaiteurs ! » La litanie est trop longue pour qu'on la cite en entier : bref, « les méchants frappent « le monde sans fin ! » La mort seule s'ouvre comme un refuge à qui veut leur échapper, et elle devient presque riante par le contraste. « La mort me paraît aujourd'hui « comme la guérison d'un malade, comme la sortie au « grand air après la fièvre ! — La mort me paraît aujour-

« d'hui comme une odeur d'encens, comme le repos sous « un voile un jour de grand vent ! — La mort me paraît « aujourd'hui comme une odeur de lotus, comme le repos « sur la rive d'un pays d'ivresse ! — La mort me paraît « aujourd'hui comme le chemin d'un torrent, comme le « retour à la maison d'un soldat-matelot ! — La mort « me paraît aujourd'hui comme un rassérénement du ciel, « comme un homme qui s'en irait chasser vers un pays « qu'il ignore ! — La mort me paraît aujourd'hui comme « le désir qu'un homme a de voir sa maison, après qu'il a « passé beaucoup d'années en captivité ! — Quiconque « est là, » parmi les morts, « c'est un dieu vivant qui « repousse le péché de qui le commet ! — Quiconque est « là, il se tient dans la barque du Soleil, et il préside à la « répartition des offrandes aux temples. — Quiconque « est là, c'est un savant à qui on ne peut rien refuser de « ce qu'il demande quand il implore Râ ! » L'âme, enchantée de son succès, ajoute à cette profession de foi quelques mots de félicitation bien sentis, et elle s'engage à ne pas abandonner son homme dans la dernière épreuve : « Quand tu arriveras à l'Hadès, et que tes membres s'uni- « ront à la terre, je me tiendrai près de toi, tandis que tu « reposes, et nous ferons résidence ensemble. »

Tel est ce curieux écrit, l'un des plus étonnants parmi ceux que l'Égypte ancienne nous a légués. La langue en est concise, énergique, le texte mutilé, parfois incorrect, et je ne m'assure pas que nous en saisissions partout le sens et la nuance précise. Je puis parler en connaissance de cause des difficultés qu'il présente, car j'en ai abordé l'explication trois fois en vingt ans à l'École des Hautes-Etudes, et je l'ai étudié minutieusement sans arriver partout à me satisfaire moi-même. M. Erman a exécuté un véritable tour de force en le traduisant, et, si tout n'est pas certain dans son interprétation, la faute n'en est pas à lui, mais à la perversité du hasard qui nous a transmis le manuscrit dans les circonstances les plus défavorables à l'intelligence de l'œuvre. On pense bien, après cela, que je ne me hasarderai pas à déterminer ici le degré de valeur littéraire qu'elle devait présenter. Les modernes qui sont du métier sentent fort nettement que l'auteur, conscient de la banalité du sujet, s'est ingénié à en varier et à en ciseler la forme aussi délicatement qu'il l'a pu ; malheureusement ce travail d'écrivain est ce qui nous échappe le plus jusqu'à présent. Nous devinons souvent les chocs des mots, les assonances, les jeux d'esprit sur les sens multiples des racines, la marche concordante ou la contrariété des rythmes, mais notre perception de toutes ces finesses ne va jamais bien loin. Les thèmes seuls se dégagent à peu près et les lieux communs ; encore ces lieux communs empruntés à une religion, à des mœurs, à une constitution politique, à des habitudes d'administration que nous connaissons mal, exigent-ils, pour être compris, un commentaire si érudit que la glose écrase presque toujours le peu de poésie qui survivait encore. La traduction du dialogue est à l'original comme le squelette désarticulé d'un animal fossile aux individus vivants des espèces d'autrefois. Elle fournit aux curieux quelques débris rouillés de l'armature sur laquelle l'ouvrage s'appuyait ; elle ne leur rend ni l'ondulation des contours, ni l'opposition ou le fondu des couleurs, ni le souffle qui animait l'ensemble ou le mouvement qui l'emportait.

27 mars 1897.

LE LIVRE D'UN MAGICIEN ÉGYPTIEN VERS LE Ier SIÈCLE DE NOTRE ÈRE

La magie fut de toute antiquité la science égyptienne. Dès avant le temps des Pyramides, les sorciers fabriquaient des charmes par lesquels ils mettaient la main sur les dieux et ils les obligeaient à faire ce qu'on exigeait d'eux : ils savaient évoquer les morts, enchanter les vivants, modeler et animer des poupées de cire à la forme d'hommes ou d'animaux, trancher une tête et la rajuster aux épaules du patient, sans que celui-ci se sentît mal de ce raccourcissement momentané. Des conspirateurs qui voulaient se débarrasser d'un roi l'envoûtaient et s'entendaient avec les femmes du harem pour se procurer certains des accessoires nécessaires aux opérations. Des spéculateurs, en quête de richesses cachées, s'en allaient conjurer dans la nécropole memphite les serpents qui gardaient les trésors. La magie se mêlait à tous les actes de la vie et à toutes ses passions, à l'amour, à la haine, à l'ambition, à la vengeance des injures, au soin des malades. Ses adeptes la perfectionnaient chaque jour de pratiques nouvelles qu'ils inventaient eux-mêmes ou qu'ils dérobaient à l'étranger : ils prirent des grimoires et des amulettes à la Chaldée, à la Syrie, à l'Éthiopie, à la Judée, à la Grèce, si bien qu'au Ier siècle de notre ère leur laboratoire et leur bibliothèque renfermaient comme la quintessence de toutes les magies en usage d'un bout du monde romain à l'autre.

Un de leurs rituels, compilé vers l'époque des Antonins, nous a été conservé, partie au musée de Leyde, partie au British Museum. Il est conçu dans cette dernière des écritures cursives de l'Égypte, le *démotique*, dont l'apparence menue et les allures confuses embarrassent encore la plupart des savants. Certains fragments en ont été étudiés à différentes reprises, et M. Groff vient d'en publier l'analyse complète qui permettra aux curieux de se figurer quelles étaient les armes des sorciers à cette époque (1). Celui-là n'était qu'un provincial relégué dans une des villes secondaires de l'Égypte moyenne, Oxyrrhinque, et sans doute il ne possédait que ce seul instrument. Il y trouvait d'ailleurs tout ce dont il avait besoin pour la clientèle ordinaire. Voulait-on interroger une divinité ? Une demi-douzaine de recettes s'offraient à lui, plus ou moins efficaces ou plus ou moins dangereuses selon l'objet de la consultation et selon le prix que l'on consentait à payer. D'autres forçaient un mort à sortir du tombeau et à répondre aux questions qu'on lui posait. Pour contraindre un homme à aimer une femme ou une femme à bien accueillir un homme, on n'avait que l'embarras du choix, et les façons n'étaient pas moins nombreuses d'envoyer aux ennemis ou aux amis des songes qui les décidaient à prendre la résolution qu'on souhaitait. C'était là l'ordinaire, au moins dans le canton d'Oxyrrhinque. Le praticien, dont nous lisons le grimoire, n'avait qu'un moyen d'arrêter ou de

(1) *Études sur la sorcellerie ou le rôle que la Bible a joué chez les sorciers* (Extrait des *Mémoires de l'Institut égyptien*). — In-4°. — Le Caire, 1897.

détourner un orage; en revanche, il s'occupait de médecine et il guérissait la morsure des chiens ou la piqûre des serpents par des paroles accompagnées de cérémonies bizarres. Il tenait un débit de maladies à la disposition des braves gens qui désiraient se débarrasser d'un parent à héritage ou d'un voisin gênant; il distillait des philtres, il préparait et il consacrait des talismans, au besoin il disait la bonne aventure. Tout cela n'allait pas sans lui valoir souvent des avanies ou sans soulever contre lui les rancunes de la population. La loi le poursuivait, le prêtre le regardait de travers, la colère de ses victimes ou de ses dupes l'atteignait parfois et les esprits qu'il dominait ne le préservaient pas d'une condamnation en forme ou d'une vengeance privée; néanmoins le métier rapportait des bénéfices tels que beaucoup passaient par-dessus les inconvénients et, s'y adonnant, y faisaient fortune.

La technique des évocations variait naturellement selon les cas. L'une des plus fréquentes, celle dans laquelle une ou plusieurs divinités se rendaient visibles, voulait une préparation très longue et l'assistance d'un aide particulier, un enfant, un petit garçon âgé de dix ou douze ans. Aujourd'hui encore, l'évocateur qui suscite des scènes dans le miroir d'encre magique ne peut pas les contempler lui-même, car son impureté l'aveugle aux manifestations des esprits; un enfant qui a l'âme et le corps sans tache est seul capable d'y percevoir le reflet des personnages conjurés et d'entendre les paroles qu'ils prononcent ou d'interpréter leurs actes. Le sorcier se procurait donc une lampe qui n'eût jamais servi. Il la garnissait d'une mèche neuve et d'une huile pure, puis il se retirait dans une pièce isolée, complètement obscure, il y consacrait la lampe et il l'allumait. Sitôt qu'elle brûlait d'un éclat constant, il installait l'enfant devant elle, lui recommandant de fixer son regard sur la flamme, et il déclamait l'oraison qui avait la vertu d'attirer les dieux. Une drogue dissoute préalablement dans l'huile, une poudre projetée sur la mèche au cours des manipulations, dégageaient un parfum pénétrant : l'enfant ne tardait pas à voir une image se dessiner soit à côté de la flamme, soit dans la flamme même, et il la signalait à l'opérateur. Celui-ci entamait alors une prière nouvelle et il requérait l'aide de l'être qui se dévoilait en faveur du client pour lequel il travaillait. Il arrivait parfois que le dieu refusât de se déranger ou qu'il s'irritât contre l'importun qui avait troublé sa quiétude, et qu'il le maltraitât, voire le tuât. Un sorcier de Louxor qui, ayant deviné en moi un confrère, ne répugnait pas à m'entretenir de sa science, refusa pourtant de m'en donner une preuve : toutes les fois qu'il avait essayé d'accomplir l'œuvre depuis près d'un an, le *sultan rouge* qui règne sur les génies mauvais avait tenté de l'étrangler. Les *afrites* de l'Égypte musulmane n'ont pas, on le voit, perdu la tradition des dieux de l'Égypte pharaonique.

Les pièces du recueil démotique ne diffèrent pas grandement de celles qu'on rencontre dans l'*Agrippa* de nos sorciers de campagne. Elles présentent, à côté d'adjurations, de conseils, de menaces exprimés en un langage intelligible, des séries de mots baroques, sans signification appréciable pour le vulgaire et presque toujours pour le praticien qui les débite. On y distingue, au milieu de syllabes agglutinées pêle-mêle, des noms et parfois des débris de phrases empruntés à des idiomes étrangers, à l'éthiopien, au grec, à l'hébreu. Les dieux et les génies devenaient, on ne sait de par quelle loi, les esclaves de ceux qui les appelaient par leur vrai nom, et d'abord en magie comme en religion, on avait employé leur nom courant, celui sous lequel le commun les implorait. Il est probable que cette façon de les citer à paraître se montra peu efficace, et l'on s'avisa que ces vocables d'Amon, de Phtah, de Râ étaient seulement les sobriquets purement humains dont le commun se servait à leur égard et auxquels, par conséquent, ils n'étaient pas forcés d'obéir. Ils avaient, pour se désigner eux-mêmes, des termes particuliers qu'ils dissimulaient au fond de leur cœur et dont ils faisaient mystère non seulement aux mortels mais aux autres divinités. Tout l'effort du magicien tendit donc à surprendre leur secret et à leur arracher le mot qui les jetait à sa merci : ce mot, soit qu'il n'appartînt à aucune langue humaine, soit qu'on allât le chercher chez un peuple voisin, restait incompréhensible aux clients, et c'était là son plus grand mérite. On pouvait douter qu'un des êtres d'en haut quittât sa demeure céleste et se chargeât d'une commission amoureuse pour une jeune fille, lorsqu'on l'appelait Anubis ou Thot simplement; mais comment se serait-il dispensé de descendre sur terre et d'exécuter l'ordre qu'on lui intimait, lorsqu'on le proclamait *Khabakhel*, *Partômokh* ou *Knouripharіza?* Rien n'est plus singulier, au milieu de ce jargon, que de rencontrer soudain Baal ou Adonaï. Les Juifs jouaient un si grand rôle en Égypte, depuis le temps d'Alexandre, qu'on ne doit pas s'étonner si leurs sorciers avaient prêté aux indigènes une partie des expressions en usage dans leurs opérations; ils leur avaient cédé Jaô, Sabaoth, Éloaï, Mikhael, Joel, tous leurs anges et tous leurs esprits trompeurs. Il n'y avait pas jusqu'au christianisme naissant que les nécromants ingénieux n'eussent mis à contribution : Jésus semble bien être invoqué chez l'un d'eux et Jean non loin de lui. Il va de soi que les divinités grecques ne manquent pas à côté des asiatiques ou des africaines; certaines incantations renferment comme un échantillon de chacune des religions en honneur dans les provinces orientales de l'empire romain.

A quel point la magie avait pénétré dans le courant de la vie, on ne le soupçonnerait guère si les fouilles ne nous en restituaient la preuve chaque jour. On trouve un peu partout, à Chypre, à Carthage, en Gaule, des *tablettes de dévotion*, préparées jadis par les magiciens pour des clients confiants en leur efficacité. Ce sont de minces feuilles de plomb, roulées ou pliées sur elles-mêmes, griffonnées d'écritures ou de figures mystérieuses. Parfois, on les clouait au mur d'une maison ou d'un tombeau, et, parfois, on les glissait dans le tombeau même par l'ouverture qui servait à verser les libations avec les prières. Les mânes et les démons qui logeaient là étaient des instruments excellents entre les mains des sorciers, surtout les âmes des suicidés, des suppliciés, des gens assassinés, de tous ceux qui périssaient violemment avant leur heure et qui devaient demeurer ici-bas auprès de leur corps jusqu'à ce que le temps prédestiné à leur vie terrestre fût achevé. Les commissions dont on les chargeait étaient multiples. On leur communiquait une liste des chevaux inscrits pour courir dans le cirque, et on leur commandait de les rendre malades ou rétifs, de les affoler, de les paralyser, bref d'empêcher qu'ils ne remportassent le prix. Ou bien, Domitius les requérait d'agir pour lui auprès de sa camarade Candida et de l'allumer d'amour si bien que son cœur en brûlât sans s'éteindre. Les conjurations diffèrent un peu pour la forme de celles qu'on lit dans le livre du sorcier d'Oxyrrhinque, et elles n'en sont pas la traduction en grec ou en latin, mais elles sont construites sur le même modèle, elles déchaînent les mêmes puissances mauvaises, elles fourmillent des mêmes noms mystiques et des mêmes expressions baroques ; c'est la magie égyptienne ou hébraïque acclimatée dans notre Occident. Le recueil analysé par M. Groff n'était qu'un des moindres parmi les grimoires en usage dans le monde romain. On les comptait à la centaine, et l'abus qu'on en faisait était tel que les empereurs finissaient par s'en inquiéter et par en décréter la destruction. Leurs édits, même sanctionnés par l'exécution des magiciens notoires ou des personnages qui recouraient à leur science, ne produisaient jamais long effet : si les magistrats les avaient appliqués de façon continue, la population de plusieurs provinces en aurait été décimée.

31 juillet 1897.

L'ÉGYPTE ARCHAIQUE

Hier encore, l'Égypte de Chéops et de Chéphren marquait dans le passé la limite où portaient nos yeux. On l'apercevait nette et distincte, en pleine possession de ses arts et de ses lois politiques ou sociales, mais, au delà, les monuments s'arrêtaient brusquement et l'on ne distinguait plus rien : il semblait que la masse des Pyramides s'interposât entre elle et l'Égypte qui l'avait précédée. Aujourd'hui, celle-ci se révèle à son tour dans Abydos comme à Négadèh, et ses rois les plus anciens surgissent de leur tombe.

M. Petrie avait découvert, entre Négadèh et Ballas, des sépultures d'un aspect particulier, dont beaucoup semblaient appartenir à une race d'envahisseurs libyens. M. de Morgan, marchant sur les traces de M. Petrie, ouvrit, au commencement de 1897, un mastaba massif, en briques crues, décoré extérieurement de ces longues rainures prismatiques, si fréquentes sur les monuments du vieil empire (1). Les vingt et une chambres dont il se compose ren-

(1) *Recherches sur les origines de l'Égypte, ethnographie préhistorique et tombeau royal de Négadèh*, par J. de Morgan, avec la collaboration de MM. Wiedemann, Jéquier, Dr Fouquet. — Paris, Leroux, 1897.

fermaient, avec les débris du squelette, tout un mobilier d'une richesse proportionnée à la qualité du personnage. Les armes et les outils y sont en silex pour la plupart, la vaisselle en pierres de diverses espèces ou en poterie noire et rouge, le mobilier en bois plaqué d'ivoire, la parure en pâtes de verre, en écaille, en nacre, en cornaline, en cristal, en or : des débris de provisions s'y mêlaient à des lambeaux d'étoffes calcinées. Un bon nombre de ces objets sont d'un travail très fin, et l'art y revêt déjà les formes que nous sommes accoutumés à rencontrer sur les monuments des âges plus récents. Telle statuette de chien ou de lion en ivoire est d'un ciseau assez banal, mais plusieurs pieds de fauteuil ou de lit, également en ivoire, ne paraissent le céder en rien à ce que les sculpteurs memphites produisirent de meilleur, et les figures de poisson ont une physionomie fort juste et fort amusante. Rien, dans tout cela, ne donne l'impression d'un art qui commence, mais on sent que les hommes auxquels nous le devons avaient une longue tradition derrière eux. L'Égypte s'était dégagée de son enfance au moment où le tombeau fut construit et la civilisation y avait déjà développé les principaux caractères que nous lui connaissons sous les Pharaons modernes : elle était toute nilotique et nul élément ne s'y manifeste qu'on doive attribuer nécessairement à une influence du dehors. Si le peuple était venu d'Asie, ce que rien ne prouve, il ne gardait plus rien de son origine ; la vallée du Nil se l'était assimilé entièrement comme elle a toujours fini par faire tous ses envahisseurs.

Les chapeaux d'argile qui avaient bouché jadis les jarres de vin, de bière ou d'eau offertes au mort pour l'abreuver étaient scellées à l'un de ses noms. Les caractères s'y déchiffrent aisément, et, sitôt qu'on en eut un dessin en Europe, on y put lire le titre d'intronisation, *Horou Ahouî*, l'Horus guerrier, l'Horus mâle, que le roi avait assumé en ceignant la couronne (1). Les inscriptions n'étaient pas rares sur les autres objets ; mais elles consistaient en quelques signes à peine, des chiffres indiquant les quantités de chaque substance présentée au maître, et surtout un groupe de trois autruches, le mot *baîou* (les âmes), qui attribue aux âmes du roi la propriété des vases ou des coffres sur lesquels il était tracé. Une scène de sacrifice gravée sur une plaquette d'ivoire avait la chapelle du tombeau pour théâtre : on y distingue encore deux animaux accroupis, peut-être les deux bœufs qui avaient traîné le catafalque, le catafalque lui-même avec sa forme de barque divine consacrée à Sokaris, le Dieu de l'Hadès, puis le prénom royal de l'*Horus belliqueux*, et, peut-être sous un kiosque léger, peut-être sur un de ces petits obélisques assez communs dans les vieux hypogées memphites, son nom réel, précédé de l'un des titres les plus fréquents du protocole, *maître du Midi et du Nord*. Celui-ci ne comporte qu'un seul hiéroglyphe, le *damier* qui vaut *Manou*, et il a échappé aux découvreurs du tombeau. C'est pourtant l'orthographe égyptienne de celui que les Grecs ont transcrit Ménès, et il ne tient qu'à nous de reconnaître dans le personnage enterré à Négadèh le plus ancien des humains qui régnèrent après les dieux, le premier roi de la première dynastie. Avons-nous le droit de le faire, et ce Manou est-il un Ménès quelconque ou le Ménès traditionnel? Le jour où les scribes égyptiens dressèrent la liste des souverains qui avaient commandé à l'Égypte entière, ils durent éprouver de sérieux embarras. Ils lisaient sur de très anciens monuments, tombeaux, temples, inscriptions, bas-reliefs isolés, des noms de rois dont la filiation et l'ordre chronologique ne leur paraissaient pas toujours évidents. Ils en négligèrent plusieurs

(1) Il semble que ce soit le nom d'intronisation du second roi de la première dynastie, Atôti, le fils de Ménès (1907).

que nous retrouvons par accident, et ils classèrent les autres selon des règles qui nous échappent, de façon à en composer des dynasties : la longueur de celles-ci et l'ordre des Pharaons dans chacune d'elles n'étaient pas fixés entièrement et varièrent selon les époques. On rangea dans les deux premières dynasties des princes que l'on considérait comme originaires de Thinis, et, en tête de ces princes, un certain Ménès. Thinis, qui s'élevait à peu près sur l'emplacement de la moderne Girgèh, est assez loin de Négadèh, et l'on peut se demander si les scribes auraient admis comme fondateur d'une dynastie thinite un roi dont la sépulture ne se trouvait pas à Thinis même. Le plus sage est, par conséquent, d'attendre la trouvaille de documents nouveaux, avant de porter un jugement ferme sur la question d'identité de notre Manou et de Ménès. Il suffit, pour le moment, d'avoir attiré l'attention sur la similitude des noms, sur la haute antiquité de Manou, sur la possibilité de reconnaître en lui le prototype du Ménès fabuleux (1) : l'avenir décidera du reste.

Il y a peut-être des contemporains de ce prince dans les tombeaux déterrés par M. Amélineau près d'Abydos. Plusieurs des légendes qui y ont été notées semblent avoir la même tournure archaïque, mais le gros des monuments y a une apparence beaucoup plus moderne et nous ramène à des temps moins éloignés de nous (2). Une petite plaquette en ivoire, passée aux mains d'un amateur anglais, nous montrait un Pharaon, celui qu'on appelle l'Horus

(1) J'ai su depuis qu'il venait d'être reconnu par un des savants allemands attachés récemment au musée de Gizèh, par M. Borchardt, et cela m'encourage à persévérer dans l'identification possible, sinon du personnage, du moins du nom.

(2) M. Amélineau, en exposant les résultats de ses découvertes devant l'Académie des Inscriptions, n'avait pas distingué entre les monuments sortis de ses fouilles : il les avait présentés pêle-mêle, ceux de l'âge copte confondus parmi ceux des premières dynasties.

frappant de taille, *Horou-douni*, en lutte contre un ennemi renversé devant lui. C'est le sujet même du plus ancien bas-relief égyptien connu jusqu'alors ; le roi Snofrouî qui termine la IIIe Dynastie ou qui commence la IVe, l'avait sculpté au Sinaï afin d'y perpétuer le souvenir de ses victoires sur les Bédouins. Le style et la composition du tableau sur ivoire ressemblent tellement à ceux du tableau sur rocher que Spiegelberg n'hésite pas à placer l'Horou-douni vers la IIIe Dynastie. C'est ce que je pensais, et des inscriptions découvertes l'an dernier ont confirmé ce sentiment d'une manière surprenante. Elles proviennent d'un très grand tombeau qui appartenait à un roi intitulé l'Horus-Sît en qui se manifestent les deux formes divines, *Horou-Sît Khâ-sakhmouî*. Plusieurs des fonctionnaires attachés à ce personnage ont laissé l'empreinte de leur sceau sur certains des objets dont on fit cadeau à son *double;* l'un d'eux dépendait aussi d'une dame Hâpounimâît, qui était la femme ou la parente de Khâ-sakhmouî. Or, une inscription de Memphis où il est question de Snofrouî cite, sans insister autrement, une reine du même nom. Si, comme certains indices nous autorisent à le supposer, la reine du tombeau memphite est identique à celle du tombeau thinite, il y a chance pour que notre Khâsakhmouî soit un des prédécesseurs immédiats de Snofrouî, peut-être son père ou son grand-père (1). De toute façon il établit la liaison entre les Pharaons de l'empire memphite et ceux de l'empire thinite que nos fouilleurs travaillent à découvrir, entre le Chéops de la grande pyramide de Gizèh et le Ménès éventuel de Négadèh.

Depuis vingt ans et plus, l'étude des hypogées memphites m'avait amené à enseigner que l'Égypte des Pyra-

(1) Tout ceci demeure encore après dix ans à l'état d'hypothèse, et aucun des classements proposés pour ces rois n'est établi sur des documents certains.

mides était la fin et comme la décomposition d'une Égypte antérieure. La langue s'en allait de vieillesse, la religion se transformait, l'art se révélait d'autant plus rapproché de la perfection qu'on s'enfonçait plus loin dans le passé, l'organisation politique et la vie sociale tendaient à se relâcher. Les découvertes de Négadèh et d'Abydos nous font toucher du doigt cette civilisation que je devinais à peine. Nous y voyons prédominer des idées et des coutumes dont les générations plus récentes ne conservaient que le souvenir assez vague. Les morts, par exemple, n'y étaient pas momifiés, mais ils étaient mutilés, dépecés, et les os déposés ensuite dans la chambre sépulcrale; quelquefois le cadavre brûlait avec le mobilier, et la tombe entière était incendiée au dernier acte des cérémonies funèbres (1). On célébrait couramment le sacrifice humain, et probablement aussi on se livrait à l'anthropophagie rituelle. Plusieurs prières, gravées dans l'intérieur des pyramides de la Ve et de la VIe Dynastie, le prouvaient déjà, et elles avaient été rédigées à l'époque de ces vieux rois, sans doute même avant eux, aux siècles où il n'y avait pas encore de Pharaons. On comprend maintenant, en examinant les os rongés et les squelettes désarticulés, ce qu'était l'Osiris féroce dont j'avais signalé l'existence dans ces formules de tournure très archaïque : au commencement, l'*Être bon* par excellence de la religion égyptienne avait été animé des instincts farouches de son peuple, et il ne les adoucit que graduellement à mesure que ce peuple se poliçait. Et pourtant, malgré la rudesse des mœurs et la simplicité de l'outillage, il faut avouer qu'on est encore loin des origines. L'écriture existe et le système en est déjà complet : les

(1) La tombe de Négadèh avait été brûlée et M. de Morgan crut au début que le feu y avait été mis avec intention, probablement au dernier acte des funérailles · on a reconnu depuis que l'incendie avait été allumé, peut-être accidentellement, par les voleurs qui dévalisèrent le tombeau,

hiéroglyphes y ont leur valeur classique et nous n'éprouvons aucune peine à les déchiffrer, là où nous n'avons pas affaire à des griffonnages hâtifs tracés sur un tesson de vase par un ouvrier pressé. Comme derrière l'Égypte des Pyramides nous pressentions l'Égypte de Ménès toujours puissante et toujours civilisée, nous entrevoyons maintenant derrière l'Égypte de Ménès une Égypte plus primitive, mais déjà adulte et des mieux armée pour l'existence. Ses monuments existent quelque part sous les sables ; ils surgiront dès que l'argent ne nous manquera plus pour les en retirer.

29 décembre 1897.

LA CROYANCE
AUX JOURS HEUREUX OU MALHEUREUX
CHEZ LES ÉGYPTIENS

Beaucoup de gens autour de nous hésitent à se mettre en route un vendredi, et ils ne partent qu'avec un sentiment moitié de malaise et d'effort ; beaucoup plus encore n'hésitent pas et ils préfèrent ne point partir. Il leur en coûte régulièrement un jour par semaine, et, comme la crainte de la malechance ne s'arrête pas là chez plus d'un, on devine quel trouble elle peut porter dans la vie entière. Et pourtant, si forte qu'on suppute la quantité du temps ainsi gâché par certains modernes, elle est faible à côté de celle que cette superstition fit perdre aux Égyptiens de l'âge pharaonique, même à ceux qui devaient passer pour sceptiques dans leur pays et dans leur siècle.

Un papyrus du British Museum contenait un calendrier où un savant contemporain de Ramsès II avait consigné, d'après les œuvres de quelques devins antérieurs, la vertu bonne ou mauvaise des jours de l'année (1). Nous n'en

(1) C'est le *Papyrus Sallier n° IV*, publié en fac-similé dans les *Select Papyri*, t. I, pl. CLXIV-CLXVIII, traduit et commenté par Chabas, *le Calendrier des jours fastes et néfastes*, dans les *Œuvres diverses*, t. V, pp. 126 235.

possédons plus que les deux tiers environ, un peu moins de huit mois, mais chaque journée y est qualifiée consciencieusement. Les heures qui s'écoulent entre le lever et le coucher du soleil, les seules dont on eût à tenir compte, se divisaient en trois *saisons* de quatre, dont chacune était régie par son influence particulière. Le plus souvent, elles étaient de même qualité, et le jour était classé en entier dans la catégorie des propices ou des funestes : il arrivait pourtant que l'une d'entre elles gardât une valeur, tandis que les autres en prenaient une autre, et alors on avait des jours mixtes où la fortune oscillait selon les moments. Le scribe a enregistré ces mouvements avec soin, et, sitôt après chaque date, il a inscrit une note qui prévient le lecteur, *bon*, *bon*, *bon* ou *hostile*, *hostile*, *hostile*, ou *bon*, *bon*, *hostile*, ou telle combinaison à laquelle la division en trois groupes se prêtait. Il indique ensuite ce qu'il convient de faire ou d'éviter, les animaux dont on devait fuir la rencontre ou la vue, et il joint à ces renseignements un abrégé des motifs qui justifiaient ses recommandations. C'était presque toujours un épisode de la légende des dieux, et, comme nous sommes loin de connaître à fond la mythologie égyptienne, nous éprouvons fréquemment de l'embarras pour deviner à quels événements ou à quels personnages il fait allusion. On sent seulement qu'une victoire remportée ou une joie ressentie jadis à cette date par l'un des immortels produisait indéfiniment son contrecoup parmi les mortels et leur valait une chance de prospérité, mais qu'un désastre au ciel projetait ses conséquences fâcheuses sur la terre tout le long des âges : les hommes bénéficiaient ou pâtissaient à distance du plaisir ou de la douleur des dieux.

Les conséquences de ces vieilles histoires divines étaient souvent bizarres, et elles se manifestaient de façon imprévue. Le 23 du mois de Ṭhot est qualifié trois fois heureux, et pourtant nulle part autant de restrictions ne sont entassées que sur lui. On n'y devait pas brûler d'encens, ni tuer de bœufs, de chèvres ou de canards, ni manger d'oie, ni jouer de la musique ou en écouter, et l'enfant qui venait au monde ne vivait pas. En quoi ce jour heureux différait-il des jours malheureux? On le savait probablement si bien à Thèbes que l'auteur n'a pas jugé à propos d'en informer la postérité, et nous voilà dans l'ignorance jusqu'à nouvel ordre. Le 25 du même mois, les deux premières *saisons* comptaient comme favorables, mais la dernière était fâcheuse ; les démons alliés à Set avaient jadis commis quelque méfait dans l'après-midi, et l'effroi qu'ils inspiraient nous explique pourquoi l'on enjoignait aux dévots de ne pas sortir de chez eux à la vesprée. Le 6 de Paophi était le jour de la fête de Râ, le Soleil, et les dieux se réjouissaient en famille : il faut croire qu'ils buvaient ferme à cette occasion, car l'enfant qui naissait alors était prédestiné à mourir d'ivresse. C'était, paraît-il, un sort enviable, mais il y en avait un meilleur encore : l'homme ou la femme qui voyaient la lumière le 10 de Khoïak mouraient « un morceau de pain à la main, de la « bière plein la bouche », et l'œil enchanté par l'aspect d'une table bien garnie. J'ai dit ailleurs comment on réussissait à conjurer pour un temps les pronostics fâcheux : des amulettes et des formules de magie permettaient à l'individu qu'ils menaçaient de reculer l'instant où ils allaient se réaliser. Quiconque avait eu le malheur de naître le 23 de Paophi était dévoré fatalement par un crocodile, mais, en se protégeant avec les incantations voulues, il réussissait à perpétuer sa vie jusque dans l'extrême vieillesse : son crocodile était obligé de l'attendre aussi longtemps qu'une imprudence ne le lui livrait pas désarmé.

Les injonctions au sujet du feu ne sont pas rares dans

notre calendrier. Le feu n'était pas apprivoisé aussi complètement qu'il l'est chez nous : comme on ne le produisait qu'au moyen d'une opération longue et malaisée, on le nourrissait avec soin et on évitait de le laisser dépérir. Il était du reste un véritable être vivant, un animal presque divin que l'on adorait et que l'on traitait avec le respect dû aux génies supérieurs à l'humanité, mais il s'exaspérait à certaines saisons, et alors on se méfiait de lui. Défense de le rallumer, s'il est éteint, le 5 d'Athyr, et, s'il brûle, défense de le regarder : son éclat fascinerait ceux qui égareraient leurs yeux sur lui et il les attirerait pour les consumer. Le 7 de Tôbi, ordre d'entretenir la flamme brillante, afin d'écarter les esprits mauvais qui s'attaquent au logis. Le 11 du même mois, que personne ne s'approche du foyer, car le dieu Râ avait éclaté jadis en incendie ce jour-là afin de dévorer ses ennemis, et les effets de sa métamorphose se faisaient sentir à chaque anniversaire : à se risquer trop près, on était envahi par une sorte d'aura subtile, et l'on n'avait plus qu'une santé chancelante pendant le reste de la vie. Je dois ajouter que l'Égypte contemporaine a hérité sur ce point les superstitions de l'Égypte antique. Il y a des jours dans l'année ou les fellahs de Thèbes et du Saïd se refusent à faire du feu, d'autres où ils évitent d'approcher de la flamme, même de celle d'une bougie ou d'une lampe, et les plus craintifs vont jusqu'à se priver de fumer. J'ai essayé à plusieurs reprises de savoir la raison de leur frayeur, mais il en est des paysans égyptiens comme des nôtres : ils soupçonnent toujours l'étranger qui les interroge sur ces matières de vouloir les tourner en ridicule, et ils ne répondent pas ou ils ne répondent que très brièvement. Plusieurs d'entre eux, tous musulmans, m'ont dit que ces jours-là le feu humain se changeait en un feu d'enfer et qu'il tuait à brève échéance les êtres animés ou inanimés qui recevaient la sensation de sa chaleur. C'est, on le voit, la même raison qu'au temps des Pharaons, mais personne n'a pu ou n'a voulu m'apprendre pourquoi la flamme subissait cette altération fâcheuse à jour fixe.

On pensait que beaucoup de bêtes possédaient des moyens de défense mystérieux dont non seulement le chasseur, mais l'indifférent qui les rencontrait par hasard, se préservaient avec peine. Le lion fascinait du regard comme le serpent ; un coup d'œil de plusieurs espèces d'antilopes immobilisait et pétrifiait, pour ainsi dire ; le scorpion enfermait sa victime dans un cercle qu'elle ne franchissait plus, et d'autres créatures étaient si malsaines qu'il suffisait qu'un homme les aperçût pour s'étioler aussitôt. L'influence propre à chaque jour accentuait ou diminuait l'influence propre à chaque bête. Il y avait tels moments, en toute saison, où l'on voyait qui et quoi que ce fût sans en éprouver le moindre dommage : le 28 Thot, le 3, le 8, le 13, le 16, le 28 de Paophi, le 7, le 11, le 25, le 30 Athyr, le 2, le 7, le 8, le 22, le 30 Khoiakh, et ainsi de suite, de décade en décade, n'importe qui pouvait se donner l'agrément de promener son regard où bon lui semblait, et le lion ne le fascinait pas, le scorpion ne l'enlaçait pas, l'antilope ne le pétrifiait pas, aucun serpent n'exerçait sur lui son énergie destructrice. A côté de ces animaux nuisibles par nature, il s'en trouvait d'autres qui ne devaient leur perversité qu'à la malignité du jour, le rat, par exemple, et le bœuf. Si les rats ou les souris avaient été dangereux en eux-mêmes, l'Égypte aurait été vite dépeuplée car leur nombre est légion, ou le fellah aurait vécu les paupières fermées afin de ne jamais en apercevoir à la maison ou aux champs. Mais il y avait des instants où le rat, pauvre hère, devenait terrible sans s'en douter, par la vertu du calendrier. Aussi, le 12 de Tôbi, recommandait-on au dévôt de ne regarder aucun rat, ou, s'il posait les yeux sur l'un d'eux par hasard, de se tenir à distance respectueuse de lui : le rat avait servi autrefois Sokhît, dans une de ses expéditions, un certain 12 de Tôbi, et il lui était resté quelque chose des virulences de la déesse. Le taureau, lui aussi, s'envenimait à date fixe par raison mythologique. Son corps était un de ceux dont les immortels se revêtaient de préférence lorsqu'ils descendaient ici-bas visiter les mortels : si on lui venait contre tandis qu'il était possédé d'un dieu, on était menacé de mort soudaine. On se gardait de tuer aucun bœuf le 20 Thot, car le 20 Thot était un des jours où il plaisait les dieux le plus s'incarner de la sorte, et on se serait exposé à blesser l'un d'eux en égorgeant la bête. On n'osait pas non plus mener un bœuf en laisse le 20 de Pharmouti, de peur qu'un des mauvais esprits déchaînés ce jour-là, se heurtant à l'animal, ne s'y introduisît et ne lui inspirât la tentation d'encorner son conducteur. Le 25 de Paophi, qui était pour les dieux, comme le 20 Thot, un jour de sorties fréquentes, on évitait de croiser un troupeau, car, si l'un des bœufs était divinisé, c'était grand dommage : le passant tombait mort sans rémission.

Le pis c'est que les hommes eux-mêmes acquéraient à dates précises des propriétés redoutables. Le devin requérait ses adeptes de ne pas s'arrêter à contempler le travail des champs, le 11 et le 12 de Pharmouti. Ils n'avaient point le droit de surveiller la culture, ni les récoltes, ni les façons qu'on donnait à la terre, car jadis, en pareil temps, Montou avait forcé les ennemis de Râ à remplir pour lui ces tâches serviles; l'œil humain, pesant sur les laboureurs ou sur les jardiniers, déchaînait le malheur contre eux. Encore aujourd'hui, les fellahs n'aiment point qu'on les dévisage ou qu'on observe leurs actions avec une attention trop soutenue : ils soupçonnent aussitôt un *jettatore*, et ils esquissent le geste ou ils murmurent la formule qui préserve. La superstition du mauvais œil sévissait sur l'Égypte ancienne, et il n'y avait précaution qu'on n'inventât contre ceux ou celles qui étaient affligés de ce vice. Le plus fréquent et aussi le plus efficace des talismans dont on s'armait contre lui était la breloque de l'Œil d'Horus, cette *ouzaît* qu'un bijoutier entreprenant essaya de remettre à la mode il y a quelques années. L'Œil y est représenté avec son sourcil épais et avec les traits de *kohol* dont les Égyptiens s'enjolivaient les paupières, par hygiène comme par coquetterie. On distingue parfois au milieu de la prunelle cette mignonne image humaine que tous les peuples anciens croyaient discerner dans le regard du vivant, et où plusieurs reconnaissaient une manifestation de l'âme. Liée au poignet, attachée au cou, pendue au collier, cousue sur un vêtement, l'*ouzaît* n'était pas moins efficace que ne le sont à présent les griffes de tigre ou les petites cornes des Napolitains. Des peintures mystiques nous la montrent campée sur des jambes fluettes et munie de mains grêles qui tendent l'arc : elle perce de ses flèches les esprits pervers que le *jettatore* met en branle, et sa force, empruntée à celle du Soleil, triomphe de leurs attaques.

Il va de soi qu'on ne partait pas en voyage ou même qu'on ne quittait pas la chambre pour une course avant d'y avoir réfléchi à deux fois. On consultait l'almanach sitôt qu'on voulait aventurer un pied au dehors, et les restrictions qu'il imposait ne laissaient pas que de gêner beaucoup ceux qui se résignaient à les observer. On méritait le reproche d'imprudence à s'embarquer sur le Nil le 22 Paophi, car on courait la chance d'être dévoré par un crocodile. Le 4 Athyr, on avait la vie sauve, mais la ruine entrait au logis pour une simple promenade en bateau. Le 19 Athyr, des tourbillons se creusaient dans le fleuve et on ne pouvait ni remonter ni descendre au fil de l'eau sans risquer de s'y engloutir; en fait, il valait mieux s'enfermer à la maison. Le 19 Méchir, il ne fallait pas songer à voyager en barque, ni le 24 non plus. Plus souvent encore, on se barricadait chez soi et on n'en bougeait plus tant on redoutait d'accidents divers en cas de sortie. Le 15 Paophi, si l'on allait respirer le frais vers les cinq heures de l'après-midi, on jouait gros jeu. Le serpent Ouat, l'un de ces dragons mythologiques dont l'Égypte était infestée, s'ébattait en liberté pendant toute la soirée avec son cortège d'esprits malins : qui le voyait par aventure devenait aveugle à la minute. Le 27 de Pharmouti, la déesse Sokhît avait fait rage parmi les hommes : recommandation de ne s'aventurer dehors sous aucun prétexte au coucher du soleil ou à son lever, afin de ne pas être hanté par elle. Le 5 de Pakhons, on était sûr de gagner la fièvre, si l'on se promenait en plein air. Dans la plupart des cas, le scribe se contente de dire : « Ne sors pas de ta maison », sans spécifier la nature du mal qui punissait l'infraction à sa loi, mais il mentionne presque toujours les faits qui rendaient la désobéissance périlleuse et ils sont si graves que le lecteur comprenait à demi-mot : c'était la mort à bref délai. Le nombre des jours taboués variait selon les mois, six en Paophi, sept en Khoiak et en Phamenôt, cinq en Pharmouti, et ainsi de suite : on peut estimer qu'un cinquième environ de l'année était frappé d'inaction par la croyance populaire.

Les Égyptiens n'avaient pas le privilège de ce genre de superstition : les Chaldéens, les Assyriens, les Élamites, tous les peuples sémites du vieux monde en souffraient comme eux, et les nations classiques, Grecs ou Romains, ne le cédaient en rien aux orientales. Hésiode esquisse dans son poème des *Jours* un tableau du mois où les influences sont indiquées avec les besognes qu'on peut accomplir et les tâches qu'il faut éviter. La mythologie y joue son rôle et l'on y apprend, par exemple, que le 5 est fâcheux par la faute des Furies : elles parcourent alors le monde afin de châtier le parjure. Le 7 doit son caractère sacré à la naissance d'Apollon : il n'y a aucun inconvénient à y vanner le blé vers le midi, et il est bon d'y couper le bois dont on veut menuiser un lit ou construire des barques légères. Le monde antique plongeait tout entier dans le surnaturel. L'homme s'y sentait entouré de tribus mystérieuses, dieux, génies, démons, âmes errantes, créatures élémentaires sans forme achevée et encore presque inconscientes, dont la course croisait sa course et dont la vie se mêlait à sa vie du jour de la naissance à celui de la mort. Le danger perpétuel dont elles le menaçaient était d'autant plus redoutable qu'il ne les percevait pas comme il voyait les hommes : il marchait à l'aveugle au milieu d'elles et il ne constatait leur présence qu'au moment où, les ayant heurtées et offensées sans y songer, il éprouvait les effets de leur colère. Il devait donc chercher les moyens soit de les écarter de sa route, soit de repousser leurs assauts, soit de vérifier leur présence, et il s'adressait, pour cela à la science des pronostics, à la divination, à la religion, à la magie. Il se couvrait d'amulettes, il apprenait des formules, il s'enquérait des jours et des heures où leur pouvoir était le plus fort et où toutes les précautions dont il s'enveloppait perdaient leur efficacité habituelle, et alors il se terrait chez lui pour être hors de leur atteinte pendant ces instants critiques. Le calendrier que j'ai décrit et d'autres du même genre l'instruisaient sur ce dernier point, et ils lui étaient aussi nécessaires à se bien conduire parmi les races invisibles, que les calendriers astronomiques ou religieux à bien observer l'ordre des fêtes et l'époque de ses travaux aux champs ou dans les villes.

Tout cela paraît pitoyable aux modernes et ce l'est peut-être, mais les historiens ont le plus grand tort de le négliger systématiquement. Les deux serpents dont rêva, une nuit, l'un des rois éthiopiens, n'étaient, à coup sûr, qu'une fumée de sommeil sans consistance et sans signification véritable. Sitôt que les prêtres de Napata eurent déclaré qu'ils étaient le signe précurseur d'une conquête de l'Égypte, le sort de l'Égypte fut décidé : le roi rassembla son armée, partit en guerre, et, comme il croyait que les deux serpents lui avaient annoncé la victoire, il se battit si bien qu'il fut victorieux. On en citerait déjà plus d'un exemple dans ce que nous avons déchiffré sur les monuments, de ces guerres et de ces conquêtes dont la cause première est aussi futile que la vision de l'Éthiopien. Les augures, les présages, les conjonctions des astres, les influences des jours fastes et néfastes, ont décidé du sort des peuples et dirigé la marche de l'humanité pendant toute la durée de la plus vieille histoire ; on doit en tenir compte si l'on veut comprendre l'esprit de l'antiquité et le faire comprendre à nos contemporains.

22 mars 1898.

LE LIVRE DES MORTS DES ANCIENS ÉGYPTIENS

Le *double* des Égyptiens les plus anciens devait être parfois fort embarrassé lorsque, après avoir subi les dernières purifications et reçu les dernières offrandes, il se trouvait enfin seul dans son caveau, à côté de son cadavre. Ses parents et ses amis de dessus terre, pleins de compassion pour sa faiblesse et de sollicitude pour le bien-être de sa vie future, avaient entassé auprès de lui des cadeaux de toute sorte, utiles ou inutiles. Il avait des vêtements et des étoffes pour s'en fabriquer, des chaussures, des perruques, des bijoux, des parfums, des armes de guerre et de chasse, des provisions de bouche à en revendre, des boissons à n'en savoir que faire, même des domestiques obligés à le servir et des bateaux destinés à le transporter, lui, ses gens, ses bestiaux, son bagage, sur les canaux de l'autre monde, mais cette richesse même lui était une cause de soucis et de craintes. Demeurer éternellement au tombeau, défendu par l'épaisseur des murs et par la vertu des incantations funéraires, c'était pour en mourir d'ennui une seconde fois ; pas un de ces fantômes, accoutumés naguères au plein soleil et à la brise fraîche du Nord, ne se serait résigné à végéter sans fin dans l'atmosphère étouffée de deux ou trois chambres toujours closes. Et, d'autre part, la route était dure qui menait, à travers le pays des dieux, jusqu'aux grèves du Nil céleste sur lequel la barque de Râ naviguait ses journées, ou jusqu'aux îles innombrables où le bon Osiris avait établi son paradis d'Ialou. On devait parcourir plus d'une contrée étrange, franchir des ruisseaux d'eau bouillante et des déserts infestés de serpents, livrer des batailles aux peuplades de génies et de dieux qui hantaient certains cantons ou s'assurer leur bonne volonté : c'était un long voyage à l'aventure, et les premiers *doubles* qui l'entreprirent sans guide ou sans routier eurent fort à faire pour atteindre le but sains et saufs, avec leurs convois de marchandises et de serviteurs effarés.

Comment les survivants le surent-ils ? Sitôt qu'ils en furent instruits, ils s'efforcèrent de venir en aide à leurs morts, et comme ils avaient un intérêt personnel à faciliter les migrations des *doubles,* ils ne tardèrent pas à inventer des procédés très efficaces. Ils notèrent le nom et la situation des régions mystiques, le caractère et les mœurs des êtres qui les habitaient, la nature des périls qu'elles présentaient. La tâche leur était d'autant plus compliquée que les paradis étaient nombreux en Égypte et les voies multiples qui se dirigeaient vers chacun d'eux : il fallait relever tous les itinéraires possibles, de façon que l'âme fût en état de choisir son séjour dernier et d'aller le rejoindre sans erreurs. Dès que l'on avait découvert une station ou un danger nouveau, on lui consacrait un chapitre particulier, et tous les chapitres réunis formèrent bientôt plusieurs ouvrages de longueur différente. A bien y songer, il eût été nécessaire que les fidèles les apprissent par cœur pendant la vie, afin d'être prêts au grand voyage quand leur heure serait venue, mais c'était là une obligation dont ils se dispensaient volontiers : pour obvier aux désagréments que cette négligence risquait d'entraîner, on imagina d'enseigner aux morts cette géographie d'outre-tombe. L'un des prêtres qui habillaient le cadavre lui psalmodiait à l'oreille les morceaux dont se composaient l'un ou l'autre des recueils ou, souvent même, tous les recueils l'un après l'autre : le *double* en retenait ce qu'il voulait et il y démêlait les renseignements utiles à s'orienter exactement pendant son expédition. Il semble que cette instruction orale suffit, pendant les premiers siècles, aux générations qui construisirent les Pyramides. Plus tard, on s'aperçut sans doute que souvent la mémoire sert médiocrement ceux qui se fient en elle : le *double* avait mal entendu ou mal compris, il oubliait des formules, il les brouillait, et, les défigurant, il en faussait le sens ou il en diminuait la valeur. On s'avisa de lui donner par écrit les textes qu'on lui avait simplement récités jusqu'alors, et l'on traça les plus importants sur les ais du cercueil, sur les parois du sarcophage, sur les murs de la salle funéraire, enfin sur un rouleau de papyrus qu'on déposa auprès de la momie ou sous ses bandelettes. Les exemplaires de ce *Livre des Morts* se comptent aujourd'hui à la centaine ; il n'est si petit musée européen qui n'en ait acquis au moins quelque fragment.

On l'a traduit plusieurs fois en français, en anglais, en allemand : l'un de nos meilleurs égyptologues, Lepage-Renouf, en publiait une interprétation nouvelle, lorsque la mort a interrompu son œuvre au mois d'octobre de l'an passé. Lepage-Renouf était anglais malgré la tournure française de son nom, ou plutôt il était originaire de ces îles normandes qui ont fourni tant de bons serviteurs à l'Angleterre. Une tradition de famille veut qu'il descendît d'un page de notre

Duguesclin et elle rattache à la fonction de cet ancêtre le nom de Lepage. Il se mêla activement aux controverses religieuses du milieu de notre siècle, devint inspecteur général des écoles, passa ensuite à la direction des antiquités égyptiennes du Musée Britannique. Comme beaucoup des nôtres, il a dispersé son œuvre parmi vingt Revues dont la plupart ont disparu, et ceux-là seuls soupçonnent ce que nos études lui doivent qui ont eu la patience d'aller la rechercher aux endroits dans lesquels elle se cache. Sa traduction est accompagnée d'un commentaire où les principales difficultés du texte sont indiquées et où les allusions mythologiques sont expliquées brièvement (1). Elle est la plus claire de celles que nous possédons, mais la clarté est toute relative en ces matières. La meilleure partie des prières rassemblées au *Livre des Morts* procèdent par allusion à des faits ou à des concepts qui n'avaient rien de mystérieux au moment où elles furent rédigées. Les légendes diverses d'Osiris, ou les mythes solaires, étaient choses familières aux Égyptiens des classes moyennes, et même les gens du vulgaire les connaissaient pour la plupart, sinon dans le détail, au moins dans le gros. On admettait, par exemple, que le soleil changeait de barque pendant le jour, et c'était lieu commun dans les écoles que ces deux bateaux s'appelaient l'un la *Saktît*, l'autre la *Mazît*. L'équipage de l'un n'était pas entièrement pareil à celui de l'autre, non plus que la forme, la décoration et le gréement ; chacun d'eux avait des propriétés particulières et il offrait au dieu des facilités de navigation différentes. Le Thébain ou le Memphite, instruit dans sa religion, n'ignorait rien de ce qui les concernait, et leur nom, introduit dans un texte à telle ou telle place, dirigeait immédiatement son esprit sur une série d'événe-

(1) Lepage-Renouf, *the Book of the Dead*, — reprinted from the *Proceedings of the Society of Biblical Archæology*. Liv. I-VI, 1890-1897.

ments déterminée. Le moderne, pour qui toute cette mythologie est lettre morte, n'arrive qu'à force de travail à reconstituer point par point l'ensemble de pensées et d'images que ces deux mots de *Saktît* ou de *Mazît* éveillaient d'un seul coup chez le dévot ancien : il lui faut des heures d'application et des pages de commentaire avant d'entrevoir vaguement ce que l'autre voyait pleinement à la simple lecture. La traduction de Lepage-Renouf n'est accessible, comme les autres, qu'à l'égyptologue de métier : quiconque voudrait l'aborder sans préparation n'y distinguerait presque partout qu'une suite de mots et de phrases sans signification apparente.

Les chapitres sont nombreux, et tous les exemplaires n'en contiennent pas la même quantité : les papyrus les plus complets en comptent de cent cinquante à cent quatre-vingts. Ils se composent d'un titre qui déclare l'objet de la prière, d'une formule qui est la prière même, d'une vignette qui illustre par une image ou par une série d'images les paroles du texte : quelquefois, une rubrique ajoute des instructions au mort sur la façon de débiter le morceau ou de consacrer un amulette qui en concentre les vertus. Ce qu'il y a de plus intéressant pour nous dans tout cela, c'est d'ordinaire le titre et la vignette. Le titre nous indique l'intention qui présida primitivement à la rédaction; il nous révèle ainsi les idées que les Égyptiens se forgeaient sur l'âme humaine et sur le genre d'existence qui l'attendait de l'autre côté du tombeau. C'était la vie de cette terre transposée dans l'au delà avec toutes ses jouissances et toutes ses misères. On aperçoit dans une vignette le défunt quittant son hypogée à la poursuite du séjour de ses rêves : il a le bâton à la main et il pose le pied sur les premières déclivités de la montagne d'Occident, derrière laquelle les contrées des ombres se déroulent à l'infini. Le voilà parvenu à la limite du monde réel, et là, dans un second tableau, nous assistons à l'accueil qui lui est fait. Un sycomore au feuillage épais, chargé de figues, marque la frontière, et une femme sortie du tronc à mi-corps tend au voyageur un plateau couvert de pains et de fruits, un vase d'où l'eau regorge. S'il refuse, il ne peut pousser plus avant, mais il doit reculer et rentrer ici-bas ; s'il accepte, le pain et l'eau font de lui le vassal des dieux et lui ouvrent le libre accès des plaines mystérieuses. Il est obligé d'y marcher l'œil et l'oreille au guet, afin de n'y point périr d'une seconde mort qui ne laisserait plus rien subsister de lui. On l'aperçoit, dans une série de miniatures, qui s'escrime de la lance ou du couteau contre des serpents de taille et de venin variés, contre des insectes empoisonnés, contre une tortue, contre un grand âne rouge, incarnation de l'esprit malin, Set-Typhon. Ailleurs, une barque s'offre à lui pour l'emmener vers l'un des domaines d'Osiris, et cette barque est fée, elle l'interroge, elle exige qu'il nomme et qu'il décrive par le menu les parties dont elle est fabriquée : la scène est figurée au naturel, le *double* debout sur la rive, la main levée par un geste de supplication, et, devant lui, le bac inquisitif avec son équipage de divinités. Après avoir examiné ces images, on ne doute plus du sens qu'on doit attacher au livre lui-même ; c'est un routier et un guide de la conversation dans l'autre monde, à l'usage des âmes en quête d'un paradis convenable.

Titres et vignettes, cette portion du recueil s'explique d'elle-même, mais les difficultés s'accumulent dès qu'ayant franchi ce seuil on essaye de pénétrer dans les formules. La plupart d'entre elles sont de véritables discours que le défunt prononçait dans telle ou telle circonstance prévue par le titre. Les serpents infernaux n'auraient pas succombé aisément sous sa lance, s'il n'avait pas joint à l'action de son arme la vertu des paroles magiques.

L'orateur se garde bien de raconter qu'il est un *double* humain, car cet aveu aurait encouragé son adversaire et lui aurait laissé peu de chances de succès : il crie à pleins poumons qu'il est un dieu, plusieurs dieux, tous les dieux, qu'en maintes occasions il a massacré des ennemis redoutables, que nul ne lui résiste ici-bas et là-bas. Si l'oraison est prononcée sans faute, avec le ton et le geste appropriés, l'effet en est irrésistible : elle agit comme une incantation sur les sens du serpent, elle lui fait croire qu'il a devant lui les personnages évoqués et non pas un *double* tremblant d'effroi, il faiblit et il tombe après une bataille plus ou moins chaude. Les Égyptiens bavardaient volontiers : beaucoup des chapitres mesurent une cinquantaine de lignes ou plus et il fallait une demi-heure au moins pour les mimer selon le rite. Quelques-uns sont devenus presque célèbres sitôt qu'on les a déchiffrés, ainsi ce chapitre 125e où l'on lit ce que Champollion appela la *Confession négative*. Le *double*, introduit devant le Conseil d'Osiris, prend chacun des conseillers à témoin et lui jure qu'il n'a commis aucun des actes réprouvés par la coutume ou par la loi ; la pureté de la morale, l'esprit de douceur et de charité dont ses paroles sont imprégnées ont frappé d'admiration les gens les moins disposés à s'enthousiasmer pour les choses de l'Égypte. Le cas est malheureusement assez rare ; l'allusion mythologique domine et rend la lecture fastidieuse même pour les hommes du métier. Ce n'est pas que les pensées y manquent d'élévation et de poésie ou que la forme n'y ait aucun mérite littéraire, mais concepts et images tout ce que les Égyptiens y avaient mis appartient à un ordre d'idées trop étranger au nôtre pour que nous y entrions sans un effort prolongé. Lorsque, après avoir approfondi le sujet, on a réussi à discerner les endroits qui les touchaient le plus, ceux qui leur donnaient le mieux l'impression du beau et dont on perçoit la beauté, on ne tarde pas à désespérer de rendre sensible aux autres ce que l'on s'est appris à sentir soi-même : il faudrait leur expliquer tant de choses par le détail que les plus patients en seraient rebutés.

21 septembre 1898.

LES STATUES PARLANTES DANS L'ÉGYPTE ANTIQUE

Les Égyptiens, grands et petits, ne faisaient rien sans consulter les dieux. Qu'il s'agît d'un voyage à entreprendre par un simple particulier, ou d'une flotte à expédier par une reine dans les parages de l'océan Indien, le bourgeois et le souverain se rendaient également au temple pour y recevoir l'avis de la divinité et ils réglaient leur décision dernière sur sa réponse. Le cérémonial n'était pas le même dans les deux cas : l'homme du commun expliquait son affaire à un prêtre qui le mettait en rapport avec le dieu et qui obtenait pour lui un arrêt ; le pharaon, dieu lui-même et fils de dieu, s'adressait sans intermédiaire à son père ou à son frère divin. Mais quel que fût le rite ou la pompe déployée, le fait et le résultat étaient identiques pour les deux personnages : le dieu, représenté par son image, avait entendu la requête, puis indiqué son avis par un moyen quelconque, et le dévôt agissait d'après l'expression de cette volonté soi-disant surhumaine.

Les procédés dont Amon, ou Phtah, ou Osiris, ou n'importe lequel des êtres adorés dans les temples, usaient à l'occasion afin de commander à leurs fidèles ou de les conseiller, étaient variés presque à l'infini : ils envoyaient des rêves prophétiques, ils parlaient d'une voix mystérieuse, ils se révélaient par des bruits divers, par des mouvements, par des signes, et ce qui avait été d'abord de leur part manifestation spontanée, leurs serviteurs ici-bas, les prêtres et les magiciens, avaient appris à l'obtenir d'eux par des pratiques d'un effet immanquable. C'étaient surtout leurs statues qui avaient le privilège de transmettre les réponses qu'on réclamait, non pas toutes leurs statues au hasard, mais des idoles de fabrication spéciale qu'on préparait exprès pour cet office. Nous n'en possédons plus aucun spécimen à ma connaissance ; autant qu'on peut le conjecturer, elles étaient le plus souvent en bois, peintes ou dorées à l'égal des statues ordinaires, mais composées de pièces rapprochées et mobiles. Les bras se haussaient ou se baissaient à la hauteur de l'épaule ou du coude, de façon que la main pût se poser sur un objet et le retenir ou le laisser échapper. La tête oscillait sur le cou ; elle se renversait en arrière, puis elle retombait. On ne voit nulle part que les jambes fussent articulées, et il est peu probable qu'on exigeât d'elles le simulacre compliqué de la marche. L'image une fois terminée à la ressemblance de la divinité à qui elle fournissait un corps, il fallait l'animer ; on évoquait pour cela l'être même dont elle était le portrait et, par des opérations encore mal connues, on enchaînait au bois une portion de lui-même, une âme, un *double*, une puissance qui ne le quittait plus. On construisait ainsi de véritables dieux terrestres, contre-parties exactes des dieux célestes et comme leurs ambassadeurs ici-bas, capables de protéger les hommes, de les châtier, de les instruire, de leur dépêcher des songes, de leur débiter des oracles. Lorsque l'on s'adressait à eux, ils recouraient à deux moyens opposés, le geste ou la voix. Ils prenaient la parole et soit en quelques mots, soit en de longs discours, ils prononçaient le verdict convenable à telle ou telle affaire. Ils remuaient les bras, ils secouaient la tête sur un rythme invariable. Le fait n'était pas réputé miraculeux, mais il était de vie journalière, et la consultation des dieux rentrait dans les fonctions courantes des chefs de l'État, rois ou reines. Les monuments en offrent des exemples nombreux, à la grande époque thébaine et dans les temps qui la suivirent.

En voici un des plus anciens, et que je citerai le premier parce que le dieu y parle directement. La reine Hâtchopsouîtou songeait à expédier une escadre aux régions qui produisent les aromates, mais le voyage était long, périlleux, la route mal définie, le site des cantons de l'Encens incertain, et elle hésitait à s'engager dans une aventure d'issue aussi douteuse. Elle se rendit un jour au temple de Karnak, et là, elle confia ses angoisses à son seigneur Amonrâ, le patron de sa race. « Quand le sou-« verain eut versé ses supplications devant le maître de « Karnak, on entendit un ordre dans la place sainte, un « avis du dieu lui-même, à l'effet d'explorer les voies « qui mènent au Pouanît et de parcourir des chemins qui « conduisent aux Échelles de l'Encens ; puis, le jour où « l'on aborderait au retour, d'apporter les produits de « cette Terre Divine au dieu qui avait modelé les beautés « de la reine ». Ainsi encouragée, elle dépêcha six vaisseaux à la découverte et, quand ils revinrent chargés de parfums, le dieu la remercia par d'autres discours, dont on lit encore la teneur sur une des murailles du temple de Déîr-el-Baharî (1). Les conversations entre dieux et rois n'étaient pas rares dans les temples, et ce n'est pas sans raison que la plupart des légendes qui accompagnent les tableaux gravés sur les murailles sont rédigées sous

(1) Voir plus haut, p. 86 sqq. du présent volume.

forme de dialogues : l'usage décoratif correspondait à une réalité de presque chaque jour. Dans d'autres cas, la statue se taisait et elle se bornait à indiquer son sentiment par un geste : elle remuait la tête fortement par deux fois pour dire oui. Une pièce des plus curieuses, qu'on a recueillie dans le temple de Khonsou à Thèbes, raconte qu'une princesse syrienne, belle-sœur de Ramsès II, tomba malade et fut possédée longtemps par un démon ou par l'âme d'un mort. Comme les magiciens asiatiques ne réussissaient pas à la délivrer, le père s'adressa à son gendre et lui demanda un exorciste, le plus habile qu'on eût alors en Égypte, mais ce personnage ne s'estima pas assez fort pour lutter contre le mauvais et l'on dut avoir recours à une intervention plus efficace, celle de Khonsou lui-même. Ramsès donc alla au temple, et il interpella la statue : « Seigneur bon, me voici encore « devant toi, au sujet de la fille du prince du Bakhtan ». Puis, il fit amener celle des images qui chassait les malins, et, la mettant devant l'autre : « Seigneur bon, dit-il, si « tu veux bien tourner ta face vers cette statue de ta forme « qui chasse les malins, on la mandera au Bakhtan ». Et aussitôt Khonsou remua fortement la tête, deux fois. Alors Ramsès reprit : « Donne-lui ta vertu pour que je l'envoie « à Bakhtan débarrasser la fille du prince ». Et, de nouveau, l'idole remua fortement la tête par deux fois. Cet assentiment gagné, on procéda au transfert de l'effluve qui permettrait à la statue de triompher du mort. La cérémonie était assez simple. La personne ou l'objet qu'on voulait charger de la sorte était placée devant l'objet ou la personne qui devait le charger, agenouillée, accroupie, ou debout selon la circonstance, et le dos tourné vers elle. Après quelques formalités, la statue ou la personne levait la main et, à quatre reprises, elle la passait sur la nuque de l'autre : l'effluve s'écoulait d'elle pour pénétrer ainsi chez le récipiendaire, et celui-ci la conservait jusqu'à ce qu'ayant lui-même imposé les mains à la personne qu'il s'agissait de guérir, il se trouvât soudain comme vidé. Et, de fait, Khonsou arrivé au Bakhtan accomplit les passes sur la princesse, et la vertu divine expulsa le mort, après un court entretien avec celui-ci et avec son prêtre.

On le voit, les statues parlaient vraiment, à haute et intelligible voix; elles hochaient vraiment la tête; elles agitaient vraiment les mains, et comme elles ne faisaient certainement rien de cela d'elles-mêmes, il fallait bien que quelqu'un le fît pour elles. Il y avait, en effet, dans les temples, un prêtre ou une classe de prêtres à qui le soin revenait d'exécuter ces manœuvres. Leurs fonctions n'étaient point secrètes, mais ils s'acquittaient d'elles ouvertement, au vu et su de tous. Ils avaient leur place marquée dans les cérémonies, dans les processions, dans la hiérarchie sacerdotale, et chacun savait parmi le peuple que c'était eux la voix du dieu ou sa main, et qu'ils tiraient la ficelle afin qu'il branlât de la tête au moment opportun. Il n'y avait donc pas là une de ces fraudes pieuses que les modernes soupçonnent en pareille conjoncture, mais personne n'ignorait que la consultation divine s'accomplissait par cet intermédiaire purement humain. Les choses ainsi posées, on se demande comment non seulement le peuple, mais les scribes, les nobles et les rois pouvaient avoir confiance en des avis de la sorte, et si, dans les derniers temps au moins, il n'y avait pas là une cérémonie traditionnelle où l'on persévérait par respect pour l'antiquité, mais à laquelle on n'attachait plus une grande importance. Le témoignage des monuments nous oblige à convenir qu'on la prit au sérieux jusqu'à l'agonie du paganisme, et que tous ceux qui y jouaient un rôle étaient pénétrés de respect pour la charge qu'ils remplissaient. Ils avaient été élevés dès l'enfance à croire que des âmes divines animaient les statues, et à ne s'approcher d'elles qu'avec une émotion ou une crainte respectueuse. Chaque fois qu'un fidèle réclamait leur office, ils s'y préparaient par des prières et par des rites qui leur rappelaient la gravité de l'acte, et dont la puissance était indiscutable à leur gré. Ils étaient, comme état d'esprit, dans la situation du prêtre de nos jours qui monte à l'autel. Du moment qu'il a revêtu les habits sacerdotaux et répété les premières paroles sacramentelles, il ne s'appartient plus à lui-même mais au sacrifice qu'il va consommer; il sait qu'à sa voix et à son geste les espèces vont se changer en la chair et au sang précieux, et il procède sans se troubler à l'œuvre qu'il a la certitude d'opérer. Il en était de même en Égypte, bien entendu avec les réserves nécessaires. Le prophète, lorsqu'il en avait fini avec les actes préparatoires, et qu'il se tenait auprès de sa statue prêt à élever la voix pour elle et à la faire remuer, ne doutait pas un instant que le dieu allait descendre en lui, le saisir, l'inspirer; il pensait qu'une force s'emparerait de son être et lui dicterait ses paroles ou lui tirerait la main. Que la fraude se mêlât parfois à ses actions, j'y consens et il est possible, mais, alors même, ne pouvait-on pas se dire que le dieu, prescient de tout, avait réglé les choses de telle manière que la faute de son serviteur favorisât ses desseins? Le prêtre prévaricateur, s'imaginant forcer les intentions célestes et duper le fidèle, était victime de sa propre manœuvre, et il annonçait uniquement ce qu'Amon avait voulu qu'il annonçât.

C'était donc la divinité qui gouvernait directement et la vie des Égyptiens et la politique de leurs rois : elle avait sa place marquée dans les délibérations, et l'on n'osait pas souvent négliger ses décrets. Cette immixtion, qui serait gênante pour nous, ne l'était pour aucun des peuples de l'antiquité, et en Assyrie ou en Chaldée, nous la retrouvons perpétuelle. C'était Ishtar d'Arbèles, ou Adad, ou Shamash à qui les rois de Ninive s'adressaient, et nous possédons de ce dernier une série de consultations sur une quantité de questions relatives aux affaires intérieures de l'empire ou à ses relations avec les puissances étrangères sous Asarhaddon et sous Assourbanabal. En résumé, les dieux régissaient le monde ancien, et le sentiment des contemporains ne se trompait pas, quand il doublait toute guerre entre les hommes d'une seconde guerre entre les dieux. Les statues prophétiques avaient parlé des deux côtés lorsque les armées en venaient aux mains, et leurs ordres ne cessaient d'arriver directs pendant toute la durée de la campagne. C'étaient bien elles qui étaient vaincues, si la fortune des armes se prononçait contre leur peuple, et elles partageaient son sort. Lorsque le vainqueur ne les tuait pas en les brisant, il les emmenait prisonnières, et il les déposait dans les temples de leurs rivales pour les y servir comme esclaves autant que par manière de trophées. Si, par hasard, on les restituait plus tard à leurs anciens maîtres, on avait soin de graver sur elles une inscription commémorative de leur défaite et de leur captivité.

21 décembre 1898.

CE QUE LES ÉGYPTIENS GRIFFONNAIENT SUR LEURS MURS

Il est certain qu'à force de graver leurs noms aux belles places en lettres gigantesques ou menues, les touristes gâtent peu à peu les monuments de l'Égypte. Les gens de goût s'en indignent au passage, et les directeurs du service des Antiquités n'ont jamais d'expressions assez cruelles pour blâmer cette pratique dans leurs rapports : c'est leur devoir strict et je n'y ai pas manqué plus que les autres. Et pourtant, si les archéologues ou les historiens d'aujourd'hui y songeaient un peu, quelles braves gens que ces faiseurs d'inscriptions et quelle surabondance de travaux ingénieux ils préparent aux savants de l'avenir ! Henri Durand de Paris s'est inscrit en 1882 sur un des blocs de la Grande Pyramide, John Brown a taillé son nom dans le voisinage en 1883, Fritz Müller a broché sur les deux en 1884, et de Gizèh à la première cataracte on les suit à travers les temples ou les tombeaux, comme à la piste ; vers la fin du voyage, ils se sont enhardis, et ils ont risqué des réflexions admiratrices ou humoristiques, chacun selon l'esprit de sa nation. Ils sont trop près de nous encore pour nous sembler autres que ridicules, mais laissez couler une centaine d'années seulement, et le recul leur prêtera déjà un certain prestige. Il y a juste un siècle que des soldats français, casernés à Edfou dans les chambres obscures du pylône, s'amusaient à tracer des légendes et des dessins sur la muraille. On y voit pêle-mêle des noms, des dates, des cœurs enflammés avec des protestations d'affection pour les payses lointaines, un beau moulin à vent qui existe peut-être encore dans quelque recoin de France ; la cavalerie y fraternise avec l'infanterie dans son amour du sol natal et dans son dédain pour la grammaire, mais je ne me rappelle plus laquelle des armes proclame avec une orthographe inégale à sa fierté que *les François sont vainceurs partout.* C'est un morceau de France qui s'abrite encore à l'ombre du vieux temple d'Horus, chasseurs à cheval, grenadiers, voltigeurs, cent ou cent cinquante hommes en tout, et l'effort d'imagination est mince à se les représenter au cours de leur vie monotone. Exercices, factions incessantes au sommet des deux tours pour surveiller le Nil ou les débouchés du désert Libyque, reconnaissances parmi les villages mal soumis afin de tendre la main aux postes d'Esnéh ou de Daraou, des escarmouches et d'aventure un camarade mis en terre tristement dans le petit cimetière au nord du bourg ; entre temps, sans oublier les filles de France, ils courtisaient les filles d'Égypte, et celles-ci se laissaient faire, s'il faut en juger certains traits de physionomie européenne qu'on observe parmi les habitants. Menou les oublia en 1800 lorsqu'il évacua le Saïd, mais ils se maintinrent quelques mois à leur poste malgré les assauts, jusqu'au jour où un bey les sauva et les enrôla à son service ; ils formèrent alors le plus gros contingent de ces mamelouks français dont le rôle fut considérable pendant les premières guerres de Méhémet-Ali.

Les Égyptiens de Pharaon étaient touristes à leurs

heures, et, comme les habitués de la Compagnie Cook, ils écrivaient, ils écrivaient à tour de bras sur les monuments qu'ils rencontraient. La pyramide de Meydoum avait si bien résisté aux fouilleurs et même à Mariette qu'on l'estimait vierge et qu'on en attendait merveilles. Lorsque j'y entrai en 1881, la première chose que j'y vis, ce fut un nom de scribe calligraphié à l'encre dans la feuillure de la porte, *le Scribe Sokari*, et à côté la mention de son collègue Amonmosou. Ils paperassaient sous la XVIIIe Dynastie, plus de deux mille ans après la construction, et ils allaient examiner le tombeau du roi Snofrouî comme nous visitons celui de Charlemagne à Aix-la-Chapelle. Ils pénétrèrent dans les couloirs qui menaient au caveau, mais ce n'était pas l'habitude : il fallait, en effet, s'élever péniblement le long du flanc Nord de la pyramide pour atteindre l'ouverture et beaucoup hésitaient à risquer leur cou dans cette escalade. Ils s'arrêtaient au pied du massif, dans la petite chapelle où le culte du Pharaon avait été célébré jadis, et là, comme ils n'étaient ni essoufflés par une ascension, ni préoccupés par les chances mauvaises d'une descente à pic, ils ne se bornaient pas à inscrire leur nom en bonne lumière ; ils rappelaient leurs souvenirs classiques et ils grossoyaient sur un des blocs une formule emphatique d'enthousiasme. Le fils du même Amonmosou, qui avait indiqué si brièvement son arrivée là-haut, conservait de plain-pied plus de faconde que son père n'en avait eu et il racontait, dans un langage diffus, comment, en l'an XLI de Thoutmôsis III, « il vint voir la belle chapelle de Snofrouî. Il la découvrit « à l'intérieur telle que le ciel, lorsque Râ, le Soleil, s'y « lève, et il s'écria : « — Le ciel pleut la myrrhe, il se « résout en encens sur le front de la chapelle de Snofrouî ». Et comme un si noble mouvement poétique n'aurait pas suffi à contenter l'âme du souverain si l'on n'y avait ajouté quelque souhait substantiel, il s'adressa aux générations futures et il leur demanda de prier pour lui. « O vous tous, scribes, magiciens, prêtres, qui passerez « devant ce monument et qui lirez ce discours, si vous « aimez la vie et que vous souhaitiez avoir les louanges « des dieux de vos villes, transmettre vos charges à vos « enfants, puis être enterrés dans la nécropole de Mem- « phis après la vieillesse et un long demeurer sur terre, « dites : « — Offrandes à Osiris, à Râ, à Amon, à Anubis, « pour que ces dieux accordent toutes les provisions « imaginables à l'esprit du roi Snofrouî et de la reine « Marisônkhis, sa femme. » D'autres lui succédèrent plus tard qui, trouvant sa prose à leur goût, s'en approprièrent des morceaux et recopièrent pour leur compte ce qu'il avait dit pour le sien.

Ces curieux en voyage n'apportaient pas, d'ailleurs, plus de critique ou de discernement que nos touristes, dans les objets de leur admiration. Ils s'extasiaient devant tout ce qu'on leur montrait pourvu que ce fût très vieux, et, s'ils déchiffraient les textes gravés sur les tombeaux, ils les comprenaient mal. Un des seigneurs féodaux ensevelis à Béni-Hassan racontait qu'il avait gouverné une ville dont le nom se traduirait exactement en français *la Nourrice-Chéops*. Avait-elle été ruinée depuis son temps ? En tout cas, on ne la connaissait plus sous la XVIIIe Dynastie et les scribes qui montaient alors aux hypogées n'avaient jamais entendu parler d'elle. Apercevant la mention de Chéops en plusieurs endroits, ils en conclurent que les peintures avaient été faites pour ce roi et qu'ils étaient chez lui, dans sa syringe, puis ils consignèrent leur opinion dans une demi-douzaine de gribouillages extatiques : « C'est ici la venue du scribe « Thoutiî, » ou du scribe Amonmosou, ou du scribe Raî. « Quand je suis allé pour contempler la belle chapelle de

« Chéops, je l'ai trouvée semblable, en son intérieur, au « ciel quand le soleil s'y lève, et bien approvisionnée « d'encens frais. » Ils avaient l'erreur facile, l'appréciation monotone, et beaucoup d'entre eux étaient satisfaits quand ils avaient attesté en cinq ou six mots qu'ils avaient fréquenté là. D'autres, pourtant, ont poussé l'obligeance jusqu'à nous confier sous quel roi ils honorèrent le monument de leur précieuse présence, en quelle année, dans quelle circonstance, et leur vanité les a faits du coup les auxiliaires imprévus de la science. C'était en l'an XL de tel souverain, au moment où Sa Majesté naviguait de Memphis à Thèbes pour inaugurer un temple ou lorsqu'elle revenait de sa troisième campagne en Éthiopie, et le roi nous serait inconnu, lui, ses constructions, ses voyages, ses victoires, si un des scribes de l'escorte n'avait pas eu son accès de fureur écrivante à l'aspect d'un mur bien en lumière. Des milliers d'autres ont été victimes de la même manie pendant des siècles, et, grâce à eux, nous recueillons partout des dates, des faits, des cartouches royaux : des dynasties se recomposent avec ce qu'ils nous apprennent et l'histoire de l'Égypte se reconstitue pièce par pièce. Ils y joignent, d'ailleurs, des détails sur leur propre famille, sur leur destinée particulière, sur le motif qui les avait conduits là, et ce motif est souvent extraordinaire. Les Égyptiens se flattaient d'être des magiciens consommés, et alors comme aujourd'hui les cimetières, surtout les cimetières abandonnés depuis des siècles, étaient les endroits qui s'adaptaient le mieux aux opérations des sorciers. Les esprits délaissés, qui mouraient de faim dans leurs tombes, étaient disposés à tout risquer afin de seconder les œuvres de magie qui leur vaudraient quelque nourriture. Les pyramides elles-mêmes servaient de refuge à des êtres bienfaisants ou pervers, qu'un rite exécuté à l'heure voulue, avec les paroles voulues, devait asservir pour une heure aux désirs de l'opérateur.

En l'an L de Ramsès II, le scribe Panouà, qui habitait Memphis ou les environs, se rendit, une nuit, au sépulcre d'un certain Shopsisouphtah, qui avait fleuri vingt siècles auparavant et qui avait eu, de son temps, la réputation d'un homme fort habile aux choses surnaturelles. Il apportait les grimoires appropriés et, après avoir pris position dans la chapelle, il attaqua les cérémonies évocatrices. Si tout marchait à souhait, un serpent énorme lui apparaîtrait, le serpent qui se cache dans la pyramide du pharaon Sahourî et sous la figure de qui l'âme de ce roi se plaît à se révéler. Panouà souhaitait s'enquérir auprès de lui d'une recette qui prolongeât son existence terrestre jusqu'à l'âge de cent dix ans, que nul mortel ne peut dépasser. Les prières étaient puissantes, car elles étaient empruntées à des livres rédigés par le dieu Phtah lui-même, mais, sans doute, la saison n'était pas propice : il alla jusqu'à la onzième incantation sans succès, puis il se découragea et il rentra chez lui, mais, avant de vider les lieux, il rédigea sur la muraille le procès-verbal de la séance infructueuse en belle écriture cursive. Ailleurs, des malades, après avoir consulté un oracle, ont griffonné sur un rocher voisin ou sur une paroi de chapelle un compliment à l'adresse du dieu ou de la déesse qui les avait guéris de manière miraculeuse. Un dévôt a poussé un cri d'angoisse vers son patron : « Ne me déserte pas, ô Râ-Harmakhis », et il a signé : « Le scribe Thoutmôsis de la nécropole ». Un employé des canaux et irrigations a enregistré le début de la crue ou le jour de la rupture des digues : « L'an X, le 13 du deuxième mois d'été, ce jour-là, un grand Nil est survenu ». Les satisfaits n'avaient que des louanges pour leurs supérieurs ou pour leurs égaux et ils en confiaient l'expression aux murailles. Les mécontents en agissaient de même, et c'est ainsi que nous possédons aujourd'hui quelques-unes des satires où leur mauvaise humeur s'exhalait. L'archiviste Phtahshadou a oublié de nous dire les méfaits de son chef ; il s'est contenté d'afficher sur le rocher, à Thèbes, un couplet de sa façon où le personnage était houspillé vigoureusement. « L'ordre de « mon maître, c'est un crocodile. — Sa dent est dans « l'eau, mais où ? — Ses dents sont dans le canal à « l'Occident — et son œil clignote ». Il paraît que c'était pour étouffer de rire, et les trois quartiers de Thèbes en suffoquèrent pendant des semaines, mais le sel de ce brocard s'est évaporé depuis lors et il faut gloser d'importance pour en raviver la saveur. Sachez d'abord que le crocodile est un traître animal, qui se tient en eau trouble, dans le canal, toute la journée, faisant semblant de dormir pour ne pas effrayer son gibier : les peintures des tombeaux le montrent allongé dans une attitude méditative, la queue au repos, la gueule close, l'air innocent comme s'il n'était qu'un gros lézard inoffensif. Au moment où l'on s'y attend le moins, un revers de queue, deux coups de dent, un plongeon, et un mouton, un chien, un homme a disparu, happé brusquement. Phtahshadou avait reçu un ordre d'aspect bénin, toutefois dangereux à accomplir, et il le comparait à ce crocodile félon, mais il ignorait encore où le péril éclaterait ; il devinait seulement qu'il courait risque de vie, et c'est pour cela qu'il parlait du canal qui est à l'Occident et qu'on doit franchir pour arriver au tombeau. Voilà l'explication, et une fois lue, beaucoup de modernes ne saisiront pas plus qu'auparavant la drôlerie du morceau. Combien de siècles faudra-t-il pour que les malices d'aujourd'hui exigent un commentaire archéologique et jettent dans un étonnement rêveur les gens qui croiront encore par tradition à l'esprit français ?

Un Allemand, M. Spiegelberg, curieux lecteur et inspectateur desdites inscriptions comme tous ceux de sa race, en a recueilli plusieurs milliers rien qu'à Thèbes et il n'a pas épuisé la matière. Plus il en transcrit, plus il en découvre : c'est un débordement. Je ne m'en plaindrai pas, tant ces graffites nous enseignent de choses nouvelles sur le compte de ce vieux peuple égyptien, si longtemps enterré, exhumé si récemment ; mais comment continuer à être sévère pour les touristes européens qui noircissent les murailles, quand on copie et qu'on étudie d'un soin si affectueux les moindres gribouillages de leurs prédécesseurs antiques ?

21 juin 1899.

LA POÉSIE AMOUREUSE DES ÉGYPTIENS

A voir telle momie de Turin ou d'une autre collection européenne, — un paquet d'os desséchés à peine recouverts d'une peau brune, et des traits contractés par l'embaumement en une grimace lamentable ou grotesque, — il faut une certaine force d'imagination pour recomposer la jeune fille élégante et frêle dont le charme subtil enivra les galants de Thèbes durant sa verte nouveauté, ou simplement la vieille déformée et flétrie, qui, rêvant le soir, à la chandelle, de ses passions d'autrefois, se répétait à mi-voix les chansons d'amour de ses belles années. Allez pourtant dans une autre salle du musée et faites-vous ouvrir l'armoire aux papyrus : le recueil s'y trouve de ces chansons, mutilé, maculé, coupé de lacunes, mais assez lisible encore en bien des endroits pour qu'on en traduise de longs fragments d'une manière certaine, et pour qu'on sache comment la passion s'exprimait entre ces êtres destinés à finir en numéros de vitrine dans nos musées. Les restes en avaient été recueillis et traduits par Goodwin d'abord (1), puis par moi (2) ; ils viennent d'être

(1) Goodwin, *the Papyrus Harris n° 400*, dans les *Transactions of the Society of Biblical Archeology*, t. IV, pp. 380-388.

(2) Maspero, *Etudes Egyptiennes*, t. I, pp. 216-259.

étudiés, une troisième fois, par un savant allemand émigré en Amérique, Max Müller (1). La traduction est d'un tour agréable et le commentaire éclaire ce qu'elle a parfois de trop exotique dans l'expression ; l'ouvrage est de ceux qu'on peut lire avec intérêt sans être du métier, et s'il contient des passages douteux sur lesquels il faudra s'expliquer entre égyptologues, l'ensemble rend l'allure de l'original très fidèlement.

Les dits d'amour devaient être fort nombreux dans la littérature égyptienne. Nous possédons déjà les débris plus ou moins considérables de trois recueils composés pendant la seconde époque thébaine, vers le treizième siècle avant notre ère, et des fragments d'autres morceaux ont été retrouvés jusque sur des stèles funéraires. Il est certain qu'une partie au moins des petites pièces rassemblées alors par les scribes étaient de beaucoup antérieures et couraient depuis longtemps dans la bouche du peuple ; elles formaient une réserve commune, où les amoureux puisaient à volonté et dont chacun brodait les thèmes selon les besoins du moment. Les musiciens les récitaient avec accompagnement de théorbes, de harpes ou de flûtes, dans les maisons privées ou par les rues, comme les chanteurs et les almées de nos jours font les petits vers arabes au Caire ou dans la Haute-Égypte. Quiconque a vécu dans les provinces où l'influence européenne ne domine point trop peut, transportant ses expériences du présent à trois mille ans en arrière, reconstituer sans danger d'inexactitude ces concerts d'autrefois. Les peintures des hypogées thébains nous montrent les exécutants avec leur toilette, leurs instruments, leurs gestes, leur public. Les manuscrits de nos musées nous

(1) *Die Liebespoesie der Alten Ægypter*, von W. Max Muller, mit 18 Tafeln in Autographie und 3 Tafeln in Lichtdruck. Leipzig, J.-C. Hinrichs'she Buchhandlung, 1899.

suggèrent les idées et les mots qui animaient toute cette plastique. Les effets produits sur l'auditoire étaient sans doute analogues à ceux que les contes des *Mille et Une Nuits* décrivent de façon si curieuse : il se pâmait aux roulades prolongées et aux concetti des paroles, il soupirait pendant les passages tendres, il pleurait ou il sanglotait lorsque le héros ou l'héroïne psalmodiait ses désespoirs, et il accentuait l'intensité de ses sentiments divers par ces dessous d'exclamations gutturales qui accompagnent aujourd'hui la voix de l'artiste. J'ai essayé parfois d'adapter l'un ou l'autre des morceaux antiques aux mélopées arabes qu'on entend sur le Nil et le résultat de ces tentatives a été heureux le plus souvent : on peut se figurer les vieux airs aujourd'hui perdus comme modulés de la même manière que les airs récents, et soutenus par des arpèges d'instruments à cordes ou par des batteries semblables de tambourins.

Les motifs utilisés dans les trois recueils sont sensiblement identiques à ceux que les Arabes ont traités et quelques-uns ont l'apparence moderne. C'est tantôt l'amant qui parle et tantôt l'amante, ou, pour employer le terme ancien, la *sœur*. L'expression est caractéristique de la famille égyptienne, où la sœur de père et de mère était de droit l'épouse préférée de son frère, mais l'usage s'en propagea à toutes les autres femmes, et ici il désigne d'une manière générale l'amoureuse, quelle que fût d'ailleurs sa condition sociale, dame du monde ou servante, jeune fille ou courtisane. Dans une des pièces du début, elle semble ne plus avoir rien à refuser au soupirant, et celui-ci décrit les charmes qu'elle révèle avec une vivacité significative, mais ailleurs, les choses ne paraissent pas être aussi avancées pour lui ; il se plaint des rigueurs de la belle, et il invente des ruses pour essayer de l'attirer chez lui. « Je me coucherai chez moi, et comme me voilà

« malade par force, lors mes voisins entreront me voir, « lors ma sœur viendra avec eux : elle fera honte aux « médecins, car elle connaît bien mon mal ! » Si cet artifice n'a point de succès, il songe à s'introduire chez elle parmi les visiteurs : « La villa de ma sœur... Ah ! qu'on « m'y mette portier ! Si je m'y attire la colère de ma sœur, « du moins j'entendrai sa voix furieuse, comme un petit « enfant tremblant de crainte ». Cette faveur douteuse ne lui suffit bientôt plus, et il requiert davantage. « Oh ! « que ne suis-je son esclave noire, celle qui se tient avec « elle ! Je verrais toutes les formes de son corps ! » Il voudrait être l'anneau qu'elle porte à son doigt, la guirlande de fleurs qui entoure son cou et qui caresse sa poitrine ; au besoin, il ne se ferait pas scrupule de lui verser un philtre pour la décider à entrebâiller sa porte. Il entreprend même un pèlerinage aux temples de Memphis, dans l'espoir que les dieux invoqués par lui interviendront en sa « faveur : Je descends le fleuve en barque à la vogue pres« sée de l'équipage ; mon bouquet de myrte à l'épaule, je « me dirige vers la cité d'Onkhtaouî, et je dirai à Phtah : « — « Donne-moi ma sœur, cette nuit ! » Il obtient enfin l'objet de son désir, et sa maîtresse le rejoint au lieu du rendez-vous : « Quand je vois ma sœur qui vient, « mon cœur palpite, mes bras s'ouvrent pour l'enlacer ; « mon cœur s'éjouit en sa place, comme qui est dans la « joie éternelle, quand arrive ma dame. Si elle me saisit « et que ses bras s'ouvrent pour moi, c'est comme si « j'étais inondé des parfums de l'Arabie, des senteurs les « plus fines ! — Si elle me donne un baiser de ses lèvres « entr'ouvertes, je m'enivre sans qu'il soit besoin de « bière ! »

Ce n'est pas l'homme pourtant qui joue le rôle principal dans nos recueils érotiques : l'amoureuse y est en scène plus souvent que lui, l'amoureuse délaissée ou craignant de l'être. La femme jouissait d'une si grande liberté en Égypte que les Grecs la crurent toute-puissante dans la famille et le mari son esclave. C'est donc elle naturellement qui prend l'offensive dans bien des cas, et qui court au-devant du désir. Elle saisit pour s'offrir le premier prétexte, celui d'une de ces parties de chasse au marais qui s'étalent à profusion sur les parois des tombeaux. « Les beautés de ta sœur, la chérie de ton cœur, « vont là-bas dans les prés, ô mon frère chéri ; mon cœur « poursuit ce qui peut t'être agréable, et tout ce qu'il te « plaît inventer, je te dis : « — Vois, c'est fait ! ». Je suis « allée à l'affût, mon piège à la main et ma cage et « mon écran. Tous les oiseaux de l'Arabie s'abattent sur « l'Égypte, parfumés de myrrhe, et celui qui vole en tête, « il a piqué mon ver d'appât, apportant sa senteur d'A- « rabie et les pattes pleines de gommes odorantes. Mon « cœur brûle que nous les prenions ensemble, moi, seule « avec toi, et que je te fasse entendre la voix aiguë de « mon oiseau parfumé de myrrhe. Si j'obtiens que tu sois « là où je suis, avec moi, je ferai manœuvrer mon piège, « ô bel ami, toi qui viens auprès du bien-aimé ! » Le bel ami ne répond pas à son appel ; elle se lamente, elle oublie de surveiller son piège, elle laisse fuir le gibier. « La voix de l'oie sauvage résonne qui a piqué son ver « d'appât, mais ton amour me repousse et je ne sais m'en « arracher. Je ramasserai mes rets, mais que dirai-je à « ma mère, vers qui je reviens chaque jour, chargée « d'oiseaux de ma chasse ? Que je n'ai pas tendu mon « piège aujourd'hui que m'a captivée ton amour ? » Rien ne serait plus facile que de restituer dans le détail le tableau indiqué sommairement par le poète ; il suffirait de détacher d'un hypogée thébain l'une des peintures qui représentent la chasse au filet, et d'y installer notre jeune femme au lieu des esclaves que l'artiste y met d'ordinaire.

Le thème se répète plusieurs fois avec des variantes qui montrent combien il était goûté; puis la joie de l'amour heureux éclate dans quelques strophes. « La voix de la tourterelle résonne, elle dit : « Voici l'aube, las! où irai-je? « Non pas, bel oiseau! Tandis que tu me querelles, j'ai « trouvé mon frère dans son lit, et mon cœur est joyeux, « plus que nous ne saurions dire; car je ne m'éloignerai « plus, mais, la main dans la main, je me promènerai « avec lui dans tous les beaux endroits; il me rend la « première des femmes, lui qui ne meurtrit pas mon « cœur ». Après quoi l'abandon arrive promptement, et les plaintes de la délaissée qui ne veut pas accepter la rupture : « Je tiens mon visage tourné vers la porte du « dehors, car, voici, mon frère vient. Mes deux yeux surveillent la route, mes deux oreilles écoutent, ma peau « frissonne, car je fais de l'amour de mon frère mon bien « unique, et, pour tout ce qui le concerne, mon cœur ne « se tait point. Et voilà qu'il m'envoie un messager rapide « de pieds, aussitôt entré que sorti, afin de me dire : « — Je suis retenu ». Ah! dis plutôt que tu as trouvé « une autre femme! O toi dont la face est perfide, pourquoi briser le cœur d'une autre par ton infidélité? »

Lorsqu'on examine d'un peu près la structure de ces pièces, on y reconnaît vite des intentions de style et une recherche d'expression ou de composition très délicate. Certaines d'entre elles sont conçues presque à la façon des *stornelli* italiens. Elles débutent par un nom de fleur sur lequel le poète joue pendant quelques phrases : par malheur, les chocs de syllabes auxquels il a recours pour comparer à ce nom telle ou telle vertu du bien-aimé ne peuvent se transporter dans aucune langue moderne, et ils rendent la traduction littérale à peu près impossible. Les autres rythmes sont moins insaisissables, et, si nous ne réussissons pas toujours à goûter le charme spécial que le choix de tel ou tel mot ou l'emploi de certaines tournures grammaticales prêtait à la pensée, du moins le développement de cette pensée même demeure encore si transparent et si naturel par endroits que nous éprouvons quelque plaisir à le suivre jusque sous son vêtement moderne. Il m'est arrivé, plus d'une fois, en Égypte, de déboucher un flacon d'essence ramassé dans un tombeau. Ce n'est pas un parfum franc qui s'en exhalait, mais une odeur vague dont on n'eût su dire si elle était agréable ou mauvaise et dont la sensation s'effaçait sitôt qu'on essayait de la définir. A vouloir analyser trop finement la senteur de poésie qui s'exhale de ces chants amoureux, elle se perdrait aussitôt : il faut la respirer vite et en jouir à l'aventure sans s'inquiéter d'en préciser la nature ou d'en analyser la qualité.

27 septembre 1899.

EST-IL POSSIBLE DE RETROUVER LA PRONONCIATION DES TEXTES HIÉROGLYPHIQUES ?

Les gens qui en font métier savent que les petites bêtes alignées en processions disparates sur les monuments égyptiens sont des signes de lettres ou de syllabes, et que chacune d'elles possède ses valeurs immuables dont la plupart nous sont familières. Si vous rencontrez sur un sarcophage du Louvre un lièvre accroupi à toutes ses oreilles et quelles oreilles ! puis un serpent à cornes ondulant derrière lui, le premier égyptologue de vos amis vous expliquera en deux mots, que le lièvre représente un verbe comprenant un *ou* et un *n*, que le serpent est le pronom de la troisième personne du singulier masculin et répond à notre lettre *f*, que le tout enfin se transcrit *ou* + *n* + *f* et signifie *il est*. C'est un beau résultat, et Champollion ainsi que ses élèves se félicitèrent lorsqu'ils l'eurent obtenu : on l'a enregistré depuis lors dans toutes les grammaires hiéroglyphiques où les débutants s'en emparent, et l'on s'est arrêté là pendant longtemps. Mais cette combinaison des trois sons *ou* + *n* + *f* n'est pas facile à prononcer telle quelle, et, d'instinct, les professeurs comme les étudiants ont introduit une voyelle entre *n* et *f*, la voyelle la moins compromettante et la plus faible, un *é* légèrement ouvert. Ceux qui lisent l'égyptien à haute voix, — c'est un plaisir accordé à peu de gens en ce monde, — ont pris l'habitude de dire *oun-éf*, mais est-ce bien ainsi que les Égyptiens eux-mêmes faisaient sonner le groupe, et y a-t-il un moyen de déterminer ce qu'était leur prononciation? On l'a contesté d'abord à *priori*, et je n'ai pas oublié le scepticisme indulgent qui m'accueillit lorsque, il y a près d'un quart de siècle, je me permis non seulement de déclarer que le problème était soluble, mais d'en ébaucher une solution. Les années écoulées depuis lors ont détruit bien des préjugés et levé bien des doutes : un jeune savant allemand, M. Sethe, a placé en tête d'un gros volume qu'il vient de publier sur le verbe égyptien de longs chapitres d'introduction qui forment un véritable traité de prononciation égyptienne (1). Je ne suis pas bien sûr qu'il ait choisi la meilleure voie pour parvenir au but qu'il se proposait : il me suffit de constater que le problème réputé insoluble au début est de ceux que certains savants pensent avoir résolu aujourd'hui.

Que l'on ait deviné la valeur des signes hiéroglyphiques et qu'on puisse fournir la traduction des textes historiques ou littéraires qu'ils cachaient, personne n'hésite plus à le croire. Mais ici il ne s'agit plus de transcrire dans une de nos langues modernes la pensée qui ressort de ces œuvres antiques, il s'agit de reconstituer la façon dont cette pensée vibrait aux oreilles de ceux qui l'exprimaient, d'en retrouver la cadence, la modulation, l'accent, au besoin les changements de ton qu'elle a subis au cours des âges. Nous ne l'entendons plus et personne ne l'a plus entendue depuis des centaines d'années, mais d'autres peuples,

(1) Sethe, *das Ægyptische Verbum*, t. I, pp. 3-33.

dont nous connaissons la langue, l'ont écoutée à l'époque où elle résonnait encore, et ils en ont noté des fragments. La première fois que des matelots ou des mercenaire grecs posèrent le pied sur les côtes du Delta, il leur fallut répéter les mots les plus nécessaires au commerce journalier, et quelques-uns de ceux-ci, de préférence les noms propres, noms de villes, noms de rois, noms de particuliers, noms de dieux, finirent par être couchés en lettres grecques sur les tablettes d'Hérodote ou dans les ouvrages des autres historiens helléniques. Plus tard, quand Alexandre eut rangé l'Égypte sous la domination macédonienne, des quantités d'entre eux furent insérés dans les actes publics et privés, dans les registres de corvées ou d'impôts, dans les contrats de mariage ou de vente, dans les reçus de péage ou de douane, et c'est à la centaine qu'on les y lit aujourd'hui. Or, les noms égyptiens étaient composés, pour la plupart, de termes empruntés au fond même de la langue, ethniques, noms de métiers ou de divinités, d'objets ou d'animaux. Beaucoup de gens s'appelaient Lenègre, Lerat, Lachatte, et leurs noms se prononçaient comme les mots mêmes de l'idiome courant dont ils étaient composés. Qui, chez nous, a des amis appelés Lenormant, Picart, Lelièvre, Lebourgeois, Lalance, ne fait aucune différence de son entre ces noms et les termes communs de Normand, de Picard, de bourgeois, de lièvre, ou de lance ; souvent même, le nom propre trahit les divergences dialectales, comme dans Leleu, Lecat, Lequien, à côté de Leloup, Lechat, Lechien. De même en Égypte : le seigneur *Pouhôri*, autrement dit *le Chien*, nous a conservé la prononciation *ouhôri*, qu'avait le mot pour *chien* au temps où les scribes grecs fixèrent son nom une première fois. Si l'on songe que nous possédons déjà de quatre à cinq mille noms indigènes habillés ainsi en lettres grecques, on voit de quelle ressource ces transcriptions peuvent être pour reconstituer la prononciation des hiéroglyphes ; ce sont plusieurs centaines de mots isolés, de substantifs accompagnés d'un adjectif, même de courtes phrases qui nous arrivent comme en écho de l'Égypte ptolémaïque. En écrivant *Ephônoukhos* un nom qui signifie *il est vivant*, les Grecs nous ont appris que le verbe correspondant à *il est* et l'adjectif correspondant à *vivant* se prononçaient *ef* et *ônoukhou* en égyptien : à force de rencontrer des exemples de ce genre, on finit par avoir en main de quoi reconstruire la phònétique de plusieurs des paradigmes dont la grammaire égyptienne se compose.

Les Grecs exécutèrent ces transcriptions à l'oreille, et l'oreille abuse souvent les peuples : il faut donc admettre qu'ils se sont trompés en plus d'une occasion et ne pas se fier aveuglément à leurs notations. Toutefois, les cas sont rares où ils ont commis une erreur grossière : leurs orthographes nous indiquent le plus souvent avec une exactitude entière, la place de l'accent, le site et le ton des voyelles, la valeur des terminaisons grammaticales, et les variantes qu'un même nom présente parfois ont presque toujours leur raison d'être. En nous aidant de ces éléments, nous parvenons à savoir comment une partie considérable de la langue égyptienne était harmonisée au temps des Ptolémées, entre le IVe et le Ier siècle avant notre ère. C'est quelque chose déjà, mais est-il possible de remonter plus haut ou renoncerons-nous à raviver le son et les dialectes des âges antérieurs ? Je ne le pense pas, en ce qui me concerne, et je compte bien justifier mon opinion un jour ou l'autre. Je ne veux pas dire par là que nous remonterons jamais en son entier la gamme de tons et de demi-tons délicats dont le peuple se servait pour moduler ses mots ou ses phrases ; mais nous en viendrons à reconnaître l'endroit où les voyelles s'intercalaient dans chaque terme, la coloration vocalique en gros de chacune des syllabes, la syllabe sur laquelle l'accent tonique pesait, peut-être aussi le mot qui recevait l'accent principal dans chaque phrase. Un texte égyptien ainsi vocalisé nous apparaîtra comme une de ces fresques que nous voyons sur les hypogées de l'ancien empire, où le coloris ne résulte pas comme chez nous de touches innombrables, fines et bien fondues, mais procède par vastes teintes plates étalées crûment l'une à côté de l'autre ; ce sera une approximation à la nature, lointaine et rude, mais suffisante pour rappeler le modèle. L'idée qu'elle nous fournira du langage ne fera pas dissonance avec celle que les tableaux nous inspirent du peuple lui-même et de sa nature. Ces personnages au profil déformé savamment, aux gestes anguleux, au costume étriqué et raide, ils agissent et ils vivent maladroitement, mais ils agissent et ils vivent. Quand nous lirons à la façon que je dis les inscriptions tracées au-dessus d'eux et qui contiennent les propos qu'ils échangent, nous éprouverons sans doute l'impression d'une langue gauche et rude, sans nuances et sans souplesse, mais du moins nous pressentirons quelque chose de la mélopée de cette langue : l'Égypte antique aura cessé d'être muette et nous aurons commencé à entendre sa voix.

Le résultat vaudra-t-il la peine que nous nous serons imposée pour le conquérir ? Ce n'est pas la seule curiosité qui pousse nos savants dans cette voie, ni la gloriole d'avoir surmonté des difficultés réputées insurmontables. Le premier travail du déchiffrement, celui qui a consisté à déterminer en gros ce qu'il y avait dans les textes égyptiens et à rajuster les cadres de la grammaire, de l'histoire, de la religion, de la littérature, s'achève en ce moment, trois quarts de siècle après la découverte de Champollion. Nous commençons à sortir de l'à peu près dont nous avons dû nous contenter sur bien des points et, à ne parler que de la littérature, nous en connaissons le sens général assez bien pour désirer maintenant en approfondir le détail et en surprendre la technique. J'ai analysé naguère les chants d'amour que nous lisons sur divers papyrus et j'ai tenté d'en traduire une partie (1). L'idée en est souvent jolie et l'expression heureuse, mais le rythme, la cadence, la vibration, toute cette mélopée de la versification qui soulève et berce la pensée, quels étaient-ils et comment les imaginerons-nous, si nous ignorons à jamais la façon dont les Égyptiens prononçaient leur langue ? Figurez-vous ce que deviendrait la plus harmonieuse des *Méditations* de Lamartine, si plus tard on la découvrait déguisée sous un système d'écriture qui, laissant subsister le squelette consonnantique des mots, en supprimât la vocalisation ? Le thème poétique et ses développements transparaîtraient à la longue derrière le groupement baroque des consonnes, mais la musique nous en échapperait tant que nous n'aurions pas deviné quelque procédé d'y raviver les voyelles. La poésie égyptienne est aujourd'hui tout entière à l'état où je suppose les *Méditations* de Lamartine : elle est fixée par l'écriture, mais nous ignorons l'art d'en solfier la notation et de lire musicalement ce que nous en déchiffrons grammaticalement. Il ne sera pas indispensable de ressusciter toutes les nuances de l'articulation. Nous-mêmes, nous n'avons pas besoin d'articuler chaque son exactement comme un Parisien du XIIe ou du XIIIe siècle pour goûter l'harmonie de la *Chanson de Roland* : c'en est assez de la réciter avec l'énonciation actuelle à peine modifiée en de certains points. Le vers de Virgile ou d'Horace, débité à la française, garde malgré tout quelque chose de sa sonorité et de sa mesure : ce n'est plus le cantique de la poésie romaine, mais c'est encore un récitatif qui

(1) Voir, p. 183-189 du présent volume, l'article sur *la Poésie amoureuse des Égyptiens*.

ne manque pas de beauté. Le jour où nous prononcerons l'égyptien par à peu près et que la poésie égyptienne aura retrouvé un chant, nous serons mieux à même d'apprécier quels charmes de mesure et de mélodie elle joignait à ses qualités d'expression et de pensée. L'Égypte comptait plusieurs grands siècles littéraires dont les œuvres, copiées de génération en génération, avaient formé à la longue une véritable bibliothèque classique. Lorsque nous vocaliserons ou que nous déclamerons ces œuvres avec autant de facilité que nous les comprenons, nous serons peut-être amenés à reconnaître que la poésie n'y a pas été inférieure aux arts plastiques, et que les Pharaons avaient leurs poètes divins comme leurs architectes ou leurs statuaires dignes de notre admiration.

27 décembre 1899.

SUR UN FRAGMENT DE ROMAN COPTE DÉCOUVERT NOUVELLEMENT

Les chroniqueurs arabes ont consigné dans leurs ouvrages une histoire complète des Pharaons qui n'a aucune ressemblance à celle que nous dégageons des monuments. Les noms diffèrent à quelques rares exceptions, les récits sont proches parents des contes véridiques des *Mille et Une Nuits*, la magie, l'astrologie, l'alchimie y jouent le gros rôle, et les rois ou leurs ministres y apparaissent comme des prestidigitateurs ou des nécromants d'une habileté surhumaine. Les temples, les pyramides, les syringes, les hypogées regorgent de trésors cachés, trésors d'or et d'argent, trésors de talismans et d'amulettes, trésors d'inscriptions, trésors de livres où les ancêtres lointains avaient mis en dépôt les mystères de leur sagesse, la sagesse incomparable des Égyptiens, pour la sauver des éléments ou des hommes, du déluge d'eau qui noya la terre, des invasions barbares qui bouleversèrent la vallée si souvent. Les souvenirs de la Bible se mêlent vers la fin à ces imaginations incohérentes, et ils introduisent dans ce cercle de magiciens les personnages de la Genèse et de l'Exode, le Pharaon d'Abraham, celui de Joseph, Joseph lui-même, la femme de Putiphar, puis le Pharaon par excellence, celui qui persécuta les Hébreux et qui périt si misérablement dans la mer Rouge. J'ai montré que cet ensemble d'extravagances ne fut pas une invention pure et simple des Arabes, mais qu'ils l'avaient dérivé tout combiné de quelques auteurs byzantins aujourd'hui perdus : ils se sont bornés à l'agrémenter d'anecdotes puisées aux sources populaires directement, et de légendes musulmanes greffées sur la tradition biblique (1). Pour l'Égypte ainsi que pour d'autres provinces de l'empire des Khalifes, ils ont cru bien faire en traduisant presque littéralement les ouvrages que les indigènes leur présentaient comme renfermant un résumé exact de leurs annales : cette sorte d'épopée fantastique qui fleurit chez eux, c'est en réalité la dernière déformation que l'Égypte elle-même avait infligée à son histoire nationale avant l'invasion de l'Islam.

Il y avait longtemps, à cette époque, qu'elle travaillait à y remplacer les acteurs authentiques par des héros imaginaires. Déjà sous les Ramessides, une littérature de romans s'épanouissait dont les protagonistes étaient les rois les plus illustres des siècles antérieurs, ceux qui avaient construit les pyramides, Chéops, Chéphrên, Sahouri, ou ceux qui avaient repoussé les Pasteurs et conquis l'Asie, Tiouâqen et Thoutmôsis III. Elle alla toujours s'accroissant à mesure que les dynasties se superposaient aux dynasties, et quand, au milieu du ve siècle avant notre ère, Hérodote d'Halicarnasse décrivit les merveilles du Nil pour l'édification de ses compatriotes, ce ne fut pas la suite exacte ni les gestes véridiques des souverains qu'il recueillit, ce fut une chronique romanesque où des noms réels couvrent des exploits inventés de tout point. Son second livre n'est qu'un répertoire de romans, cousus l'un à l'autre, et dont quelques-uns sont transcrits

(1) *Journal des Savants*, 1899, pp. 69-86, et pp. 154-172.

avec tant de fidélité, qu'on sent presque la forme de l'original égyptien sous le déguisement hellénique : tels l'aventure de Rhampsinite et du fin voleur, la tragi-comédie de Phérôs et de sa femme infidèle, le miracle du prêtre Séthos, les travaux de Chéops et de Chéphrên les impies, les vertus du dévot Mykérinos. Les Saites eux-mêmes n'échappèrent pas à cette invasion de la fable, et Bocchoris, Psammétique Ier, Néchao, Apriès, Ahmasis, défrayèrent tour à tour la fantaisie populaire. Le souvenir de la vérité s'effaça à mesure que les classes supérieures et les scribes eux-mêmes perdirent l'intelligence aisée des textes copiés sur les papyrus ou gravés sur les monuments. Les antiques histoires encombrées de noms et de détails que personne ne comprenait plus cédèrent le pas à des fictions mieux appropriées au goût du jour : les pyramides elles-mêmes échappèrent à Chéops et à ses successeurs pour devenir sous des influences chrétiennes ou juives les *Greniers de Joseph* le Patriarche. Chacune des Égyptes échelonnées le long des siècles abrégea certaines portions de la chronique précédente, en développa d'autres, rabaissa les grands hommes de jadis au rôle de fantoches ridicules ou promut les obscurs à la dignité de héros glorieux, corrigea, effaça, inventa, emprunta aux nations voisines, combina les données les plus hétérogènes avec tant de persévérance et d'industrie qu'à la fin rien ne demeura du vieux canevas sur lequel l'esprit ingénieux des premiers conteurs avait brodé. Quelques témoins de ce long labeur inconscient subsistaient dans les papyrus hiératiques et démotiques, chez les écrivains grecs, chez les compilateurs byzantins : voici maintenant que les Coptes se mettent de la partie et qu'ils commencent à nous envoyer leur contingent.

M. Henri Schæfer découvrit en effet, il y a deux ans, dans un lot de parchemins que le musée de Berlin venait d'acquérir, six grands feuillets détachés d'un ouvrage rédigé en dialecte thébain et qui lui parurent contenir un texte assez différent de ceux qu'on lit d'ordinaire sur les manuscrits de cette provenance (1). Ce sont les seuls débris connus jusqu'à ce jour d'une nouvelle dont la conquête de l'Égypte par les Perses avait fourni le sujet. Cambyse y est au premier plan, ainsi qu'il convient, mais un Cambyse auquel nous ne sommes pas habitués. Il a lu la Bible depuis qu'il est sorti des mains d'Hérodote, et, pour y avoir rencontré Naboukodonosor qui régnait comme lui à Babylone, il s'est imaginé être identique a ce vaniteux personnage. L'Orient tremble devant lui : il a pourtant Pharaon pour rival, non pas Ahmasis ou Psammétique III, ainsi qu'il l'avait pensé pendant longtemps, mais Apriès, l'Hophra que les livres hébreux prêtaient pour adversaire à Naboukodonosor. Sur le point de l'attaquer, il envoie sommer les peuples de Syrie de renoncer à leur allégeance égyptienne, et c'est à ce moment que le premier de nos fragments l'introduit. Sa lettre de défi est tracée de belle encre, mais elle ne produit d'autre effet que d'irriter les gens auxquels elle s'adresse : les messagers étaient sur le point de périr, lorsqu'un certain Bothor, « un « homme avisé au conseil et habile à la parole, un héros « par la force et un champion à la bataille », s'avisa de les sauver. Il persuada au peuple de les chasser honteusement en leur remettant un cartel insultant pour leur maître. « Nous t'écrivons comme à un couard et à un « timide, à toi Cambyse dont le nom sonne Sanouo dans « notre langue, ce qui traduit veut dire le Couard et le « Lâche. Vois, nous avons expulsé tes légats, car nous « ne te craignons point ; mais nous possédons grand los

(1) H. Schæfer, *Bruchstück eines koptischen Romans über die Eroberung Ægyptens durch Kambyses*, extrait des Comptes rendus de l'Académie de Berlin, 1899, t. XXXVIII, p. 727-744.

« et nous glorifions notre seigneur Pharaon, celui qui « nous domine en gloire. Nous n'avons pas voulu tuer tes « légats, mais à l'heure de la manifestation tu verras ce « que nous te ferons... Et d'abord nous massacrerons tes « soldats où tu te fies ; tes fils, nous les tuerons devant « toi ; tes tyrans, nous les jetterons bas ; tes dieux qui « vont avec toi, nous les brûlerons au feu, et, quant à « toi, nous ne nous arrêterons pas à cuire ta chair, mais « nous la déchirerons de nos bouches à la façon des ours, « à la façon des lions puissants. Maintenant donc, toi, ô « misérable, considère, réfléchis, sache bien ce que tu « dois faire, avant que le châtiment fonde sur toi par « l'Égypte. Qui donc, en effet, a jamais, parmi les rois non « seulement des Assyriens mais de toute la terre, pu se « hausser contre l'Égypte et prévaloir contre elle, pour « que toi prévailles contre elle, ô impie ? Les rois « gaulois ou ceux des Hittites, ou ceux de l'Occident, « ou ceux du Nord glacé et ceux des Mèdes, tous ne « sont-ils pas de ceux dont tu dis : « — Ce sont des « vaillants » ? Pourquoi donc n'ont-ils pas sauvé leurs « places de l'Égypte, lorsqu'ils se sont efforcés de ne pas « être nos serviteurs ?... Tous ceux en qui tu te fies, ils « ne seront jamais des maîtres ; ils seront toujours des « esclaves ! »

« Lorsque revinrent les messagers que Naboukodonosor-Cambyse avait envoyés, ils lui contèrent tout ce qui leur était arrivé et ils lui remirent la lettre. L'ayant lue, il se troubla, et il manda quérir ses conseillers et il leur parla, disant : « Que ferons-nous ? Vous avez en« tendu comment ils se dressent contre moi ceux qui sont « dans les contrées du soleil levant, disant : « — Nous ne « nous soumettrons pas à toi, à cause que la puissance de « l'Égypte elle est avec nous ». Voulez-vous donc que « nous commencions par nous tourner contre eux et que

« nous les frappions du fil du glaive, si bien que l'Égypte « l'entende et qu'elle s'en effraye et qu'elle se lève pour se « soumettre à moi en paix et en terreur ! » Or, il y avait avec lui sept conseillers, et l'un d'entre eux, sa parole était forte, et il dit devant le roi : « Le roi vive à jamais ! « Écoute le conseil de ton serviteur. Ne te tourne pas « contre eux et ne te laisse pas entraîner à les attaquer ». Et il lui suggère une ruse qui déconcertera l'Égypte elle-même et la lui livrera désarmée. « Expédie des mes- « sagers par l'Égypte entière, au nom de Pharaon, leur « maître, et d'Apis, leur dieu, avec des paroles gracieuses « les invitant à s'assembler en une fête et en une pané- « gyrie royale et à venir sans préoccupation et d'un cœur « sans souci qui ne songe pas à la guerre. Lorsqu'ils se « seront assemblés ainsi, il verra, leur maître, qu'une « autre domination les a pris, il aura peur, beaucoup, et « il remettra son pays entre tes mains. Sinon, tu éprou- « veras grand'misère, ainsi que je te l'ai dit. Car, qui « tiendra bon pour se battre avec ces molosses, ou qui « luttera contre ces ours ? Qui affrontera le combat contre « ces lions sans conseil, sans science, sans habileté, afin « qu'il devienne leur seigneur ? » Et il entonne un éloge superbe de la prouesse égyptienne : « Les Égyptiens sont « tous des guerriers et leurs femmes savent lancer la « pierre avec la fronde, et elles enfantent leur progéni- « ture pour les dresser à la guerre. Et, d'abord, quand « ils sont petits, elles leur apprennent à dire la vérité, et « elles leur enseignent en même temps à endurer la dou- « leur sans effroi. Puis, lorsqu'ils deviennent plus forts, « elles les montent sur des chevaux tout criants, et, quand « ils sont achevés en cela, ils s'appliquent à préparer leurs « armes, ils prennent possession d'un arc et d'une lance « et ils ne redoutent aucune guerre, car ils sont comme « l'abeille contre laquelle on ne peut rien que par la

« ruse. Maintenant donc, tu ne pourras rien contre « l'Égypte que par finesse et par sagesse. Si tu réussis « à les rassembler par ta sagesse, alors tu lèveras ta « lance contre eux ; si tu n'y réussis pas, tu ne devras « pas tourner ta face contre eux. » Le conseil plaît à Cambyse. Il mande ses messagers et il leur confie une lettre adressée à toutes les villes, à tous les bourgs, à tous les grands, à tous les fellahs, aux riches, aux pauvres. Il les engage à venir en paix à la fête de l'Apis pour que le dieu leur fasse une révélation : « Qui ne vient pas, il « éprouvera la malédiction et la colère d'Apis ; mais qui « viendra, il en recevra bénédiction, lui et sa maison en- « tière. » Les Égyptiens, à l'ouïe de cette invitation, demeurèrent pensifs. Plus ils réfléchissaient à l'aventure et moins elle leur plaisait ; ils s'adressèrent donc à leurs devins pour avoir le fin mot de l'affaire, et ceux-ci ne démentirent point cette fois leur vieille réputation de sagacité. Ils devinèrent que l'auteur de la proclamation n'était pas Pharaon Apriès, mais Naboukodonosor-Cambyse, et le trompeur, déçu dans son attente, fut contraint d'affronter cette guerre qui tant l'inquiétait.

Ce qui nous reste du roman s'arrête au moment où elle débute et c'est pitié vraiment : il eût été curieux de voir jusqu'à quel point il s'écartait de la tradition classique. L'auteur est un Égyptien ; un Égyptien seul était capable de faire des habitants de la vallée un éloge aussi bien senti que celui qu'on lit dans le discours du conseiller de Cambyse. La rédaction première était-elle en égyptien ou en grec ? M. Schæfer a signalé certaines analogies avec les passages de la chronique de Jean de Nikiou relatifs à la conquête persane, et l'on a pensé que cette dernière chronique a été traduite du copte à l'éthiopien. Autant qu'on peut en juger sur des fragments aussi courts, je suis porté à croire que l'ouvrage original était en grec et qu'il appartient à une époque relativement assez ancienne de la littérature alexandrine. La manière dont la tradition hellénique y est partout défigurée, sous l'influence de la tradition biblique, rappelle la façon dont les Juifs alexandrins concevaient les rapports de l'Égypte avec les peuples de l'Asie mentionnés aux livres hébreux : c'est un écrit analogue à ceux dont on possède quelques extraits grâce au pamphlet de Josèphe contre Apion. Il fut traduit en dialecte thébain, comme le roman d'Alexandre de Macédoine et comme bien d'autres ouvrages aujourd'hui perdus dont on rencontre la mention chez les Musulmans. Ce qui fait pour nous sa valeur principale, c'est d'être un débris jusqu'à présent unique de ces *Livres des Coptes* que les historiens arabes citent à plusieurs reprises, dont on a révoqué l'existence en doute un peu trop vite, et desquels la dernière des histoires fabuleuses de l'Égypte dérive à coup sûr.

28 mars 1900.

UNE VILLE DE PROVINCE DANS L'ÉGYPTE TRÈS ANTIQUE

Dendérah ! Le nom évoque chez ceux qui ont fait le pèlerinage classique du Nil la première vision réelle qu'ils aient eue d'un temple égyptien. Une lutte avec les âniers de la Compagnie Cook enragés à qui s'emparera du touriste, une course de vingt minutes sur une chaussée sinueuse entre des champs de fèves, de blé ou de dourah, puis, par delà une porte triomphale, l'apparition, presque au ras de terre, d'immenses têtes de femme portant sans broncher une corniche lourde : la masse des décombres avait si bien envahi le temple que, malgré ses déblayements successifs, il faut y descendre encore avant de poser le pied sur le dallage antique. Une fois là, on se trouve soudain dans un monde infiniment éloigné du nôtre : colonnes, bas-reliefs, peintures, salles obscures ou claires, cryptes perdues dans l'épaisseur des murailles, escaliers montant aux terrasses vers les chapelles d'Osiris et vers la couverte de l'hypostyle, tout est si bien conservé qu'on s'attend presque à rencontrer au détour d'un couloir un fidèle d'autrefois oublié par le temps. Si les vieux prêtres qui dorment non loin de là sous la montagne pouvaient se ranimer au début de quelque année climatérique, et rentrer d'aventure dans le sanctuaire qu'ils servirent dévotement, ils n'auraient que peu à travailler pour le remettre en état et pour restaurer les cérémonies du culte. Un plafond et un chambranle çà et là, quelques plaques de grès au dallage, de la couleur aux murs, des battants de portes aux chambres et le temple serait prêt en deux mois à recevoir les emblèmes de la déesse, la vache blanche de l'Hathor ou son sistre doré. La vache vit toujours, s'il faut en croire les habitants du village voisin. Ils l'ont aperçue, la nuit, qui errait par leurs champs et qui y prélevait goulûment la dîme de leurs blés. Elle est débonnaire à qui se contente de l'admirer à distance, mais elle charge ceux qui s'approchent d'elle et elle les piétine. Elle loge dans une des chapelles, celle qu'on appelle la *Chapelle du Nouvel An*, et elle y veille sur le trésor sacré que les chrétiens et les musulmans n'ont pas su lui dérober. Hathor n'est ni morte, ni en exil ; elle attend avec patience dans sa propre maison que les divinités antiques reprennent l'ascendant sur les dieux modernes.

L'impression est forte que la plupart des voyageurs rapportent de leur visite, mais le loisir leur manque d'ordinaire pour l'approfondir, et ils regagnent leur bateau ou leur train en hâte, sans s'inquiéter de savoir s'il y a dans le voisinage des monuments plus anciens. Ils n'auraient pas à pousser bien loin pour en découvrir, car c'est à quelques centaines de mètres vers le sud que M. Flinders Petrie explora, en 1898, une nécropole où plusieurs princes de la cité avaient été enterrés à une époque très reculée, sous les pharaons qui construisirent les Pyramides (1). Aucun de ces personnages n'avait été illustre parmi ses contemporains, et l'ouverture de leurs tombeaux n'a enrichi l'histoire publique d'aucun

(1) Flinders Petrie, *Dendereh, 1898*, with Chapters by F.-Ll. Griffith, Dr. Gladstone and Olderfield Thomas ; Londres, in-4°, 1900.

fait inédit ; les inscriptions et les bas-reliefs qu'on a recueillis chez eux n'en sont pas moins d'un intérêt véritable. Le hasard des fouilles nous avait, en effet, conduits jusqu'à présent chez les pharaons eux-mêmes et chez les gens de leur cour, parmi les classes de la société les plus affinées et dans les cantons où la civilisation était en plein épanouissement. Notre connaissance des industries, des mœurs et des arts sortait entière des cimetières de Gizèh ou de Sakkarah, où tout nous montrait l'Égypte dans son plus beau. Peu à peu pourtant des recherches entreprises dans le Saïd mirent au jour un art et une culture provinciale, différente par bien des points de la culture royale, à Kasr-es-Sayad, à El-Kab, à Éléphantine. On y vit les princes locaux à l'œuvre, sous la souveraineté paisible du suzerain qui vivait loin dans le nord, vers Memphis, et on fut frappé de la gaucherie, parfois même de la barbarie réelle que leurs monuments trahissaient. Les seigneurs d'Éléphantine, explorateurs hardis, enrichis par leurs caravanes aux régions situées à l'ouest du Nil ou sur les côtes de la mer Rouge (1), ne disposaient que de tailleurs de pierre et de barbouilleurs pour décorer leurs chapelles funéraires. Ils y retracèrent les scènes que nous rencontrons dans les tombeaux de Sakkarah, et il n'en pouvait guère être autrement puisqu'ils avaient les mêmes idées sur l'outre-vie que les Égyptiens du Delta, mais ils les exécutèrent d'un ciseau si maladroit, en bonshommes déformés si curieusement, qu'on leur attribuerait une date reculée dans les débuts de l'histoire, si les noms des maîtres qu'ils servirent ne nous obligeaient à les ramener deux siècles au moins après le *chéîkh el beled* du musée de Gizéh, le scribe accroupi du Louvre, le Chéphrên et les autres chefs-d'œuvre de la sculpture archaïque : l'art

(1) Voir plus haut, p. 13-24, l'article sur les explorations des seigneurs d'Éléphantine pendant la durée de la VIe dynastie.

féodal d'Éléphantine était en retard de beaucoup de générations sur l'art royal de Memphis.

Les premiers princes de Dendérah étaient à peu près contemporains de ceux d'Éléphantine, et la fortune ne les favorisa pas beaucoup mieux à cet égard comme leurs monuments en témoignent. Leurs dessinateurs étaient moins ignorants et leurs sculpteurs ne manquaient pas de la pratique du métier; plusieurs en font foi parmi les stèles ou les bas-reliefs découverts par M. Petrie, publiés par lui en photographie. Le provincialisme s'y marque chez les meilleurs par le soin naïf avec lequel les détails des hiéroglyphes et des personnages sont accusés. Il y a une raideur consciencieuse dans les figures, une application pénible dans le modelé, une minutie dans le rendu des costumes et des emblèmes, une sécheresse dans la taille des lettres qui prouvent quel effort c'était pour ces braves gens que de produire ces tableaux dont les artistes memphites débitaient les pareils couramment, à la douzaine. Le profil de la face humaine y est cerné de deux lignes raides, raccordées à angle presque insensible vers la pointe du nez, la bouche se gonfle en deux lèvres également épaisses d'un bout à l'autre, l'œil en amande fait saillie entre deux bourrelets qui simulent comiquement les paupières. La tombée des épaules est trop ronde, le coude est trop pointu, le genou trop noueux, la jambe musclée de façon trop fantasque : on sent partout l'ambition de bien faire, mais la technique et le sentiment ne sont pas à la hauteur de l'ambition. Je parle là des morceaux les moins mauvais, de ceux qui appartiennent à la belle époque de la VIe dynastie; d'autres sont franchement détestables, ceux que M. Petrie range, avec raison je crois, dans les VIIe et VIIIe dynasties. Et, pourtant, les seigneurs qui se contentaient, par force, d'artistes si insuffisants possédaient la richesse, la puissance, et ce n'est pas économie mal entendue s'ils leur commandaient ces tâches : c'est qu'il n'y avait pas plus habile autour d'eux. Les ateliers provinciaux s'entêtaient à suivre les enseignements qu'ils avaient reçus de leurs fondateurs aux temps déjà reculés des premières Dynasties : ils opéraient comme on avait fait avant eux, et, si quelques spécimens leur arrivaient de ce que l'on produisait ailleurs, ils avaient assez d'instinct pour sentir la supériorité d'une école nouvelle, mais ils n'avaient pas assez d'intelligence ou de dextérité pour lui emprunter ses procédés et pour les appliquer convenablement. Leurs œuvres présentent en cela une grande ressemblance avec les premières que nous connaissions de l'école thébaine : il semble qu'une même tradition ait dominé tout ce coin de la vallée, attendant, pour s'affiner et pour atteindre à la perfection des ateliers memphites, que les événements eussent porté les cités méridionales à un plus haut degré d'activité politique et de puissance militaire.

Plus avant nous pénétrons dans l'intimité de l'Égypte et plus l'originalité des cités qui composaient le double royaume nous apparaît manifeste. Il n'y a pas longtemps, la plupart des savants qui s'intéressaient à elle se plaignaient de l'uniformité et de la monotonie qui y prévalaient; des rois identiques l'un à l'autre dans leur hiératique majesté, un peuple au caractère immuable toujours semblable à lui-même du début à la fin de son existence, une organisation politique sans perfectionnement, une religion inaltérable, un art et une civilisation figés où nul élément nouveau ne se serait introduit durant des siècles. Et voici qu'avec le progrès constant des fouilles cette conception de l'immobilité s'efface et disparaît. Les pharaons se renversent, s'empoisonnent, s'assassinent, se persécutent jusqu'après la mort avec férocité, et telle de leurs momies, dépouillée de ses bandelettes, laisse voir le trou des blessures auxquelles celui-là avait succombé. Le peuple chansonne ses maîtres, se soulève contre eux, se met en grève à l'occasion, se révèle à nous comme l'un des plus vifs et des plus turbulents qu'il y ait eu dans l'antiquité. Les dieux subissaient leurs révolutions comme les hommes : leurs dogmes se modifiaient, se superposaient, se heurtaient, se chassaient, et le bûcher se dressait parfois pour les hérétiques. La Constitution du pays se transformait d'âge en âge et avec elle la vie sociale et l'art : une période de monarchie unitaire succédait à un temps d'anarchie féodale, et un grand fief guerrier comme Thèbes finissait en théocratie pure aux mains des prêtres, puis des femmes. L'art se manifestait en vingt écoles parmi les provinces, prospérait sur un point, déclinait sur l'autre, renaissait de siècle en siècle. Les monuments découverts par M. Petrie ne suffisent pas encore pour que nous fassions l'histoire entière de la seigneurie de Dendérah ; ils nous enseignent, toutefois, ce que celle-ci était au moment où la monarchie memphite déchut et céda peu à peu la primauté à la thébaine. Qui voudrait les étudier en détail et les comparer à ceux qui nous sont parvenus des baronies voisines n'aurait point de peine à retracer un tableau complet de la vie régionale au Saïd vers la fin du quatrième et vers le commencement du troisième millénaire avant J.-C. : ce serait une entreprise amusante et dont les résultats surprendraient à coup sûr d'autres que les savants de métier.

27 juin 1900.

UN NOUVEAU CONTE ÉGYPTIEN

De tout temps, la magie fut, en Égypte, l'un des ressorts principaux de la littérature romanesque : elle y devint, vers l'époque ptolémaïque, l'élément d'intérêt presque unique, celui sans lequel on estimait qu'il n'y avait pas de bon conte. Le peuple, obligé de s'avouer à lui-même son infériorité politique en présence des Grecs et des Romains, s'enorgueillissait d'elle comme de la seule supériorité que ses maîtres ne lui refusassent pas. Il n'avait plus de généraux ni de Pharaons, mais on redoutait ses sorciers, et cela le consolait un peu de sa déchéance. Il entourait d'ailleurs d'un culte véritable le nom de ses magiciens d'autrefois, et il lisait avec avidité les écrits nombreux où leurs miracles avaient été consignés. Deux d'entre eux surtout étaient demeurés ou redevenus chers à sa mémoire, un scribe Aménôthès, fils d'Hapouî, qui avait été l'un des favoris d'Aménôthês III sous la XVIIIe dynastie, et Khâmoîs, fils de Ramsès II, qui avait exercé la régence pendant plus de vingt années pour son père vieilli. Deux romans nous sont connus déjà dont ce dernier est le héros, le plus ancien qui appartient au Musée du Caire et qui y fut découvert par Brugsch, l'autre qui est déposé aujourd'hui au British Museum. M. Griffith vient de les publier l'un et l'autre en fac-simile, en transcription, en version anglaise (1), mais du premier, celui qu'on appelle d'ordinaire *le Conte de Satni*, je ne dirai rien : il a été traduit si souvent depuis trente ans que la donnée en est familière aux amis des littératures orientales (2). Le second était inédit avant M. Griffith, et des lacunes en interrompent le texte assez fréquemment, sans empêcher toutefois qu'on y suive le mouvement des idées, mais il est d'une composition moins raffinée que celle de l'autre ; la langue y est gauche et trahit la décadence. Il charme pourtant par la singularité des situations et par l'originalité des personnages (3).

Le début représentait la femme de Satni-Khâmoîs, la princesse Mehîtouôskhît, désolée de ne pas avoir d'enfants : un premier rêve lui enseignait à elle-même le moyen d'exaucer ses souhaits, et bientôt un second rêve révélait à son mari que le fils qu'elle avait s'appellerait Si-Osiri, et qu'il accomplirait des merveilles sans nombre. De fait, l'enfant, envoyé à l'école dès qu'il eut quatre ans, y surpassa bientôt ses maîtres dans la science des enchantements. Un jour qu'il se rendait à une fête avec son père, ils entendirent un bruit de lamentations, et ils aperçurent la pompe funèbre d'un riche qui se dirigeait vers la nécropole de Memphis, dans toute la gloire de la mort égyptienne : un autre convoi venait par derrière, celui d'un pauvre dont la momie, roulée dans une natte, n'était escortée de personne. Satni, comparant dans son esprit les deux destinées qui s'achevaient de façon si différente,

(1) *Stories of the High Priests of Memphis : the Sethon of Herodotus and the Demotic Tales of Khamuas*, by F. Fl. Griffith, M. A. — Oxford, at the Clarendon Press, 1900.

(2) On le trouvera dans Maspero, *les Contes populaires de l'Ancienne Égypte*, 3e éd., 1905, pp. 100-129.

(3) On en trouvera également la traduction complète dans Maspero, *les Contes populaires de l'Ancienne Égypte*, 3e éd., pp. 130-155.

s'écria : « Qu'elle est préférable dans l'Hadès la condition « du riche, entouré de luxe et de gémissements, à celle « du pauvre que nul n'accompagne ! » C'était l'antique conception égyptienne, mais Si-Osiri, mieux instruit de la réalité, reprit sévèrement son père : « Puisses-tu avoir « dans l'Hadès le traitement réservé à ce misérable et « non celui du riche que tu vois ! » Et, afin de lui prouver la témérité de son jugement, il le conduisit aux Enfers par un sentier ignoré de tous, puis il lui fit traverser l'une après l'autre les six salles immenses où les âmes étaient enfermées : à l'entrée de la cinquième, un homme était couché à terre dans une posture telle que le pivot du battant lui tournait dans l'œil comme sur un galet. Osiris siégeait au milieu de la septième salle, coiffé du diadème à plumes, Anubis à la gauche, Thot à la droite, le jury infernal sur les côtés, et devant lui, la balance redoutable où la Vérité pèse les actions humaines. Un personnage de noble apparence était assis auprès du dieu, le pauvre dont Satni plaignait le sort tout à l'heure : ses bonnes actions, jetées sur le plateau, avaient excédé ses mauvaises, tandis que celles du riche avaient été trouvées légères. La justice divine avait donc renversé les conditions : elle avait adjugé au pauvre l'appareil somptueux de l'autre, et, quant à celui-ci, c'était lui le damné que le pivot de la porte infernale éborgnait en roulant. Après avoir visité le séjour des mânes, ils remontèrent à la lumière par un chemin différent, et Satni demeura plus que jamais émerveillé des pouvoirs surhumains de son fils.

Celui-ci avait douze ans lorsqu'un étranger débarqua bruyamment à la cour, devant le Pharaon Ousimarês, de la part du roi d'Éthiopie. Il portait liée à son corps une lettre scellée, et il défiait qu'on la lût sur lui sans briser le cachet ni déplier le feuillet : « S'il n'y a pas scribe ou « savant capable de le faire, je remporterai l'humiliation

« de l'Égypte avec moi à la terre des Nègres, ma patrie! » Pharaon manda Satni Khâmoîs, le plus célèbre de ses magiciens, et il lui répéta les termes du défi : Satni en fut désespéré, mais, comme il avait honte de s'avouer vaincu avant la bataille, il réclama un délai de huit jours pour se préparer. Il rentra donc chez lui tout hébété, se coucha sans prendre la peine de se dévêtir, et les soins de sa femme Mehîtouôskhît ne réussirent pas à le tirer de sa stupeur : il finit pourtant par confesser sa détresse à Si-Osiri, et celui-ci lui éclata de rire au nez. Il en fut offusqué, mais le fils : « Je ris, répondit-il, de te voir étendu « ainsi à terre, le cœur abattu, pour une niaiserie sem-« blable. Lève-toi, mon père Satni, je lirai la lettre « d'Éthiopie sans l'ouvrir, et je saurai ce qu'il y a d'écrit « au-dedans sans rompre le sceau ». Sitôt que Satni eut entendu ces paroles, il se leva d'un bond : « Quelle preuve « me donneras-tu que tu dis vrai, ô mon fils Si-Osiri? » Et Si-Osiri repartit : « Mon père Satni, descends aux « chambres qui sont au rez-de-chaussée de ta maison, et « sitôt que tu auras tiré un rouleau du vase qui le con-« tient, je te dirai quel livre c'est, sans l'avoir vu, de la « place où je suis maintenant à l'étage supérieur ». Il le fit comme il l'avait promis, et Satni, réconforté, courut annoncer la bonne nouvelle au Pharaon. Le matin donc du jour désigné pour l'épreuve, Ousimarês convoqua solennellement les grands du royaume, manda le messager, le confronta avec Si-Osiri : « Misérable Éthiopien, cria « l'enfant, puisse Amon, ton dieu, te frapper! Tu es venu « en Égypte, le beau verger d'Osiris, le trône d'Har-« makhis, l'horizon superbe du bon esprit, disant : « J'em-« porterai son humiliation avec moi au pays des Nègres! » « Mais ce qu'Amon, ton dieu, t'avait dicté, les mots qui « sont tracés sur cette lettre, je vais les réciter : n'essaie « pas de les renier par-devant Pharaon, ton souverain! »

Le messager se prosterna le front dans la poussière, jura de ne prévariquer en rien, puis Si-Osiri commença à réciter ce qu'il y avait dans la lettre close, en présence du roi, des nobles et du peuple entier.

C'est toute une histoire nouvelle qui s'ente sur la première et qui d'abord semble n'avoir rien de commun avec elle. Jadis, sous le règne de Manakhphrês Siamon, un sorcier éthiopien de grand vertu, Horus, fils de la Négresse, avait fabriqué un brancard de cire et ses quatre porteurs. Il avait animé ses poupées au moyen d'une formule magique, puis il leur avait enjoint de se rendre en Égypte et de rapporter le Pharaon à Méroé; là, elles lui avaient administré cinq cents coups de bâton devant le régent d'Éthiopie, puis elles l'avaient ramené courant dans son palais, après une absence de six heures. Le lendemain matin, Pharaon, tout dolent, se plaignit aux gens de sa cour, leur exhiba son dos meurtri, et, quand ils eurent admiré suffisamment les effets, il les somma de lui en révéler la cause efficiente. L'un d'eux, Horus, fils de Panashi, un scribe de renom parmi ses contemporains, devina sans hésiter ce dont il s'agissait. « Monseigneur, dit-il, « ce sont là sortilèges d'Éthiopiens; par la vie de tes « narines, je m'arrangerai si bien que ces misérables « iront bientôt à la chambre de torture et d'exécution. — « Fort bien, répliqua Siamon, mais dépêche-toi, et garde « que je ne retourne au pays des Nègres une deuxième « nuit! » Horus, fils de Panashi, arma donc son maître d'une cuirasse d'amulettes, puis il entra au temple d'Hermopolis et il supplia Thot de lui apprendre à conjurer le charme : Thot lui apparut en songe et lui indiqua l'endroit où il avait caché le plus puissant de ses grimoires. Cependant le brancard et les porteurs éthiopiens étaient revenus pendant son sommeil, mais, repoussés par la vigueur des amulettes, ils avaient rebroussé à vide vers celui qui leur avait insufflé la vie. Horus, fils de Panashi, encouragé par ce résultat, résolut d'user sur-le-champ du livre de Thot et de retourner contre ses adversaires la manœuvre même qu'ils avaient employée. Il modela, lui aussi, sa litière et ses porteurs en cire, il les lança contre le régent d'Éthiopie, et, quand ils le lui eurent livré, il le bâtonna d'importance, cinq cents coups, autant que Siamon en avait reçu. Horus, fils de la Négresse, devina à cette riposte vigoureuse l'entrée en campagne de son confrère, mais il se sentit trop faible pour triompher seul d'un si rude adversaire. Il recourut donc à sa mère la Négresse qui était plus habile encore que lui, et il lui exposa son dessein de pénétrer en Égypte sous un déguisement pour tâcher de surprendre Horus, fils de Panashi. Démasqué dès son arrivée, il allait succomber, quand sa mère accourut à la rescousse sur un bateau aérien : elle fut vaincue à son tour, mais Horus, fils de Panashi, trop généreux, fit grâce de la vie aux deux, à condition qu'ils demeurassent éloignés de l'Égypte pendant quinze cents ans. Jusque-là, Si-Osiri s'était borné à prendre le messager à témoin de la véracité de ses paroles. Soudain, il interrompt sa lecture et, s'adressant à Ousimarès : « Celui-ci qui est de-« vant toi, c'est Horus fils de la Négresse, l'homme dont « je t'ai récité l'histoire, et qui revient en Égypte, après « les quinze siècles révolus, pour essayer de t'humilier. « Moi, je suis Horus, fils de Panashi. Prévoyant qu'en ce « temps-ci, il n'y aurait en Égypte aucun scribe capable « de lui résister, j'ai prié Osiris de me laisser reparaître « au monde, ce que j'ai fait comme fils supposé de Satni « Khâmois ». Par un dernier effort de magie, il alluma un brasier au milieu de la cour, et il y brûla Horus, fils de la Négresse, après quoi il s'évanouit et nul ne le revit jamais.

Tel est ce roman. A l'analyser de près, on le décompose aisément en deux contes distincts. Le second, qui traite de la lutte des deux sorciers, contient les incidents ordinaires des batailles de ce genre dans les *Mille et une Nuits* : l'enlèvement du héros ou de l'héroïne et son retour à l'endroit primitif en quelques heures, les statuettes animées par art magique, la défaite du Moghrébin et l'intervention de sa mère, la destruction du méchant par la flamme, après quoi le bon génie disparaît ou meurt épuisé par sa victoire même. Le premier récit nous offre comme une version nouvelle de la parabole de Lazare et du mauvais riche servant de cadre à une ébauche d'apocalypse païenne. La donnée d'une descente de vivants aux Enfers était vieille parmi les Égyptiens, et un conte recueilli trop brièvement par Hérodote l'avait déjà appliquée au fabuleux Rhampsinite (1). M. Griffith s'est borné à traduire son manuscrit, sans chercher à y démêler les idées qui en forment la trame. Elles ont bien la tournure indigène pour la plupart, mais l'Égypte gréco-romaine avait été soumise à tant d'influences extérieures que l'apparence égyptienne peut masquer par endroits quelque fonds de pensers étrangers; faudra-t-il retrouver un jour dans le second roman de Satni Khâmoîs un résidu de conceptions helléniques ou juives?

(1) Hérodote, II, CXXII.

20 mars 1901

COMMENT UN MINISTRE DEVINT DIEU EN ÉGYPTE

Vers le milieu du xvᵉ siècle avant notre ère, sous le règne de Thoutmôsis, troisième du nom, certain scribe de race médiocre, établi dans la cité d'Athribis au Delta, eut un fils qu'il appela Aménôthès. Par quels coups de la fortune l'enfant sortit du rang obscur où la naissance l'avait placé et s'éleva de proche en proche aux postes les plus hauts de l'État, nous l'ignorons encore : il ne paraît sur les monuments que vieux déjà et investi de toute la confiance d'Aménôthès III. Il tenait entre ses mains la justice et l'armée, et personne n'était au-dessus de lui que le roi et les membres de la famille royale. Il avait réorganisé les finances délabrées par l'incurie des ministres précédents ; il avait remis de l'ordre dans les choses militaires, augmenté la flotte, construit des temples, présidé aux travaux de son maître, et c'est lui peut-être qui érigea à Thèbes les célèbres colosses de Memnon. Il s'était poussé si avant dans la faveur du maître que celui-ci l'avait autorisé à se consacrer des statues dans le sanctuaire d'Amon, seigneur de Karnak. Nous en possédons quatre déjà qui le figurent dans des attitudes diverses, et l'une d'elles, que M. Legrain vient de ramener au jour, est un des chefs-d'œuvre de la sculpture thébaine. Elle le représente la face ravagée par l'âge, et l'inscription nous apprend la bonne opinion qu'il avait de lui-même. « Je suis « venu vers toi, dit-il à Amon, pour t'implorer dans ton « temple, car tu es le maître de ce qu'il y a sous le ciel en tant « que dieu des humains ; ce qu'il y a dans le ciel invoque « tes splendeurs, et tu entends cet appel, car tu es le dieu « Soleil incomparable. Tu m'accordes d'être parmi les élus « qui agissent selon la vérité, et je suis un juste, je ne « commets point d'iniquité... je ne prends point pour la « corvée des travaux publics celui qui vit de sa peine ; « quand un homme est appelé devant moi, je ne néglige « point d'écouter ce qu'il a à me dire, je ne fléchis point, « je ne me prête à entendre aucun mensonge qui tend à « dépouiller un autre de ses biens. C'est ma vertu qui jus- « tifie les honneurs qu'on m'a rendus et qui éclatent à la « face de tous : a-t-on jamais vu quelqu'un qu'on implore « comme moi, à cause de la grandeur des biens qui me « sont survenus et qui témoignent que je suis juste dans « la vieillesse ? J'ai atteint l'âge de quatre-vingts ans dans « la faveur du roi, et je durerai jusqu'à cent dix ans ! »

S'il vécut aussi longtemps, on ne le sait, et il n'est guère vraisemblable, mais la postérité lui réservait des privilèges supérieurs encore à ceux que ses contemporains lui avaient concédés. Les statues qu'on voyait de lui dans plusieurs endroits du temple, les inscriptions qu'on lisait sur la plupart d'entre elles et qui exaltaient ses vertus, les récits transmis de bouche en bouche à son sujet, tout l'ensemble des circonstances contribua à perpétuer son souvenir, non seulement chez les prêtres ou chez les lettrés, mais chez le petit peuple de Thèbes. En ce temps-là, la magie comptait parmi les sciences les plus respectées, et nul n'était réputé parfait, si à ses qualités d'homme d'État ou d'administrateur, il ne joignait la réputation d'un sorcier émérite. Un des fils de Ramsès II, qui exerça la régence avec gloire pendant plus de vingt ans dans la dernière moitié du règne de son père, dut à la grande idée qu'on se forgeait de sa sorcellerie, de ne pas être oublié presque aussitôt après sa mort : le magicien Khâmoîs sauva la mémoire du régent Khâmoîs et la maintint fraîche jusqu'au premier siècle de l'empire romain (1). Notre Aménôthès échappa de même à l'oubli grâce au renom que ses talents mystiques lui avaient valu. Avait-il vraiment composé des grimoires? Un long écrit magique se rencontre dans certains papyrus, dont les copistes lui attribuent la paternité. C'est, à vrai dire, un galimatias pur pour nous : les Égyptiens l'estimaient fort énergique et ils ressentaient une admiration profonde pour l'auteur présumé. Il n'était pas donné à tout le monde de trouver les paroles qui contraignaient les dieux à subir la volonté humaine, et les formules d'Aménôthès, mises à l'épreuve, passaient pour n'avoir jamais manqué leur effet : Aménôthès eut donc son nom inscrit sur les registres des temples, à côté de ceux d'Imouthès, de Didoufhor et des magiciens qu'Hermès le trois fois très grand avait favorisés le plus généreusement de ses inspirations. Il devint le héros d'une foule de légendes qu'on se passait de bouche en bouche et dont la plupart sont perdues. Une seule nous est restée en deux versions, qui nous enseigne ce qu'étaient les autres.

Manéthon, l'historien national, l'avait recueillie et insérée dans ses chroniques. Il racontait que le Pharaon Aménôphis, souhaitant de contempler les dieux face à face ainsi que son prédécesseur Hôros avait fait, s'adressa au devin le plus célèbre de son temps, Aménôphis ou Aménôthès, fils de Paapis. Celui-ci lui révéla qu'il serait heureux et qu'il rendrait l'Égypte heureuse, s'il délivrait

(1) Voir p. 213-219 du présent volume l'article sur *le Nouveau Conte Égyptien* de Satni-Khâmoîs.

le pays des étrangers impurs qui y étaient campés. Pharaon donc les réunit au nombre de 80.000, d'abord dans les carrières de Tourah, puis dans les ruines d'Avaris qui étaient désertes depuis l'expulsion des Pasteurs. Il attira ainsi des malheurs inouïs sur lui-même et sur son royaume. Le devin lui avait dissimulé, en effet, une partie de la volonté divine : les Impurs appelleraient les Pasteurs exilés à leur secours et tous ensemble ils occuperaient l'Égypte treize années durant, au bout desquelles ils seraient vaincus. Sentant que l'accomplissement des destinées était imminent, il en prévint le souverain par écrit, puis il se tua. Les choses se passèrent comme il les avait annoncées. Les Impurs, unis aux Pasteurs, s'emparèrent de l'Égypte entière, et Pharaon, réfugié en Éthiopie, ne reconquit son royaume qu'après treize ans écoulés. Manéthon avait mêlé ce roman égyptien aux traditions hébraïques, et rattaché l'aventure d'Aménôphis, fils de Paapis, au récit de l'Exode. Un papyrus grec de l'époque ptolémaïque nous a conservé la prophétie sous une forme plus rapprochée de l'original égyptien. On y lit qu'Aménôphis était un potier renommé pour sa sagesse. Un jour, saisi de l'esprit d'en haut, il prononça un long discours dans lequel il prédisait à l'Égypte des maux de toute sorte, suivis d'une ère de prospérité telle qu'on n'en avait point vu la pareille depuis le temps d'Osiris et d'Isis. Le roi Aménôphis, à qui on le rapporta, voulut l'entendre de la bouche même du devin, et celui-ci lui redit ses paroles, après quoi, il tomba mort. C'est la donnée même dont Manéthon s'est servi, mais encore libre et sans lien avec l'histoire des Hébreux.

Les statues qu'on élevait dans les temples en l'honneur des rois ou des particuliers n'étaient pas, selon la croyance de l'Égyptien, des images inanimées chargées uniquement d'éterniser les traits de tel ou tel personnage. C'étaient des corps impérissables auxquels une âme, ou du moins un *double*, était attachée. Au moment où on les dressait à leur place, le prêtre célébrait sur elles un office, par la vertu duquel une parcelle de la vie du donateur s'infusait en elles et ne les abandonnait plus. Elles se métamorphosaient en idoles prophétiques à qui l'on recourait pour apprendre l'avenir, et on leur vouait un culte qui les approchait aux idoles divines : ceux dont elles étaient le portrait, s'ils ne devenaient pas des immortels de haute race, quittaient du moins l'humanité pour se mêler à la troupe des dieux. Aménôthès, fils de Paapis, appartenait donc, de son vivant même, à cette classe plus qu'humaine, et il s'en vante dans l'inscription que j'ai traduite, comme d'un privilège qui n'avait été accordé à personne d'autre qu'à lui. A mesure que les siècles s'écoulèrent, les honneurs dont on l'entourait, loin de tomber en désuétude, comme c'était le cas souvent pour les héros de ce genre, s'accrurent hors de toute proportion. Avait-il fondé réellement cette chapelle d'Hathor qu'on appelle aujourd'hui Déir el Médineh? On le crut dans la Thèbes des Ptolémées, et on l'y associa aux sacrifices que la déesse y recevait de concert avec d'autres divinités. Pour quelles raisons on l'allia au Phtah thébain, vers la même époque, nous l'ignorons encore ; mais il s'installa chez celui-ci et il y prédit l'avenir. Il fut donc, à partir de cette époque, un dieu complet, et non l'un des moindres parmi ceux que l'on vénérait à Thèbes. Comme Amon, comme Khonsou, comme Maout, il avait deux sanctuaires à sa disposition, l'un à Karnak, dans la ville des vivants où son *double* et ses statues vivantes résidaient, l'autre dans la nécropole où sa statue morte recevait les honneurs funéraires qui appartiennent aux âmes des morts. C'est dans le premier, à Karnak, qu'on allait consulter son oracle. Les prêtres répondaient pour lui après avoir interrogé ses images, et les fidèles émerveillés ne se faisaient pas faute de graver sur l'une des parois non décorées de l'extérieur, quelque tableau ou quelque inscription votive en signe de reconnaissance. Aménôthès, fils de Paapis, avait ses dévots au même titre qu'Amon, dans la Thèbes ruinée des derniers Ptolémées et des premiers Césars romains.

De simple mortel passer dieu, c'est une aventure rare, même pour un ministre ; c'est à peine si, dans toute l'antiquité égyptienne, nous en rencontrons deux ou trois à qui il semble qu'elle soit arrivée. L'exemple d'Aménôthès suffit pourtant à prouver que les Égyptiens ne croyaient pas qu'il fût impossible à l'homme de fabriquer des dieux. Ce n'était pas le cas lorsqu'il s'agissait des Pharaons, car les Pharaons n'étaient pas à leurs yeux des hommes réels ; ils étaient plutôt des dieux incarnés dans des corps humains, la descendance directe d'Horus, de Râ ou d'Amon, et quand ils mouraient, ils ne devenaient pas d'hommes dieux, mais ils retournaient par une opération naturelle à leur condition première. Les choses étaient bien différentes pour un Aménôthès, fils de Paapis, ou pour tout autre individu sorti de race non royale. Le sujet à diviniser était bien alors un homme véritable, à la génération de qui nulle divinité n'avait pris la moindre part : il fallait d'une âme commune tirer la matière d'une âme divine et la transformation ne paraît pas être des plus faciles à expliquer. Elle résultait pourtant, et de façon assez directe, des idées que l'on entretenait sur l'homme et sur sa survivance d'une part, sur les dieux et sur leur nature de l'autre. L'homme n'a pas droit à l'immortalité, et la partie de lui qui survit, qu'on l'appelle âme ou *double*, ne se perpétue qu'à la condition d'être nourrie et réconfortée sans cesse : soutenue par le culte de sa postérité, elle peut reculer jusqu'à l'infini l'instant de son anéantissement. Les dieux eux-mêmes ne sont, pour ainsi dire, que des hommes sublimés : leur substance est plus fine, leurs vertus sont plus fortes, leurs sensations sont plus vives et leur existence se prolonge davantage, mais ils sont assujettis aux infirmités humaines, aux maladies, à la vieillesse, à la mort. Amon était mort, Râ était mort, Phtah était mort, Osiris était mort, puis ils avaient été ramenés à une vie consciente par les conjurations magiques de leurs enfants et de leurs femmes, et pourvu qu'on leur servît les liturgies ordinaires, il n'y avait pas de raison pour qu'ils ne persistassent pas de siècle en siècle. La différence entre l'humanité et la divinité n'était donc pas une différence d'essence mais de degré dans l'essence, et rien n'empêchait qu'on arrivât à renforcer assez les éléments de l'humanité pour qu'ils devinssent identiques à ceux de la divinité.

Or, on savait que les hommes pouvaient, par le moyen des formules et de la magie, commander aux dieux et leur imposer la domination de leurs créatures (1). Supposons le *double* d'un de ces magiciens transporté dans l'Hadès et y conservant sa science : ainsi qu'il faisait sur terre, il y obligera les dieux à lui obéir aveuglément, et il saura, s'il lui plaît, manifester sa volonté aux humains avec une autorité telle qu'ils ne sentiront pas la différence entre lui et les dieux. Si la postérité continue en son honneur des sacrifices si abondants que son existence en soit aussi assurée que celle des dieux, il n'y aura plus d'autre distinction entre lui et eux que celle de l'origine, et les mortels auront fabriqué, en vérité, un immortel nouveau. C'est ce qui arriva pour Aménôthès, fils de Paapis. Sa magie lui conférait la mainmise sur les dieux et elle lui permettait de réaliser, par leur intermédiaire, tous les miracles qu'ils opéraient eux-mêmes. Le pharaon Aménôthès III, en lui érigeant des statues nombreuses dans le temple de Karnak et en

(1) Voir p. 133-139 du présent volume l'article sur *Le Livre d'un Magicien égyptien vers le Ier siècle de notre ère.*

leur instituant un culte, lui avait garanti les ressources nécessaires à ne point s'anéantir après la mort. Il lui fut donc donné de pratiquer ses vertus prophétiques et bienfaisantes longtemps après qu'il s'était évanoui de dessus terre. Les offrandes que le peuple lui prodiguait, augmentant sa richesse, augmentaient du même coup sa puissance et ses chances de durer toujours. Il s'était préparé à devenir dieu par sa science et par la consécration de ses propres images : la piété de ses dévots acheva la métamorphose progressivement et elle finit par le faire dieu complet.

1er janvier 1902.

FORMULES ÉGYPTIENNES

POUR LA PROTECTION DES ENFANTS

Dans la croyance de l'Égyptien, les êtres que nous apercevons autour de nous ne sont qu'une partie, la moindre, des races qui peuplent l'univers. La terre, les eaux, les montagnes, les bois, l'air regorgent de forces et de personnes qui, pour se dissimuler à l'ordinaire, n'en sont pas moins actives parmi nous : les vivants se mêlent à elles sans le savoir, les heurtent, les repoussent, les appellent tantôt pour recevoir d'elles des bienfaits, tantôt pour subir leurs influences mauvaises. Beaucoup sont de demi-divinités ou des génies qui n'ont jamais traversé l'humanité ; plus encore sont des âmes désincarnées, des *doubles* errants ou des ombres mécontentes, à qui leur condition d'outre-tombe n'a conservé aucun des avantages dont ils jouissaient pendant leur existence terrestre et que leur misère enrage contre les générations présentes. Ils en veulent à ceux qui tiennent maintenant leur place de les délaisser, comme eux-mêmes ils délaissèrent ceux qui les avaient précédés, et ils cherchent à se venger de leur négligence en les attaquant à leur insu : ils rôdent nuit et jour par les villes et par les campagnes, quêtant patiemment quelque victime, et dès qu'ils l'ont trouvée, ils s'emparent d'elle par l'un des moyens à leur disposition. Ils la flagellent de leurs mains invisibles, ils la faudent sur la poitrine, ils lui sucent le sang pendant son sommeil, ils se glissent en elle par les oreilles, par le nez, par la bouche. La plupart des troubles qui manifestent ce que le vulgaire appelle des maladies sont leur ouvrage : il faut les contraindre à lâcher prise par des exorcismes ou par des charmes avant d'administrer les remèdes qui annulent les effets de leur présence, ou, mieux encore, il faut prévenir leurs assauts en se munissant d'amulettes ou de formules qui en défient la furie. Tous ceux des humains que leur faiblesse naturelle expose plus particulièrement à leur malice, les femmes enceintes, les accouchées, les nouveau-nés, ont besoin d'une protection spéciale et c'est pour leur prêter des armes qu'un scribe inconnu rédigea les deux recueils d'incantations dont Erman vient de publier la traduction (1).

Les textes qui les composent ont, sur la plupart de ceux que nous possédions jusqu'à présent, l'avantage de mettre en scène les êtres contre lesquels ils sont dirigés. Ils nous peignent les revenants en action et nous les voyons par l'imagination tels que les mères ou les servantes égyptiennes les décrivaient à leurs nourrissons. « Évanouis-toi, dit l'un d'eux au spectre, mort qui viens dans l'obscurité, qui entres en tapinois, le nez en arrière, la face obverse, évanouis-toi, frustré de ce pour quoi tu venais. Évanouis-toi, morte qui viens dans l'obscurité, qui entres en tapinois, le nez en arrière, la face à rebours, évanouis-toi, frustrée de ce pour quoi tu venais. Que si tu es venue

(1) A. Erman, *Zaubersprüche für Mutter und Kind, aus dem Papyros 3027 des Berliner Museums.* 1901, Berlin, Reimer, in-4°, 52 p. et 2 planches.

baiser cet enfant, je ne permets point que tu le baises! Que si tu es venue pour apaiser ses cris, je ne permets point que tu l'apaises! Que si tu es venue pour lui faire du mal, je ne permets point qu'il lui soit fait mal! Que si tu es venue pour le prendre, je ne permets point que tu me le prennes! Je lui ai fabriqué un charme contre toi avec de la laitue qui te point, avec des aulx qui te font mal, avec du miel, doux aux hommes, répugnant aux morts, avec les épines du mormyre, avec une tresse de filasse, avec l'arête dorsale d'un latus! » Les bonnes et les mamans devaient menacer souvent leurs enfants réfractaires de ce fantôme détestable, et il faudrait n'avoir jamais eu de nourrice et n'avoir jamais soi-même, quand on était petit, entendu raconter pareilles histoires pour ne pas se figurer la terreur des malheureux bébés égyptiens lorsque, s'éveillant au milieu de la nuit, ils croyaient sentir quelque présence mystérieuse s'agiter dans l'ombre. C'était *lui : il* arrivait, se coulant sans bruit comme un voleur, détournant, pour ne pas se trahir tout d'abord, cette face décharnée par la momification, et ce nez camard que la pression des bandelettes avait écrasé. Il allongeait sa tête sournoise afin de baiser — le texte égyptien dit : de flairer — le malheureux et de lui sucer sa vie, ou, s'il criait, pour le bercer jusqu'à l'endormir d'un sommeil sans réveil; il allait peut-être le manier de ses mains sèches jusqu'à le meurtrir ou l'emporter pour le dévorer à l'aise dans un tombeau. L'enfant serait mort de peur sur sa natte s'il n'avait eu confiance au brevet qu'il portait au col et où quelque bonne femme avait enfermé des substances odieuses aux mauvais, plantes, miel, arêtes de poissons. On n'en agit pas autrement dans nos campagnes, et nos revenants de France, s'ils témoignent des mêmes instincts pervers que défunts les Égyptiens, sont sujets aux mêmes antipathies naturelles dont nos sorciers se prévalent, comme les sorciers d'autrefois, pour déjouer leurs desseins odieux.

Il faut avouer toutefois, à la honte des spectres égyptiens, qu'ils ne se bornaient pas à opérer leurs maléfices pendant la nuit ; tandis que les nôtres disparaissent d'ordinaire et perdent leurs forces au chant du coq, eux ne cessaient point en pleine lumière. La théologie égyptienne le voulait ainsi, qui assignait à l'âme comme félicité suprême la faculté de pouvoir *sortir à volonté pendant le jour* des noirceurs de l'hypogée : l'âme félonne jouissait en cela des mêmes privilèges que l'âme paisible et bienfaisante. Il n'y avait donc point de trêve à la guerre que les spectres menaient contre les hommes, et l'on devait se garer d'eux à midi avec autant de soin qu'à minuit. On récitait sur l'enfant, chaque matin et chaque soir, une formule qui le rendait indemne pendant les douze heures de clarté et pendant les douze heures de ténèbres. Cette fois, c'était le soleil, l'œil vigilant du monde, que l'on requérait de présider à la défense. « Tu te lèves, ô dieu Shou ; tu te lèves, ô dieu Râ ! Si tu vois le mort venant contre un tel né d'une telle, ou la morte — la femme nuisible où elle se trouve — méditant quelque complot, fais qu'elle ne prenne pas l'enfant dans ses bras ». Il m'a sauvé « mon maître Râ » ! dit alors la mère, « je ne te donne pas, mon enfant, je ne te donne pas, mon cher fardeau, au voleur ou à la voleuse d'enfer ; mais la main qui est dessinée sur le chaton de cette bague est un charme pour toi, et moi je te garde ! » Pour que l'exorcisme valût, on le prononçait sur un amulette qu'on liait ensuite au cou de l'enfant. C'était, dans le cas présent, un chaton de bague sur lequel une main d'homme était gravée : on l'enfilait sur une cordelette qu'on nouait d'un nœud chaque matin et d'un nœud chaque soir, jusqu'à ce qu'elle portât sept nœuds. Nos musées possèdent tous des scarabées, ou des plaquettes de pierre dure sur lesquelles on voit une main ouverte, les doigts allongés et serrés l'un contre l'autre, mais nous ignorions quel était le sens de cet emblème : nous savons maintenant qu'il défendait les petits enfants contre les morts qui vaguent en plein midi. La formule à réciter le soir, en serrant le nœud, ne différait de la précédente que par quelques mots : au lieu de s'adresser au Soleil levant, on invoquait le Soleil qui se couche au pays de Vie (1), mais sans rien changer au reste du morceau. De même que toutes les prières d'usage journalier, celle-ci avait fini par devenir si familière aux Égyptiens qu'ils la répétaient sans plus attacher de sens précis à chaque mot : pourvu que la sonorité de l'ensemble demeurât la même, ils s'inquiétaient peu d'en débiter la teneur exacte. Aussi le texte en est-il très corrompu, et Erman n'aurait point pu le restituer en entier, s'il n'avait pas été transcrit quatre fois de suite dans son manuscrit. Combien n'y en a-t-il point parmi nos formulettes populaires qui sont devenues de purs grimoires par le même procédé de déformation !

Certains enfants étaient plus en danger que d'autres et ils réclamaient une surveillance plus attentive si l'on souhaitait les mettre à l'abri de tout mal. On sait quelle horreur la population de plusieurs nomes éprouvait pour les hommes ou pour les animaux de couleur rouge ; elle les égorgeait ou elle les brûlait afin de détourner d'elle la colère des dieux osiriens. Là même où les haines étaient moins violentes, on les considérait comme n'étant pas complètement semblables aux autres individus de la race : Set-Typhon, le meurtrier d'Osiris, n'était-il pas un rousseau ! Si donc un enfant naissait roux ou qu'il eût une

(1) Le pays de Vie était, par euphémisme, l'Occident, la région où les morts se rendaient au sortir de l'existence terrestre.

mère rousse, on l'entourait de précautions particulières pour empêcher que Typhon le saisît comme son bien, ou que les spectres, sujets de Typhon, ne fissent main basse sur sa personne. C'était alors le cas de réciter la « formule de la femme rousse qui a enfanté une forme ». Le scribe n'ose pas dire « qui a mis au monde *un enfant* », car un être typhonien pouvait sortir d'une mère typhonienne, et le nouveau-né risquait de n'être qu'une *forme* du maudit. On n'en essayait pas moins de lui assurer l'appui des divinités ennemies du dieu dont il portait la marque, Isis et Nephthys, les deux sœurs d'Osiris. « Salut à vous, Isis a tordu, Nephthys a lissé le fil de tresse divine aux sept nœuds, dont je te protège, ô enfant sain un tel fils d'une telle, pour que tu sois sain, pour que tu prospères, pour que tu sois en grâce avec tous les dieux et toutes les déesses, pour que soit renversé tout ennemi qui assault, pour que soit renversée toute ennemie qui assault, pour que soit murée la bouche de qui incante contre toi comme fut murée la bouche, comme fut scellée la bouche des soixante-dix-sept ânes qui sont au lac de Dasdés ; je les connais, je connais leurs noms, mais celui qui ne les connaît point et qui veut pourtant faire du mal à cet enfant, qu'il souffre d'eux et ainsi de suite. » L'amulette lui-même devait se composer de sept perles rondes de porphyre, de sept perles d'or, de sept brins de lin, qui seront tordus par deux sœurs mères, et dont l'une roulera, l'autre lissera ; on fera du tout un charme à sept nœuds, sur lequel on récitera la prière quatre fois et qu'on liera au cou de l'enfant. On appelait donc au secours du bébé typhonien les deux déesses osiriennes, et celles-ci étaient représentées, lors de la fabrication de l'amulette, par deux sœurs, mères l'une et l'autre. Elles préparaient pour le petit mortel le charme même qu'elles avaient inventé autrefois pour le jeune Horus, lorsque celui-ci était poursuivi par

Typhon, et désormais les fantômes ou les enchanteurs n'auraient plus d'influence sur lui; non seulement leur bouche était close comme celle des soixante-dix-sept ânes, suppôts du malin, que le Soleil domptait chaque jour, lorsqu'il traversait le lac de Dasdés où ils demeuraient; mais s'ils essayaient, malgré tout, de nuire à l'enfant, ces mêmes ânes se retournaient contre eux et les mettaient en pièces. Si, après cela, quelque malheur arrivait au petit, c'était à désespérer de la magie.

Tous les morceaux du recueil ne sont pas aussi clairs que ceux dont je viens de donner le texte et le commentaire abrégé. Parfois, des lacunes coupent les phrases et nous ne réussissons pas à les combler de façon à nous satisfaire ; parfois, ce sont les idées et les allusions mythologiques qui sont trop obscures et qui nous déroutent. Dans bien des cas, l'incertitude à laquelle Erman n'a pas su échapper provient de ce qu'il s'est astreint à ne tirer l'éclaircissement de son texte que de ce texte même; il s'est interdit d'en demander le sens aux traditions et aux superstitions étrangères. Je crois qu'en pareille matière la comparaison perpétuelle avec ce qu'on observe ailleurs est le moyen le plus sûr d'arriver à l'intelligence des documents. Tous les peuples anciens ont conçu à peu près de la même manière les relations de l'homme avec le monde invisible, et les conclusions qu'ils ont déduites de leurs concepts ont abouti forcément aux mêmes pratiques. Avec quelle ténacité celles-ci se sont conservées jusqu'à nos jours, il est à peine besoin de le rappeler : on en a recueilli vivantes dans vingt parties de la France ou de l'Allemagne, dont l'équivalent se retrouve parmi les vieux livres qui nous viennent de l'Égypte ou de la Chaldée. Où les papyrus contiennent des formules et des rites qui nous paraissent incompréhensibles, il n'est jamais inutile de rechercher d'abord si l'étude des superstitions modernes ne nous tirerait pas de difficulté : bien souvent, ici comme ailleurs, les informations du présent compléteraient celles du passé et elles nous permettraient de les interpréter en toute sécurité.

25 juin 1902.

SUR UN FRAGMENT
DE VIEILLES ANNALES ÉGYPTIENNES

Lorsqu'on parcourt pour la première fois ce catalogue interminable de noms à demi barbares par lesquels le Canon des rois égyptiens commence, ces Ménès, ces Athôtis, ces Miébaïs, ces Sémempsès, on se demande quels documents possédèrent les scribes qui les dressèrent, et s'ils n'inventèrent pas de toutes pièces les débuts de leur histoire nationale. La longueur des règnes qu'on prête aux premiers Pharaons et la nature des faits qu'on prétend s'être passés de leur temps confirment cette impression. Ménès fut mis en pièces par un hippopotame. Athôtis construisit le palais de Memphis et écrivit des ouvrages d'anatomie. Il y eut une famine sous Ouénéphès, une peste sous Sémempsès, et le Nil roula du miel pendant onze jours sous Neferkérès, mais Sésôchris avait une taille singulière, cinq coudées de hauteur sur trois palmes de largeur. Rien de cela n'est fait pour ramener la confiance, et l'on se dit volontiers que les premières dynasties égyptiennes n'appartiennent décidément que fort peu à l'histoire.

Les découvertes de ces dernières années prouvent qu'on avait tort d'en juger de la sorte. Non seulement ces vieux Pharaons ont existé, mais ils ont laissé des monuments, et c'est d'après ces monuments que les annalistes les plus anciens ont établi les listes que les scribes de l'époque ramesside et de l'époque grecque, Manéthon comme le reste, nous ont transmises de façon assez incomplète. Selon un usage qui prévalait alors par l'Orient, afin de distinguer l'une de l'autre les années d'un souverain, on les désignait par la mention de l'un des événements principaux qu'elles avaient vu s'accomplir. Chez les nations des bords de l'Euphrate, on datait les actes officiels de l'année où Boursin, le roi, détruisit la ville d'Ourbilloum, ou de celle où Sinmouballît cura et agrandit le canal royal. En Égypte de même, nous rencontrons sous le Pharaon Boêthos une *année de combattre et de vaincre les peuples du Nord*, ou sous Semempsès une *année de suivre la procession d'Horus* et de sa barque. Il y a là une conception de la connaissance des temps qui n'a point disparu de notre monde moderne, tant s'en faut : une grêle qui ravagea la récolte, une inondation, la mort d'un cheval ou d'une vache, la chute d'un arbre, deviennent dans la vie de nos paysans autant de points de repère d'après lesquels ils composent pour leur famille une chronologie très suffisante. Toutefois, la confusion se serait introduite bientôt dans les souvenirs de chaque génération, et elle serait devenue inextricable au cours des générations suivantes, si l'on ne s'était préoccupé de classer les noms d'années qui avaient été en usage pendant les règnes. Les scribes, les Égyptiens comme les Chaldéens, s'accoutumèrent à tenir des registres où elles étaient recueillies et inscrites dans l'ordre même où elles s'étaient succédé. Ces registres, déposés dans les bibliothèques des temples et des palais, constituèrent à la longue de véritables annales où l'on pouvait apprendre, avec un peu d'attention, non seulement le nom des Pharaons et leur succession, mais le nombre des années, voire des mois ou des jours qu'ils étaient demeurés sur le trône, et aussi l'indication sommaire d'une partie des faits survenus de leur temps. On les copiait sur papyrus, ou sur pierre, sur brique, et, même si l'on admet qu'elles renferment des erreurs ou des lacunes, au moins dans leurs parties les plus anciennes, on est obligé de convenir qu'elles offrent un secours précieux aux savants qui travaillent à reconstruire le passé le plus lointain de l'Égypte ou de la Chaldée.

Une seule de celles qui existaient en Égypte nous est parvenue, encore est-ce dans un état de mutilation lamentable. C'est un fragment de granit noir, qui s'est égaré en Sicile on ne sait comment ni à quelle époque, et qui est déposé aujourd'hui au musée de Palerme. Il fut publié en 1896 par l'égyptologue italien Pellegrini, et aussitôt il suscita la curiosité générale, mais la nature du document qu'il portait ne fut définie qu'en 1901 (1) ; ces jours derniers, M. Schäfer en a donné une traduction complète qui le rend accessible non seulement aux égyptologues de métier, mais aux historiens de l'antiquité (2). L'en-tête a disparu, ainsi que la fin, et aucune ligne n'est complète de ce qui subsiste. On y aperçoit d'abord une série de groupes très courts, alignés à la suite l'un de l'autre dans des rectangles juxtaposés. Ce ne sont pas les noms de naissance des Pharaons, mais leurs prénoms d'intronisation, leurs *noms de double*, semblables à ceux que nous découvrons depuis quelques années à Sakkarah et près d'Abydos, peut-être, a-t-on dit, un Canon des souverains particuliers à la Basse-Égypte (3). Il semble que de ceux-là le prénom seul

(1) Maspero, dans la *Revue Critique*, 1901, t. LI, p. 384.

(2) H. Schäfer, *ein Bruchstück altægyptischer Annalen*, extrait des Mémoires de l'Académie des Sciences de Berlin, 1902, in-4°, 41 p. et 2 planches.

(3) Les déterminatifs qui accompagnent ces noms représentent en effet le roi, *coiffé de la couronne de la Basse-Égypte*. J'ai fait observer ailleurs que cela n'était pas une raison suffisante. Les noms inscrits sur les *Tables d'Abydos* sont tous déterminés par l'image du roi, *coiffé de la couronne*

fût resté, et que l'on ne sût déjà rien d'eux si ce n'est qu'ils avaient vécu. Ils sont suivis par d'autres personnages sur le compte desquels on possédait des notions positives, des mentions d'années, l'indication de leur mère, le chiffre des hauteurs que le Nil avait atteintes lors de chacune de ses inondations. Même si le monument était moins endommagé, aurions-nous là vraiment la somme totale des années de leurs règnes ? Il est permis d'en douter, et pour peu que la chance des fouilles nous favorise, nous aurons plus d'une fois l'occasion de ramener au jour des inscriptions qui nous obligeront à élargir le cadre de la liste. La même sécheresse nous accompagne à mesure que nous examinons les lignes où les princes de la IIIe dynastie étaient énumérés, mais dès que nous abordons la IVe, les indications se multiplient rapidement. Le malheur veut qu'elle soit plus d'à moitié détruite, et nous n'avons qu'une faible portion de ce qui concernait le premier prince de la famille et le dernier : les constructeurs des trois grandes pyramydes, Chéops, Chéphren et Mycérinus se sont perdus dans les lacunes. Les Pharaons qui forment la première moitié de la Ve dynastie ont éprouvé une meilleure fortune : si toutes leurs années ne nous ont pas été conservées, les renseignements que nous rencontrons sur celles dont le texte est intact sont développés si amplement que l'activité de chacun d'eux y revit entière à nos yeux.

Et quels sont les incidents que le chroniqueur enregistrait de préférence ? Ce sont d'abord les épisodes principaux de l'existence du souverain. Sa première année, celle de l'avènement, tirait son nom des solennités usuelles en pareil cas et elle s'appelait *l'année de son lever en roi de la Haute et de la Basse-Égypte :* il avait lié l'une à l'autre les

de la Haute Égypte : personne n'en a conclu qu'ils étaient des rois de la Haute-Égypte seulement, et de fait, ils régnèrent tous sur les deux Égyptes réunies.

deux tiges de lotus qui représentent les deux moitiés du royaume, et il avait couru à quatre reprises différentes autour du temple où logeait le dieu duquel il était censé tenir sa couronne. D'autres années dérivaient leur titre des fêtes qu'il devait celébrer périodiquement, la procession où la barque d'Horus, la *Shomsou Horou*, figurait la course du taureau Apis, l'anniversaire du massacre des peuplades du désert libyen, les Anou, au temps des guerres osiriennes. Plusieurs commémoraient la fondation d'un temple ou de la chapelle funéraire, ou quelque cérémonie dévote, l'institution du sacrifice et la donation d'un fief à l'un des dieux. Ailleurs, c'étaient des mentions d'expéditions maritimes ou de guerres : on apprend ainsi que, dans la dernière année de sa vie, Sahourî avait importé du pays de Pouanît des quantités considérables de myrrhe, d'or et de bois précieux, ou bien que le roi Sanofroui avait battu les nègres et ramené de sa campagne 7.000 prisonniers, 4,000 hommes et 3.000 femmes, avec 20.000 têtes de bétail, et ainsi de suite. Les opérations du fisc ne sont pas oubliées dans ces catalogues, et elles leur avaient fourni des noms significatifs : *Années du recensement des bœufs*, ou *Années du recensement du bétail et de l'or*, ou encore *Années du recensement de l'or et des champs*. On n'ignorait pas que l'administration égyptienne était mue par des rouages fort précis et fort compliqués dès les temps les plus anciens; les égyptologues n'en ont pas moins été étonnés de voir la régularité avec laquelle ces recensements se répétaient à des intervalles fixes. Sous les Pharaons de la IIIe dynastie, la *Pierre de Palerme* les indique comme ayant eu lieu de deux ans en deux ans. Telle année est illustre parce qu'on y avait fondé ou colonisé deux villes; d'autres étaient celles où l'on érigea des statues à des dieux ou à des rois divinisés. En résumé, si la fortune nous rendait un exemplaire intact de l'un de ces recueils, nous y rencontrerions non pas l'histoire complète de l'Égypte archaïque, mais ce qui était pour les contemporains la partie la plus importante de cette histoire.

M. Schäfer pense que la *Pierre de Palerme* date de la fin de la Ve dynastie et je crois qu'il a raison. C'est donc au début du quatrième millénaire avant le Christ qu'il faut placer la rédaction du document dont elle nous a livré les fragments. Dès le temps même que ses rois bâtissaient les Pyramides, l'Égypte avait son histoire ancienne dont elle coordonnait les monuments et dont elle établissait le cadre. Qu'il s'y mêlât déjà des fables, personne ne le contestera, mais il faut avouer également que, dans l'ensemble, les sources auxquelles elle puisait sont excellentes : elles étaient en partie du genre de celles qui sortent de terre depuis quelques années et elles méritent la même faveur. Toutefois les Ánnales de la *Pierre de Palerme* ne sont pas certainement les premières qui aient été écrites, et lorsqu'on les étudie de près, il semble bien qu'on y discerne la trace de plusieurs mains. Je serais assez porté, quant à moi, à y reconnaître au moins deux documents distincts, dont l'un aurait été rédigé sous la IVe dynastie, et dont l'autre, comprenant le premier, sinon en son entier, au moins dans ses éléments essentiels, serait du milieu ou de la fin de la Ve dynastie. Ce sont là des questions qu'il y aura lieu d'approfondir et de débattre entre gens du métier. Ce qu'il importe de constater pour le moment, c'est que les chroniqueurs n'en étaient pas réduits à puiser dans leur imagination pour reconstituer les annales des dynasties primitives : ils possédaient des recueils bien classés de faits authentiques grâce auxquels ils pouvaient raconter avec quelque exactitude les hauts faits de leurs rois les plus vieux.

1er octobre 1902.

LES
MOMIES D'ANIMAUX DE L'ANCIENNE EGYPTE

Pourquoi les Égyptiens s'habituèrent à faire des momies avec les cadavres, ce serait grosse affaire que de l'expliquer : mais une fois qu'ils en eurent fabriqué, ils furent si contents du résultat que tout y passa de ce que pouvait y prêter matière. Ils momifièrent leurs animaux domestiques, leurs bœufs, leurs chiens, leurs chats, leurs gazelles, puis leurs oiseaux de basse-cour ou de proie, des éperviers à la vingtaine, des ibis à la centaine, des aigles innombrables, des vautours à ne plus les compter, sans parler des volailles de moindre prétention ; puis ils descendirent aux poissons, aux serpents, aux lézards, aux insectes même, à la sauterelle comme au scarabée. Et ces bêtes eurent, à l'exemple des hommes, leurs cimetières où elles gisent ensevelies proprement côte à côte, les chats au Stabl-Antar et à Bubaste, les chiens à Siout, les poissons à Esneh, les gazelles et les éperviers à Kom-Ombo, les singes à Thèbes et à Tounah, les ibis près d'Abydos, les bœufs un peu partout, mais de préférence à Sakkarah et à Thèbes. Les unes sont enfouies à même le sable, sans attirail que leurs bandelettes toutes nues ; d'autres font bourriche dans des paniers de joncs; d'autres se dissimulent subtilement au fond de pots en terre peints ; d'autres enfin possèdent un mobilier funéraire complet, des sarcophages en pierre et des cercueils en bois décorés finement, des cartonnages, des bijoux, des amulettes, des statuettes destinées à exécuter en leur lieu et place les corvées de l'autre monde. Non moins que l'humanité, l'animalité égyptienne avait ses degrés, depuis la tourbe confuse des chats et des chiens prolétaires jusqu'à l'aristocratie des ibis hermétiques et des taureaux Apis, qui étaient dieux déjà de leur vivant et qui devenaient bien plus dieux encore après leur mort. La fosse commune était assez bonne pour le vulgaire : l'Apis de Memphis, le Mnévis d'Héliopolis, le Bacchis d'Erment, le bélier de Mendès exigeaient un tombeau ou une chambre pour chaque individu et leurs funérailles égalaient parfois celles des Pharaons en splendeur démesurée.

On a beaucoup recherché leurs momies dans ces derniers temps, les plus souvent pour en tirer des engrais chimiques, et c'est par centaines de mille qu'on les a exportées en Europe. Certains de leurs cimetières sont épuisés aujourd'hui, et j'ai eu de la peine à y recueillir une vingtaine d'exemplaires intacts lorsque le docteur Lortet a voulu s'en procurer afin de les étudier scientifiquement et d'en déterminer les espèces (1). Il s'agissait pour lui d'une sorte de contre-épreuve de la loi de Darwin. Si, en effet, les êtres vivants se transforment dans leur morphologie et dans leur structure intime, lorsque les ambiances de climat parmi lesquelles ils vivent se modifient par la suite des siècles, n'est-il pas intéressant de constater grâce à des faits indiscutables qu'aux régions dont le

(1) Lortet et Gaillard. *La Faune momifiée de l'ancienne Égypte.* 1re série, in-4°. Lyon, Henry Georg, 1903, 205 p. et 5 pl. hors texte. — Extrait du t. VIII des *Archives du Muséum d'histoire naturelle de Lyon.*

climat n'a subi aucun changement pendant plusieurs milliers d'années, les vertébrés sont demeurés toujours les mêmes. Depuis l'époque très reculée, entre la période jurassique et la crétacée, où les eaux de l'Afrique centrale ont commencé de se diriger vers la Méditerranée, le climat de l'Égypte paraît n'avoir éprouvé aucune altération sensible; et même, sans remonter si avant dans la série des âges géologiques, depuis que les Égyptiens se sont mis à élever des monuments, il résulte des scènes de vie familière qu'ils y ont gravées, que leur vallée présentait les mêmes conditions climatériques qu'on y observe aujourd'hui. Les bas-reliefs et les cadavres nous fournissaient-ils le moyen de savoir s'il est survenu dans l'organisme des vertébrés anciens quelque modification qui établisse une distinction entre eux et leurs congénères de l'âge moderne? La réponse des documents a été ce qu'elle devait être : les espèces de l'Égypte actuelle sont identiques à celles de l'Égypte pharaonique, celles du moins dont on récolte les ossements ou les momies dans les cimetières antiques. La différence entre la faune d'à présent et celle de jadis n'est point morphologique, mais historique. Plusieurs sortes nouvelles ont été introduites dans le pays après la conquête arabe, tandis que plusieurs autres devenaient rares ou disparaissaient : celles qui ont subsisté malgré les révolutions n'ont changé en rien.

Deux ou trois points de grande importance pour l'histoire générale sont ressortis des analyses de M. Lortet et de son collaborateur M. Gaillard. Les bas-reliefs égyptiens nous révèlent l'existence de deux espèces bovines dont l'une a la corne courte et l'autre la corne longue : cette dernière est la seule dont on ait les momies dans les cimetières, et c'est à elle qu'appartenaient les taureaux divins de Memphis et d'Héliopolis, l'Apis et le Mnévis. Or, cette race à longues cornes qui figure sur les monuments et qui commence à se dégager de la poussière des hypogées, MM. Lortet et Gaillard déclarent qu'elle n'est autre quele zébu africain, le *Bos africanus* dont les troupes immenses parcourent librement les plaines du Haut-Nil. Il n'y a point de raisons de croire qu'elle ait eu une origine asiatique ni qu'elle soit arrivée de l'Inde, à la suite d'on ne sait quelle tribu émigrée avant les débuts de l'histoire. Elle a dû éclore dans les régions centrales de l'Afrique, et peut-être avec les races d'hommes d'où les Égyptiens procèdent, puis de là descendre le long de la vallée jusque dans la portion qui forma l'Égypte historique, tout comme l'hippopotame et le crocodile qui sont des espèces africaines de l'avis commun. Dans ce milieu d'une stabilité constante, elle avait acquis des caractères spéciaux en parfait accord avec les conditions climatériques qui l'entouraient; elle les y conserva tels quels, aussi longtemps que des circonstances fortuites ne vinrent pas compromettre la reproduction. Après la conquête arabe, des épizooties fréquentes l'anéantirent et une race à cornes courtes fut importée de Syrie; c'est seulement de nos jours, et afin de réparer les dommages causés à la race nouvelle par d'autres épizooties, que les agronomes égyptiens ont ramené dans le Saïd et dans le Delta des individus de la race antique qui avait persisté au Soudan. L'histoire est la même des deux espèces de moutons qu'on voit représentées sur les monuments ou dont les nécropoles nous restituent le squelette; elles sont purement africaines d'origine et d'analogies. Plus profondément nous pénétrons dans la connaissance intime du passé, plus l'hypothèse d'une origine asiatique s'efface pour les races d'hommes et d'animaux qui peuplèrent l'Égypte : nous nous y heurtons à une humanité et à une animalité de plus en plus africaines.

Chemin faisant, l'étude des momies a enseigné à M. Lortet

des particularités qui ne seront pas sans surprendre et sans amuser les égyptologues. Une de celles qui provenaient d'Abousir semblait la dépouille d'un taureau superbe, long de 2 m. 50 et large de 1 mètre pour le moins : linges fins, soutenus par des cordelettes en fibre de palmier et par des lisières larges de 0 m. 04, enduit brunâtre qui n'est que du natron desséché, et sortant du tout une tête encornée magnifiquement. Au déroulé, la bête s'évanouit ou plutôt elle se décomposa en beaucoup de bêtes. Elle était factice, construite avec un grand nombre de pièces dépareillées, ficelées les unes aux autres ; il y avait là les restes de sept mâles, quelques-uns très âgés et, entre autres, quatre crânes aux mâchoires édentées et atrophiées par l'action des ans. Une seconde momie de même origine réunissait les débris de cinq individus, dont un veau de deux ans et demi à peine et un vieux bœuf de taille gigantesque. Une troisième possédait deux têtes, et la plupart de celles qui contenaient un animal complet offraient à côté de lui le résidu de plusieurs autres squelettes. M. Lortet, pour expliquer cet assemblage bizarre de déchets, s'est rappelé fort à propos le passage si curieux où Hérodote raconte que les fellahs de son temps jetaient au Nil les vaches qui leur mouraient, mais qu'ils enterraient les mâles dans les faubourgs de leurs villages, laissant sortir une ou deux cornes pour signaler la présence des cadavres. Au bout d'un certain temps, lorsque la putréfaction avait accompli son œuvre, un bateau arrivait qui emportait les ossements dans l'île de Prosôpitis pour les y ensevelir en un endroit déterminé. On comprend par ce récit pourquoi les tombeaux d'Abousir nous livrent tant d'animaux incomplets. Les prêtres Memphites en agissaient tout comme ceux de Prosôpitis, mais lorsque les collecteurs arrivaient au terme de leur voyage, ce qu'ils livraient aux embaumeurs ce n'était plus d'ordinaire qu'une cargaison de carcasses décharnées, dont une partie était demeurée peut-être au lieu de la première sépulture, et dont le reste était tombé en pièces aux accidents de la route. On divisait l'ensemble en plusieurs lots dont on composait autant de momies parfaites en apparence, mais qui n'étaient en réalité qu'un assemblage de reliques ; on avait soin de choisir, pour représenter la tête, le crâne le plus solidement charpenté et décoré des meilleures cornes. M. Lortet a fait la même observation sur d'autres espèces, avec des singularités plus risibles encore. Une belle momie d'Abousir, disposée en forme de chèvre, recélait quelques rognures seulement d'un bouc, l'*Hircus mambricus*, perdues dans une profusion d'os, de membres, de vertèbres, de plaques osseuses dermiques d'un crocodile de forte taille ; le tout avait été arrosé largement de goudron, si bien que les pièces adhéraient.

Quadrupèdes, oiseaux, poissons, ils abondent en bizarreries qui attendent encore leur explication : aussi bien beaucoup des détails qu'on a notés sur les momies humaines demeurent obscurs, et pourtant l'étude de celles-ci se poursuit depuis de longues années, tandis que l'examen des momies d'animaux commence presque à M. Lortet et à ses collaborateurs. Il ne faut donc pas nous étonner si le principe même de la pratique nous est incertain encore et si nous ne pouvons qu'émettre des conjectures sur les motifs qui poussèrent les Égyptiens à embaumer diverses sortes d'animaux. Et d'abord, il convient de noter que l'usage ne s'en répandit qu'assez tard, probablement vers le temps de la conquête perse. Jusqu'alors la momification avait été un honneur réservé dans chaque espèce à quelques individus qui étaient revêtus d'un caractère surnaturel, non pas à tous les taureaux, par exemple, mais seulement à ceux des taureaux sur lesquels on avait discerné les marques qui trahissent la divinité, et qu'on avait intronisés en pompe comme étant le dieu lui-même, l'Apis de Memphis, le Mnévis d'Héliopolis, le Bacchis d'Ermonthis. Ceux-là, ce n'était pas en tant que taureaux que l'on s'efforçait de perpétuer la durée de leurs cadavres, mais en tant que dieux incarnés dans un taureau. Or, un dieu se composait, comme les hommes, de corps et de *double* ou d'âme, quelle que fût d'ailleurs la conception qu'on se fît de cette âme, et ce dieu, une fois mort à la vie terrestre, n'aurait point participé aux joies de la vie d'au delà, si on ne l'avait pas traité de la même manière que les hommes et les dieux à figure humaine : son âme et son *double* avaient besoin, pour ne pas s'anéantir, qu'on ne laissât point périr l'enveloppe sous laquelle ils s'étaient manifestés ici-bas. La momie du bœuf divin était le support nécessaire du dieu qui avait habité le bœuf, et les rites de l'embaumement étaient pour lui les préliminaires obligés de l'immortalité. L'Apis, le Mnévis, le Bacchis, préparés avec les cérémonies prescrites, s'identifiaient à Osiris et passaient à l'état d'Osiris-Apis, d'Osiris-Mnévis, d'Osiris-Bacchis ; il en était de même pour les autres, et l'oie d'Amon, le poisson d'Hathor, l'ibis de Thot, le chat de Bastît n'avaient en principe d'autre raison d'être momifiés que d'avoir fourni à Amon, à Hathor, à Thot, à Bastît, la figure en laquelle ces divinités se promenaient vivantes parmi leurs fidèles.

C'est le commencement de la coutume, et il semble qu'on s'en tînt là pendant longtemps. Mais, au cours des âges, la vénération qui s'était attachée à l'individu choisi par le dieu pour y incorporer un de ses *doubles* s'étendit à tous ses confrères, et le peuple de Bubastis, au lieu de rendre un culte aux chattes peu nombreuses qui représentaient la déesse dans le temple de la ville, honora toutes les chattes : le dieu du nome cessa d'être un déterminé chat pour devenir le chat en général. La même évolution se produisant ailleurs, la sainteté et ses privilèges se propagèrent graduellement à tous les taureaux dans les nomes qui avaient adoré un taureau, à tous les ibis dans les nomes qui avaient adoré un ibis, à tous les faucons, à tous les singes, à tous les serpents, à tous les poissons, à toutes les gazelles, à toutes les oies, dans les nomes qui avaient adoré un faucon, un singe, un serpent, un poisson, une gazelle, une oie particulière. Il en résulta des conflits douloureux entre la nécessité d'usage et la foi, lorsque la race était d'utilité première pour l'alimentation. Si tous les bœufs étaient plus ou moins entachés de divinité, fallait-il continuer à les manger ? Dans certains nomes, on se résigna à l'abstinence totale, et l'on considéra comme impurs ceux des Égyptiens qui envoyaient les leurs à la boucherie. C'est alors que les dévots entreprirent ces tournées qu'Hérodote décrit, et qu'ils allèrent ramasser partout les ossements, afin de leur donner une sépulture conforme à la dignité divine. Les cimetières d'animaux furent institués et s'agrandirent à l'époque où l'Égypte, se dégradant peu à peu au contact des civilisations occidentales, exagéra, par réaction contre elles, les tendances de sa propre civilisation, et passa du culte de quelques animaux à celui de l'espèce entière. Je crois donc qu'il y a là un développement relativement récent d'une doctrine ancienne, mais c'est encore une opinion douteuse. M. Lortet n'a pas fini ses études et son livre présent n'est que l'amorce d'un ouvrage considérable : peut-être les matériaux qu'il rassemble nous fourniront-ils le moyen de vérifier l'hypothèse et de la transformer en réalité.

1er avril 1903.

LA FORTUNE D'UN DIEU ÉGYPTIEN

IL Y A TROIS MILLE ANS

Lorsque le roi Ramsès III se sentit fatigué du pouvoir, il prit philosophiquement son parti de la vieillesse qui lui était venue, et la trente-deuxième année de son règne, il associa au trône l'aîné de ses fils qui s'appelait Ramsès comme lui. Il le couronna en pompe devant l'armée, la noblesse et le clergé assemblés à Thèbes dans le temple d'Amon, puis quand le nouveau souverain eut été dûment présenté à son peuple, les vies publiques et privées recommencèrent leur train ordinaire. Ramsès IV gouverna, Ramsès III l'aida de ses conseils et se reposa le reste du temps. Comme il avait des loisirs, ce qui vraisemblablement ne lui était pas arrivé depuis le jour lointain où son père Setnakhîti lui avait confié la régence, il en profita pour dicter ou pour commander à ses scribes une sorte de testament politique destiné à suggérer la meilleure idée de sa personne aux générations futures. Une des copies officielles de cet acte véridique a échappé à la destruction, comme par un miracle, et, après être demeurée plus d'un quart de siècle aux mains d'un certain Harris qui fut consul d'Angleterre à Alexandrie, elle a été achetée, facsimilée, publiée, traduite par les directeurs du Musée britannique. Elle se termine par un récit sommaire des exploits de Ramsès III; elle contient aussi des listes énormes et de belles descriptions des biens donnés aux dieux par le souverain. Donnés, c'est lui qui le dit et nous pouvons l'en croire si cela nous plaît, mais en réalité, ces dons prétendus furent, dans bien des cas, la confirmation pure et simple de largesses faites par ses prédécesseurs de la dix-huitième et de la dix-neuvième dynasties. Quoiqu'il en soit nous avons là un état authentique des richesses du clergé dans la trente-deuxième année de Ramsès III : le document est unique de son espèce jusqu'à présent.

Les termes en sont parfois un peu vagues, et nous ne devons pas nous attendre à y rencontrer les statistiques minutieuses qui sont consignées au *Polyptyque d'Irminon*, par exemple : la précision dans le détail n'était pas le fort des Pharaons en travail de panégyriques. D'ailleurs, si les rédacteurs avaient voulu y introduire les dimensions de chaque domaine, avec les noms des fermiers, tenants, colons, esclaves qui les exploitaient, ce n'est pas un seul rouleau de papyrus qu'il leur aurait fallu, c'est une bibliothèque entière. Ils exposent en effet ce qui appartient aux dieux des trois cités maîtresses, Thèbes, Héliopolis, Memphis, puis à ceux des cités moindres, hommes, jardins, terres à blé, bestiaux, bateaux, bourgs et villages. Même indiqués en général et par sommes, les renseignements que le manuscrit Harris nous fournit nous permettent de nous figurer assez aisément l'étendue et la nature de la fortune sacerdotale. Il serait trop long et assez fastidieux d'en transcrire les portions qui intéressaient chaque sanctuaire : il suffira d'extraire ce qui concerne Amon thébain, le plus honoré et le mieux renté des dieux de l'Égypte. Il possédait : 5.164 statues divines, 81.322 vassaux, serviteurs et esclaves, 421.262 têtes de bétail, gros et petit, 433 jardins et vergers, 868,168 aroures de terres à blé qui font environ 2.393 kilomètres carrés, 83 vaisseaux, 46 chantiers de construction, 65 villes, bourgs ou villages, dont sept en Asie. Et ce n'est pas tout; pendant les trente-deux années du règne, il avait reçu, à titre de cadeaux votifs ou d'offrandes, 31 kilog. 833 d'or, 997 kilog. 805 d'argent, 2.395 kilog. 120 de cuivre, 3.722 pièces d'étoffe, 309.950 hectolitres de blé, 289.530 oiseaux, du fil, du lin, de l'huile, du vin, de l'encens, des légumes en quantités considérables. Toutes ces substances représentent des prestations ou des redevances en surcroît des revenus ordinaires qui provenaient du domaine foncier. Amon était donc un très gros seigneur, le plus gros qu'il y eût en Égypte après le roi. Il dominait sur le dixième au moins, peut-être sur le huitième de la vallée et, comme toutes les mainmortes, la sienne manifestait dès lors une tendance à s'élargir plutôt qu'à se restreindre.

Aussi la plupart des historiens modernes, se rappelant que le grand-prêtre d'Amon se proclama roi cent ou cent cinquante ans après ce Ramsès, en ont conclu que la révolution qui substitua une théocratie à l'autorité militaire des Ramessides avait été favorisée, sinon entièrement provoquée, par l'enrichissement du sacerdoce au détriment de la dynastie. Leur idée a été combattue récemment par Erman (1). Après avoir étudié les chiffres du manuscrit Harris, il ne les juge pas aussi décisifs qu'ils l'avaient paru à ses prédécesseurs. Selon lui, même en forçant les calculs, le domaine d'Amon n'aurait occupé qu'un sixième au plus du territoire de l'Égypte propre, plus vraisemblablement un dixième : y avait-il là de quoi ruiner la puissance de Pharaon? Il n'en va pas autrement de la popula-

(1) A. Erman, *Zur Erklærung des Papyrus Harris*, extrait des *Sitzungsberichte* de l'Académie de Berlin, 1903, nº LXXXI, pp. 456-474.

tion vassale : estimez-la aussi haut qu'il vous semblera bon, c'est au plus si elle atteindra un centième de la population totale de l'Égypte. Les redevances réparties sur trente-deux années ne laissent pour chacune d'elles qu'une quotité assez faible. Bref, Amon était opulent à coup sûr, mais pas assez pour contrebalancer l'autorité des souverains. Si donc les Ramessides disparurent par la suite et s'ils cédèrent la place au Sacerdoce, il ne convient pas d'attribuer leur chute rien qu'à la puissance que la fortune du dieu attribuait à leurs adversaires : d'autres facteurs intervinrent. Erman en conclut que le plan sur lequel on a rétabli l'histoire de cette époque devra être modifié profondément, et la façon serrée dont il conduit la discussion prête un grand poids à son opinion : je doute pourtant qu'il soit prudent de l'admettre sans réserve. Je ne sais pas si d'autres ont vu dans l'enrichissement progressif d'Amon la cause unique qui détermina la ruine des Ramessides : il y a longtemps que, pour mon compte, j'ai indiqué les autres motifs qui concoururent, avec celui-là, à remplacer la lignée directe du grand Ramsès par une famille de pontifes souverains. Ce serait grosse besogne si j'essayais de les exposer au complet, mais rien n'est plus aisé que de les noter rapidement.

Et, d'abord, le manuscrit Harris indique uniquement ce qu'était l'apanage du dieu vers la fin du règne de Ramsès III, en un moment où le trésor des Pharaons s'alimentait encore régulièrement des tributs de la Syrie. Au cours du siècle qui suivit, les rois abandonnèrent peu à peu ces provinces lointaines, et leurs caisses s'appauvrirent d'autant : ils durent demander à l'Égypte seule les ressources qu'ils avaient tirées partie de l'Égypte, partie de l'étranger. Pendant cet espace de temps, le fisc d'Amon ne pâtit pas dans la même proportion que le fisc royal : il perdit le revenu des quelques villes syriennes qu'il détenait, mais ce fut très peu de chose dans l'ensemble de ses affaires, et comme, d'autre part, il recevait encore à chaque règne nouveau des donations sur territoire égyptien, nous resterons plutôt au-dessous qu'au-dessus de la réalité, si nous supposons que pour lui les apports compensèrent au moins les pertes. Rien qu'à demeurer stationnaire tandis que la royauté reculait et s'affaiblissait, le sacerdoce se renforça, ou plutôt, la distance diminuant entre sa richesse et celle de Pharaon, son influence pesa plus efficacement sur les destinées du pays. Il en profita pour exiger l'hérédité en faveur de son chef suprême. Jusqu'alors, en effet, le grand-prêtre avait été élu et nommé par le roi : à partir de Ramsès III, il fut toujours choisi dans la même famille, et le fils monta au lieu du père sur le siège pontifical. Dès lors, les événements marchèrent vite. La mainmorte thébaine se doubla d'un véritable fief seigneurial que ses maîtres arrondirent par des mariages avec les héritières des fiefs voisins, par des legs constants d'une branche à l'autre de la famille, par le placement des cadets de chaque génération à la tête du clergé de certaines villes secondaires. Le protocole officiel des charges exercées par leurs femmes nous apprend qu'un siècle ou un siècle et demi après Ramsès III, la Thébaïde presque entière, le tiers environ du territoire égyptien, était aux mains du grand-prêtre d'Amon et des siens. D'Assouan à Siout et au delà, il régissait la plupart des villes et des nomes sous le roi, et ce qu'il n'avait pas directement relevait de lui en vertu des fonctions qu'il remplissait à la cour ; il commandait les armées, il administrait les finances, il gouvernait les pays du Midi et il était le vice-roi de l'Éthiopie. A ce moment son autorité était assise sur des fondations assez complexes. Elle résultait quelque peu des charges militaires et civiles dont il était investi. Elle s'appuyait sur le nombre considérable de fiefs dont il était seigneur héréditaire et qui représentaient l'apanage de sa famille. Elle reposait enfin sur les revenus et sur les terres dont le patrimoine propre d'Amourâ se composait.

Nous n'avons aucun moyen de savoir dans quelles proportions ces éléments de sa prépondérance s'équilibraient, ni si son domaine familial était plus vaste que la mainmorte du dieu : réunis, ils lui procuraient une situation telle que les Ramessides succombèrent devant lui. Le jour où il ceignit la couronne, il était déjà en fait le propriétaire de la vallée, depuis le confluent du Nil bleu jusqu'aux environs de Siout; plus au Nord, ses biens étaient trop clairsemés pour qu'il eût le dessus, et une famille surgit à Tanis qui, soutenue par les cités populeuses du Delta, obligea les Thébains à lui prêter le serment de vassalité. L'Égypte fut partagée désormais en deux tronçons inégaux dont le méridional forma une principauté régie nominalement par Amon, en réalité par les descendants de ses prophètes. Si la richesse du dieu n'en fut pas la cause unique, elle en fut du moins l'instrument principal : sans les ressources qu'elle fournit aux grands-prêtres, ceux-ci n'auraient point réussi aussi vite à s'attribuer l'hérédité, puis à s'acquérir le domaine personnel qui, joint au domaine divin, leur valut bientôt la supériorité sur les Pharaons. Le manuscrit Harris reste donc pour nous un des documents précieux de l'Égypte ancienne : comme il dénombre minutieusement la fortune d'Amon au moment critique de sa carrière, nous pouvons calculer avec assez de vraisemblance la puissance d'action dont ses représentants disposaient, et mettre en évidence l'un des ressorts dont ils se servirent pour transformer le fief militaire de Thèbes en une principauté théocratique.

1er juillet 1903.

LE PALAIS

D'UN PHARAON ÉGYPTIEN A THÈBES

Nous connaissons par le menu l'habitation des dieux égyptiens et comment ils y vivaient : les temples sont là pour nous l'apprendre, gigantesques, innombrables, les uns conservés si bien dans leurs parties essentielles qu'une ou deux journées de travail suffiraient presque à les reaffecter au culte, les autres démantelés ou ruinés, mais non tant que nous soyons incapables d'en rétablir le plan au prix d'un peu d'attention. Les dieux exigeaient, en effet, des *maisons éternelles*, et les Pharaons, jaloux de les contenter, prodiguaient à leur intention les matériaux les plus durables, le calcaire, le grès, le granit, l'albâtre : ils se réservaient pour eux-mêmes le bois et la brique sèche, et contre vingt temples que nous rencontrons, c'est à peine si nous comptons deux ou trois palais royaux, encore sont-ils endommagés si grièvement que le dessin n'en ressort pas très net à nos yeux. L'un d'eux, un peu plus complet que les autres, est en cours de fouilles à Thèbes, sur la rive gauche du fleuve, au sud de Médinet-Habou. Il a été exploré une première fois, pendant l'hiver de 1888-1889, par M. Grébaut, puis le déblaiement méthodique en a été entrepris à partir de 1900 par un Anglais, M. Newberry, aux frais d'un Américain, M. Tytus. Aujourd'hui, après trois années, beaucoup des constructions dont il se composait ont été dégagées, et l'ordonnance s'en distingue clairement sur le sol (1). Les rares touristes que la curiosité y attire peuvent visiter à loisir la résidence favorite de l'un des souverains les plus illustres de la XVIIIe dynastie, Aménôthès III, et ils circulent librement à travers les pièces les plus secrètes, celles où la reine s'enfermait avec les dames de sa suite.

Les bâtiments s'élevaient au milieu d'un terrain d'alluvions recouvert actuellement par le sable, mais qui était alors bien arrosé et qui prêtait à des plantations de beaux jardins sur la lisière du désert. Ils avaient vue vers l'Est sur les pentes abruptes et sur les murailles à pic de la montagne Libyque, vers l'Ouest et vers le Sud sur les champs et sur les bosquets de la plaine thébaine ; en regardant au Nord, Aménôthès III apercevait les massifs du temple funéraire qu'il se construisait et, par-dessus la ligne des corniches, la tête des deux colosses que son ministre Aménôthès, fils de Hapouî, avait érigés à sa gloire (1). Les chapelles de ses prédécesseurs allaient fuyant en retrait l'une derrière l'autre jusqu'à l'entrée de la vallée qui mène aux tombeaux des rois, et, au-delà du Nil, les pieds baignés dans les remous du fleuve, la Thèbes des vivants se déroulait à perte de vue : Louxor et son sanctuaire à peine ébauché, Ashirou et ses hauts remparts gris, Karnak dont la silhouette toute dentelée d'obélisques barrait l'horizon. Le Pharaon surveillait la cité turbulente d'assez près pour s'y transporter en une heure de route si sa présence y devenait nécessaire, d'assez

(1) *A Preliminary Report on the Re-excavation of the Palace of Amenhetep III*, by Robb de Peyser Tytus. — In-4, 1903, New-York, 25 p., 4 planches, et 18 figures intercalées dans le texte.

loin pour échapper aux puanteurs et au tumulte des rues. Une petite ville s'était installée autour de lui, ville de luxe et de pompes officielles, où les grands officiers de la couronne possédaient chacun leur pied-à-terre, où des artisans d'élite fabriquaient les objets nécessaires au train de la cour, orfèvres habiles à fondre et à ciseler l'or de Syrie ou d'Éthiopie, graveurs sur pierres fines, verriers, émailleurs, brodeurs, tisserands. Les restes du quartier où ils logeaient ont été mis au jour, et l'on y a reconnu çà et là le site de leurs ateliers. Des scories de pâtes colorées et d'émail marquaient la place des verreries, et les fellahs du voisinage ne l'ignoraient pas; ils s'y approvisionnaient d'objets brisés ou intacts qu'ils vendaient aux étrangers. Aménôthès III aimait à la passion les bijoux et les vaisselles d'émail bleu ou polychrome. C'est des ruines de sa villa que sont sorties pendant des années ces pièces qui font l'admiration des modernes pour la vivacité de leurs tons, l'éclat de leurs glaçures, la pureté et l'élégance de leur galbe, la finesse de leur exécution, coupes figurant un calice de lotus épanoui, écuelles à boire qui simulaient un étang regorgeant de plantes aquatiques et peuplé de poissons, pots à collyre, ampoules, vases à fleurs, amulettes, perles rondes ou longues pour colliers et bracelets, anneaux simples, bagues à chaton. Beaucoup ne sont que des rebuts ou des fragments frustes : on se demande, à les voir si merveilleux, ce que devaient être les pièces parfaites dans leur fraîche nouveauté.

Le palais lui-même était conçu sur plan rectangulaire. Un mur d'épaisseur médiocre, percé de portes rares et irrégulières, l'entourait et opposait à l'extérieur un long développement de façades aveugles et nues. Lorsqu'on l'avait franchi, on pénétrait dans un véritable labyrinthe

(1) Sur cet Aménôthès, voir pp. 221-228 du présent volume l'article intitulé *Comment un ministre devint dieu en Égypte.*

de cours étroites, de salles à colonnes, de chambrettes, de réduits, communiquant de l'un dans l'autre et aboutissant çà et là à des culs-de-sac. La surface ainsi couverte mesure environ cent mètres sur deux cents de superficie. Les restes des murailles dépassent très rarement un mètre cinquante centimètres ; dans plus d'un endroit, il n'en subsiste que des arasements ou, moins encore, les tranchées creusées pour les fondations. La largeur en variait de soixante-cinq centimètres à un mètre, selon la grandeur des chambres, et elles atteignaient à la hauteur d'environ cinq mètres. Tout le gros œuvre est de briques crues, dont quelques-unes ont reçu en estampille l'empreinte des deux cartouches du roi. Le sol était d'une argile fortement damée et devenue, sous le pilon, presque aussi dure que la pierre. Les murs étaient enduits d'un crépi de boue semblable à celui qu'on emploie partout dans les villages. Les plafonds étaient de deux façons légèrement différentes. Dans les chambres de dimension médiocre et dans les couloirs on jetait, de mur en mur, des poutrelles en bois de palmier ou d'acacia, puis on posait par-dessus de lourdes nattes en fibres de palmier, que l'on surchargeait d'une couche épaisse de terre battue. Pour les salles, on avait adopté un procédé plus compliqué : sur les architraves en bois qui rattachaient les colonnes, on appuyait un système de traverses analogues à celui que je viens d'indiquer, puis on le fermait au moyen de lambourds liés solidement en dessus, et l'on remplissait les caissons d'argile corroyée, si bien qu'on obtenait une couverture fort lourde mais rigide et résistante. Les fragments de plafonds qui gisaient épars dans les décombres et les soubassements de murailles encore en place, gardent les traces de peintures claires et gaies, du type de celles que nous admirons dans les tombeaux et dans les temples. Des vautours aux ailes éployées planent aux plafonds, ainsi que des vols d'oies ou de canards emprisonnés dans des cadres de lignes ondées ou de spirales multicolores. Des figures de femmes dansaient sur les murs, et les pavements semblaient, comme aux palais d'el Amarna (1), des bassins ou des marais avec leurs fourrés de plantes aquatiques où les bœufs paissent; des poissons se poursuivent sous les eaux, des oiseaux jouent entre les lotus, et des captifs liés dans des postures contraintes s'alignent en bordure sur les rives.

Comment la famille et la domesticité se répartissaient à travers l'habitation, l'aspect des lieux ne nous autorise pas à le conjecturer partout encore : on distingue pourtant les appartements d'apparat de ceux qui servaient aux besoins journaliers de la vie. Deux halles rectangulaires, oblongues, soutenues par deux files parallèles de colonnes, furent utilisées évidemment en salles des gardes; c'est là que la foule des courtisans et des officiers de la couronne s'amassait et prenait position hiérarchiquement, chacun selon sa dignité, les jours d'audience ou de fêtes. Les ambassadeurs étrangers y attendaient le moment d'offrir les cadeaux ou les tributs de leurs maîtres; les généraux qui revenaient d'une expédition victorieuse y recevaient la récompense de leurs succès. Les notables de Thèbes et de l'Égypte entière y apportaient leurs hommages à Pharaon avec les mélopées et les génuflexions rituelles. La pompe demi-barbare de la cour égyptienne s'y étalait avec ses contrastes de raffinement extrême et de rudesse africaine, vêtements de linon presque transparents et peaux de bêtes, fards, tatouages, fleurs à profusion, parfums violents répandus sur les têtes et sur les corps; peut-être y donnait-on les banquets solennels, et les ripailles bestiales y succédaient-elles aux palabres interminables où le souverain et ses sujets échangeaient les compliments les plus hyperbo-

(1) Voir, pp. 71-83 du présent volume, l'article intitulé *Une capitale oubliée de l'Égypte pharaonique.*

liques, à la façon des roitelets nègres ou malgaches de nos jours. Une antichambre de dimensions modestes conduisait de là au cabinet privé d'Aménôthès III. Les personnes admises à l'honneur de la présence royale, lorsqu'elles franchissaient le seuil, voyaient soudain devant elles, encadré entre deux colonnes de bois peint, le dais où la *Majesté de l'Horus vivant* daignait se révéler à leurs regards, et s'enlevant en vigueur sur la demi-obscurité la figure lumineuse de Pharaon. Elle leur apparaissait à la façon d'une image de divinité, raidie dans l'attitude de la souveraineté, impassible, les yeux fixes, les diadèmes symboliques au front, le sceptre et la croix ansée aux mains, toute luisante d'or et d'émaux. Elles devaient se voiler les yeux comme incapables d'endurer le rayonnement de la face divine, puis se jeter à plat ventre et, *flairant la terre*, attendre que l'idole leur adressât la parole. Les postures variaient selon leur rang et selon le degré de faveur qu'elle voulait leur témoigner. Elle laissait les uns prosternés, le nez contre terre ; d'autres demeuraient à genoux, d'autres restaient debout mais pliés en deux, d'autres jouissaient du privilège de redresser le buste et n'avaient qu'à incliner la tête légèrement. Comme le culte aux dieux, les réceptions royales étaient une sorte de ballet entremêlé de paroles, dont chaque acte était réglé avec une minutie à désespérer un maître des cérémonies byzantin : on entrait au milieu des chants, on sortait parmi les acclamations au grincement des sistres, et les propos échangés pendant l'entrevue, pour être conformes à l'étiquette, devaient se prononcer sur des rythmes et avec des intonations étudiés longuement. Il fallait la *voix juste* quand on s'adressait au seigneur de la terre, de même qu'il la fallait lorsqu'on implorait les seigneurs du ciel.

Les salles de bain étaient nombreuses, ainsi qu'il convenait pour un prince à demi-dieu et que ses fonctions sacerdotales astreignaient à une propreté minutieuse. Trois d'entre elles contenaient encore au moment de la découverte les dalles de pierre sur lesquelles le baigneur s'accroupissait ou se couchait pour se faire essuyer et masser, puis les conduites qui emmenaient l'eau. Quelques chambres à coucher ouvraient dans le voisinage, avec la plate-forme sur laquelle le lit était dressé. D'autres pièces, plus petites et toutes nues, paraissent avoir appartenu à la domesticité. On n'a rien observé encore qui nous révèle l'endroit où les cuisines fumaient, mais il reste tant à déblayer que nous avons grand'chance de les voir sortir de terre pendant l'une des campagnes prochaines. Il en sera de même pour les magasins, pour les arsenaux, pour les greniers, pour les chapelles, compléments nécessaires de toute villa royale ou princière. Combien était intense la vie qui s'y agitait, les bas-reliefs des tombeaux d'el-Armana nous l'enseignent. L'artiste y a dessiné les palais que le fils d'Aménôthès III, le fanatique Khouniatonou, et les gens de sa cour s'étaient bâtis presque sur le plan et avec le décor du palais de Médinet-Habou. Dans la halle, le Pharaon et sa famille accueillent quelque haut fonctionnaire : la garde veille aux portes, et des chambellans introduisent le personnage, tandis que des escouades d'esclaves apportent les rafraîchissements et les cadeaux d'usage. Un prêtre affairé accomplit une cérémonie d'offrandes devant une des chapelles. Une servante borde son lit au fond d'une chambrette. Des scribes ou de menus employés mangent chacun chez soi. Une danseuse répète ses pas dans un des recoins du palais, accompagnée sur la guitare par ses camarades, et toutes se préparent à briller dans la fête du soir. Il n'y a qu'à transporter ces scènes à Médinet-Habou pour repeupler le palais et pour le revoir tel qu'il était aux jours de sa splendeur. Même, le soin avec lequel les artistes égyptiens figuraient tous les épisodes de la vie familière est poussé si loin, qu'on lit parfois au-dessus des personnages le plus caractéristique des propos qu'ils échangèrent : l'écho de leurs conversations nous arrive affaibli et entrecoupé par l'éloignement dans les siècles. En parcourant les chambres, on y remet d'instinct les meubles à leur place, les lits à tête et aux pieds de lions chargés de leurs matelas rouges, les fauteuils, les guéridons, les coffrets bariolés, les pots à parfum et à kohol, tout le monde de la coquetterie égyptienne. On rencontrerait dans quelque coin reculé la servante endormie ou la danseuse en répétition, qu'on s'en étonnerait médiocrement.

30 décembre 1903.

UN LIVRE DE PROPHÉTIES ÉGYPTIENNES

Les Égyptiens avaient, comme les Hébreux, leurs prophètes sacrés dont les prédictions, courant de bouche en bouche puis écrites et recopiées d'âge en âge par fragments plus ou moins altérés, devenaient enfin des textes classiques lus et commentés dans les écoles. Le hasard nous a conservé peu de ces œuvres d'un caractère si particulier, et ce peu n'est pas toujours facile à comprendre. Celle d'entre elles dont M. Lange vient d'analyser les débris (1) est rendue très obscure par les lacunes qui en interrompent le texte à chaque ligne. Elle remplit l'un des papyrus vendus au musée de Leyde par Anastasi ; elle a été paraphrasée en allemand par Lauth, il y a plus de trente ans, et je l'ai expliquée à l'École des Hautes-Études, sans que ces divers essais aient attiré sur elle l'attention qu'elle mérite. Aujourd'hui encore, M. Lange n'en donne qu'une interprétation sommaire, traduisant les phrases qui lui ont paru le plus claires et indiquant le sens présumé des autres, mais s'en remettant de justifier ses assertions à un mémoire qui doit paraître prochainement. Il aura beau-

(1) H. O. Lange, *Prophezeiungen eines ægyptischen Weisen aus dem Papyrus I 344 in Leiden*, dans les *Sitzungsberichte* de l'Académie des Sciences de Berlin, 1903, XXVII, p. 601-610.

coup à faire s'il veut en éclaircir le détail ; toutefois il en a dès à présent défini le cadre et indiqué le plan avec assez de netteté pour qu'on puisse juger la valeur de l'œuvre sans trop de difficulté.

Le prophète s'appelait Apouî, et l'on ne nous dit point s'il prédisait l'avenir par métier, ou si l'esprit divin le saisit fortuitement comme il fit le potier Aménôphis (1), car le début du volume a disparu. Au moment où le texte commence de manière à peu près suivie, le héros est debout devant le Pharaon. Il parle, et ainsi qu'il convient dans la bouche d'un prophète, son discours entier est de désastres qui vont fondre sur l'Égypte. Les relations familiales se relâcheront, la société sera bouleversée, le découragement s'emparera de toute la population. « Le Nil a beau « déborder, on ne cultivera plus les champs avec son « aide, chaque homme dira : « A quoi bon? ne savons-nous « pas ce qui arrive au pays? » Les femmes resteront sté« riles, car Khnoumou, le dieu des naissances, ne travail« lera pas pour elles à cause de l'état de l'Égypte. Les « gens de basse condition deviendront les possesseurs de « toutes les choses précieuses, si bien que celui qui n'avait « pas de quoi se faire une paire de sandales sera le pro« priétaire de greniers pleins de grains. Des épidémies « terribles éclateront, qui frapperont toutes les classes « indistinctement. La peste saisira l'Égypte, le sang sera « répandu en tout lieu ; les riches gémiront, les pauvres « se réjouiront, et toutes les villes diront : « Chassons les « puissants d'entre nous ». L'expulsion ne se fera pas « sans résistance et la guerre civile désolera la vallée : « Le fleuve tournera en sang et il en faudra boire, quoi « qu'on en ait, et l'on aura soif d'eau. » Les barbares du désert profiteront de la faiblesse générale pour envahir la

(1) Voir page 224 du présent volume, dans l'article intitulé *Comment un ministre devint dieu en Égypte.*

riche terre noire qu'ils convoitent depuis si longtemps ; ils massacreront les braves qui leur résisteront, et les esclaves, n'étant plus maintenus, supplanteront les maîtres. « Ils suspendront au cou de leurs femmes l'or, le lapis-« lazuli, l'argent, le malachite, la cornaline, tandis que « les princesses seront jetées à la rue et que les dames « diront : « Si seulement nous avions à manger ! » Et ce sera le renversement de tout ce qui existe : plus d'impôts, plus de hiérarchie, plus de privilèges. « On ne pré-« férera plus celui qui est le fils de quelqu'un à celui qui « n'est le fils de personne », et « les animaux eux-mêmes « pleureront, le bétail se lamentera à cause de la condi-« tion déplorable du pays ». Les temples ne seront pas respectés ; les choses saintes seront désécrées par des mains sacrilèges. « On enlèvera les livres du sanctuaire « et les châsses mystérieuses seront dévoilées ; les « charmes magiques seront révélés ; l'archive sera ou-« verte et les titres de propriété en seront volés ». La violence sévira partout. « Malheur à moi, à cause du mau-« vais, en son temps de triomphe ! »

Jusque-là du moins la royauté avait été épargnée, et l'on pouvait espérer que Pharaon réussirait à rétablir la paix dans le royaume ; mais voici qu'il est assailli à son tour, et son impuissance consomme la ruine des classes qui vivaient par lui. « Voyez, le riche dort sans avoir pu « apaiser sa soif, tandis que celui qui en était réduit à « mendier un peu de piquette passe maître de cruches « pleines. Le possesseur de fines étoffes n'a plus que des « haillons, mais celui pour qui l'on ne tissait pas est « maître de mousselines. Celui qui ne pouvait pas se « construire un méchant bateau devient le maître de gre-« niers pleins de grains, et celui qui avait des greniers « n'a plus même un bateau. Celui qui n'avait point de « pastèques en possède, et ceux qui en possédaient sont

« vides comme l'air. Celui qui n'avait pas de pain a « maintenant un grenier et son garde-manger est garni « de ce qui était naguère le bien d'un autre. Celui qui « allait la tête rase, sans essence parfumée, est mainte- « nant riche de pots de myrrhe odorante ». Toutes les antithèses que pouvait suggérer à un écrivain habile la connaissance approfondie de la société égyptienne et de ses mœurs foisonnent dans les pages suivantes. Nous y voyons défiler successivement la mendiante qui n'avait d'autre miroir que l'eau et qui maintenant se peint les yeux devant un beau disque de métal poli; les pauvres diables qui, incapables naguère d'acquérir une paire de bœufs pour leur charrue, se trouvent soudain à la tête d'un troupeau complet; l'ouvrier sans esclave qui a des centaines de serfs; l'ancien riche que le malheur des temps oblige à s'asseoir comme parasite à la table d'un ancien pauvre, promu riche à son tour. Il est évident pour ceux qui sont à même d'étudier l'original que cette portion de la prophétie était d'un style fort recherché. Les allitérations y abondent et chaque sentence s'y meut d'un rythme assez strict; dans plus d'un cas même je dirais que les membres en sont assonancés, si notre ignorance de la prononciation exacte ne m'obligeait à une réserve très grande. Il est certain que le coloris de l'expression et la sonorité de l'élocution devaient masquer aux contemporains la pauvreté du fond et sa banalité; aujourd'hui, ce qu'il y a de vulgaire dans l'inspiration du personnage ressort à nos yeux, et nous ne saisissons plus très bien les qualités qui justifièrent son succès. Le texte, dépouillé de ce qui lui assurait sa valeur littéraire et dénué de son importance prophétique, n'a plus pour nous qu'un genre d'intérêt : il nous initie à nombre de détails de la vie d'autrefois que les monuments figurés nous laissaient ignorer.

Cependant le prophète était, comme la plupart de ses confrères, trop avisé pour souffrir que ses auditeurs ou ses lecteurs demeurassent sur une impression d'épouvante ou simplement de tristesse. Après avoir énuméré longuement l'infortune de son peuple, il fallait qu'il lui promît non moins longuement un retour triomphant de prospérité. C'est, selon la rhétorique du genre, un souverain suscité par Dieu qui se lèvera soudain et qui « apportera l'eau « fraîche sur la brûlure. On dit : Il est le berger de tous « les hommes, qui n'a rien de mauvais dans le cœur, et « quand son troupeau se débande, il passe le jour à le « chercher ». Il ramène la paix, et, sous son influence bienfaisante, la vie sociale refleurit de toutes parts, les mariages redeviennent féconds, la sécurité règne sur les chemins. L'Égypte recouvrant sa force guerrière, les peuples qui l'entourent se résigneront de nouveau à subir son joug, Bédouins, Nègres, Libyens, Nubiens. Les lacunes sont si considérables dans cette portion du manuscrit que le texte ne peut pas y être reconstitué. On y sent la suite des idées plus qu'on ne la déduit des lambeaux de phrases qu'on déchiffre. On voit pourtant que le concept du bon pasteur y domine tout : c'est son portrait idéal que le prophète trace, et il lui prodigue les vertus que les Égyptiens exigeaient du Pharaon modèle. Il doit être à la fois administrateur et général, afin d'enrichir son peuple par les arts de la guerre comme par ceux de la paix. Le bonheur de la vie consiste, pour l'Égyptien, à ne point travailler lui-même, ou du moins à travailler aussi peu que possible et à jouir pourtant de l'aisance matérielle à laquelle il a droit par sa fortune : chère délicate, beaux vêtements, bijoux précieux, maison fraîche en été, chaude en hiver, jardin avec lac artificiel où il vient respirer « le doux vent du Nord », du chant, des danses, un harem. Le roi prédit par notre prophète procurera cette existence indolente et sensuelle à ses sujets, jusqu'au jour où la mort les exilera dans le domaine d'Osiris ; par ses guerres victorieuses, il conquerra ce qui est nécessaire à leur épargner la nécessité du travail, l'or, l'argent, les parfums, les étoffes, et surtout les esclaves mâles et femelles, qui remueront la terre, exerceront les métiers, recruteront les armées, seront les producteurs de leur luxe et les instruments de leurs plaisirs.

Les thèmes choisis ne sont donc pas ici de l'ordre le plus relevé, et la manière dont ils sont traités ne rachète pas, au moins pour nous, la vulgarité de l'inspiration : notre Apouî ne paraît pas trop à son avantage si nous le comparons à certains de ses confrères hébreux. Il ne faudrait pas en conclure hâtivement que la littérature prophétique de l'Égypte était à l'ordinaire d'une qualité et d'un sentiment aussi pauvres. Tous ceux qui se mêlaient de prophétiser, par métier ou en amateurs, n'étaient pas nécessairement des hommes de génie ; pour quelques Isaïes, que de mauvais rhéteurs chez les Hébreux ! Apouî connaissait à coup sûr toutes les ficelles et il devait les avoir maniées avec succès, puisque aussi bien on recopia son livre longtemps après lui, mais nous ne goûtons plus les finesses de sa langue, et le fond nous intéresse plus que la forme lorsque nous étudions l'antiquité égyptienne : or, le fond chez lui est médiocre. Ce qui lui prête une valeur à nos yeux, c'est qu'il est jusqu'à présent le seul qui nous fasse connaître une branche entière de la littérature égyptienne. Nous savions bien qu'il y avait auprès des Pharaons un sacerdoce spécial chargé de leur interpréter les volontés d'en haut ; mais les membres en étaient-ils toujours de simples professionnels dont les oracles sortaient en peu de mots, sans prétentions au bien dire, ou bien y en avait-il parmi eux qui se piquaient de beau langage ? Nous voyons maintenant que la prophétie devenait à l'occasion un genre littéraire chez les Égyptiens comme chez les Sémites : elle l'était sous la XIIe dynastie, à laquelle on prétend qu'Apouî appartient, et elle l'était déjà sans doute au cours des dynasties antérieures. Nous pouvons espérer que les ruines nous rendront d'autres œuvres du genre de la sienne, mais meilleures et qui prendront rang sans trop de désavantage à côté des bonnes prophéties hébraïques.

30 mars 1904.

LES ORIGINES ÉGYPTIENNES
DU
DIONYSOS ATTIQUE

Les Athéniens savaient que Dionysos leur était venu du dehors, mais ils ne possédaient plus que des notions confuses sur son origine : M. Foucart la découvre en Égypte, chez l'Osiris des Enfers (1). Il n'en est pas à son coup d'essai dans ce genre de recherches, et déjà, il y a dix ans, il a montré quels rapports étroits unissaient les mystères d'Éleusis aux religions des bords du Nil (2). La thèse qu'il soutint alors souleva plus d'étonnement que d'approbation dans le monde classique. Les Hellénistes du temps présent ont souvent traité l'Orient comme le faisaient les Hellènes d'autrefois. Ceux-ci ont connu, fréquenté, dominé pendant des siècles les peuples de l'histoire primitive, Égyptiens, Chaldéens, Assyriens, Phéniciens, et ils auraient pu nous transmettre sur eux des informations exactes, mais il aurait fallu apprendre des langues réputées barbares, consulter des livres conçus dans des

(1) *Le Culte de Dionysos en Attique*, par P. Foucart, membre de l'Institut; in-4 de 204 p. (Extrait des *Mémoires de l'Académie des Inscriptions et Belles-Lettres*, tome XXXVII.) — Paris, Imprimerie nationale, 1904.

(2) Voir, p. 59-60 du présent volume, dans l'article intitulé *Les mystères d'Éleusis et l'Égypte*.

écritures compliquées, déchiffrer des inscriptions, se donner beaucoup de peine : ils ont préféré s'enquérir auprès des drogmans et leur quémander des contes, sauf à perfectionner ce qu'ils avaient recueilli de la sorte par des inventions qu'ils tiraient de leur propre cervelle. Si d'aventure quelque indigène, Manéthon ou Bérose, essayait de les corriger, ils ne se donnaient pas la peine de copier leurs ouvrages et de les lire. Les Hellénistes en ont agi longtemps de même. Les traditions anciennes leur indiquaient quelle part l'Orient avait prise à la formation de la Grèce, et l'Égypte et l'Assyrie étaient là qui leur offraient leurs documents pour juger de l'authenticité des traditions, mais il aurait fallu se libérer de la routine classique et se risquer parmi les hiéroglyphes et les cunéiformes. Plusieurs s'enhardissent maintenant à le faire qui y trouvent leur profit, et la science avec eux : M. Foucart aura eu le mérite de leur frayer les voies, et ils auront chance de réussir s'ils suivent la méthode qu'il leur a tracée.

Tout n'est pas également satisfaisant dans sa démonstration, et pour beaucoup de raisons. Dionysos est un dieu complexe, dans lequel plusieurs dieux de provenance différente se sont confondus. Les légendes qui couraient sur son compte dans les différents cantons de la Grèce se sont embrouillées et pénétrées l'une l'autre : le sens de certaines cérémonies ou de certains noms s'est altéré ou perdu au cours des siècles, et le peuple ou les savants, ne les entendant plus, se sont efforcés d'en reconstituer la valeur par des étymologies souvent fantastiques. Ajoutez que les emblèmes sacrés et les formules de prière qui auraient pu jeter parfois des lumières sur les questions d'origines ont été détruits au moment de l'extinction du paganisme, à quelques exceptions près. La plupart des cérémonies caractéristiques étaient exécutées dans un mystère profond par un petit nombre de personnes qui avaient juré de n'en rien révéler, et c'eût été un sacrilège que d'en répéter un détail si insignifiant fût-il en apparence. Le moderne n'a plus pour se faire son opinion que des fragments d'inscriptions, des allusions ou des discussions éparses chez les écrivains antiques, des gloses empruntées aux savants plus anciens par des scholiastes d'époque tardive qui ne comprenaient pas exactement les textes qu'ils transcrivaient. Il est malaisé de s'orienter parmi ces informations douteuses et d'y démêler la vérité ; elle peut d'ailleurs se rencontrer à des points très éloignés selon les temps, et l'interprétation usuelle d'un mythe avoir varié du tout au tout entre le cinquième siècle avant et le deuxième siècle après Jésus-Christ. Il semble que Dionysos devait paraître dans les petits mystères non pas seulement comme le protecteur de l'agriculture, mais comme le souverain des régions infernales, et qu'en cette double qualité il répondait à l'Osiris d'Égypte, mais nos sources sont si pauvres sur ce point qu'on doit s'en tenir à la simple conjecture. De même, la fable qui attribue à Dionysos la découverte des cultures de la vigne et des manipulations du vin nous rappelle que les Égyptiens faisaient honneur de ces inventions à leur Osiris ; toutefois ce n'est là chez les Égyptiens qu'un trait secondaire, tandis qu'en Grèce Dionysos ne tarda pas à devenir, par excellence et presque uniquement, le maître du vin. Si le culte n'avait pas conservé plus complètement les autres caractères plus essentiels, l'identité originelle de Dionysos et d'Osiris serait presque impossible à justifier. Les rites pratiqués dans les fêtes, surtout dans celle des Anthestêria, sont les seuls qui la prouvent encore.

Les Anthestéria étaient, entre les fêtes de Dionysos, la plus antique et la plus solennelle, commune d'ailleurs à tous les Ioniens ; elle comportait des contrastes presque incohérents de réjouissances et de tristesses, « comme si

« l'on avait réuni le mardi gras et le jour des morts ». Elle préludait le 11 du mois Anthestèrion, par l'*Ouverture des jarres* qui contenaient le vin nouveau. Les jarres débouchées, le lendemain 12, les campagnards apportaient le moût à la ville, apostrophant du haut de leurs chariots les passants qui leur retorquaient leurs quolibets avec usure. Dans chaque maison, le chef de famille conviait les siens à un banquet où les enfants de trois ans s'asseyaient pour la première fois couronnés de fleurs ; les esclaves eux-mêmes étaient admis aux réjouissances et recevaient leur ration de vin. Cependant un groupe de citoyens, invités par le prêtre, se réunissait au temple, apportant des provisions de bouche dans une corbeille et du vin dans une cruche d'argile de la capacité de trois litres environ. Ils s'installaient chacun isolément à sa table, et proclamation faite par le héros sacré des lois du concours, ils attaquaient leur repas sur un signal de trompette. Le premier qui avait vidé son broc recevait une outre de vin en prix de l'archonte-roi qui ordonnait la fête. Les buveurs ne consacraient pas ensuite dans les temples les couronnes qu'ils avaient ceintes pendant la joute, mais ils les posaient chacun sur son broc, et ils les remettaient à la prêtresse dans l'enceinte de Limnæ, puis les vaincus répandaient en libation ce qui leur restait de vin. C'était la partie visible et populaire de la fête : les rites fondamentaux s'accomplissaient sans témoins profanes dans l'enceinte du hiéron de Dionysos. Ce sanctuaire, le plus vieux et le plus vénérable d'Athènes, demeurait clos l'année entière, mais il s'ouvrait le 12 d'Anthestèrion, devant la *reine*, la femme de l'archonte-roi, et devant ses quatorze compagnes. Un héraut sacré, celui d'Éleusis probablement, assistait la reine lorsqu'elle exigeait de ses suivantes le serment de ne rien répéter de ce qu'elles allaient faire, dire ou voir, puis il la laissait pénétrer dans la cella où nul autre ne l'accompagnait. A sa sortie, elle était mariée formellement au dieu et ce mariage mystique était consommé la nuit d'après, dans un édifice spécial, le Boucolion, qui avait été la résidence de l'archonte-roi aux âges héroïques : la statue du dieu se rendait à la maison nuptiale où elle séjournait jusqu'au lendemain, après quoi elle rentrait au logis et les portes se rabattaient derrière elle jusqu'au 12 Anthestêrion de la prochaine année. La fête se terminait le 13 par une véritable offrande funéraire, à laquelle ni prêtre ni magistrat n'intervenait. Pendant la nuit, chaque famille mettait au feu une marmite neuve et celle-ci cuisait, sans viande, un mélange de farine et de graines de toute sorte : personne n'y goûtait, mais on le présentait à l'intention des morts, devant Hermès souterrain et devant Dionysos les deux divinités des enfers. Les Anthestêria, commencés dans la joie bruyante de l'ivresse, s'achevaient dans le deuil, silencieusement.

Ces mystères, inviolables pour les anciens, demeureraient incompréhensibles pour les modernes, si quelques détails n'en trahissaient l'intention et les analogies. Et d'abord les compagnes de la reine étaient au nombre de quatorze et elles offraient le sacrifice à Dionysos sur quatorze autels, avec d'autres cérémonies non moins secrètes que le reste. Il y avait là un souvenir précis et du nombre des meurtriers qui, dans la légende crétoise, avaient massacré Dionysos, et du nombre des morceaux en quoi ils avaient partagé le cadavre. M. Foucart s'est rappelé aussitôt, et à bon droit, la légende égyptienne où Typhon, ayant assassiné Osiris, déchira sa victime en quatorze morceaux qu'il dispersa à travers les nomes. Isis les recueillit, les rapprocha, et de la réunion tira son Osiris qu'elle ressuscita. La passion et la résurrection d'Osiris avaient lieu chaque année dans tous les temples de l'Égypte, aux fêtes du mois de Kihak. Les deux sœurs, Isis et Nephthys, assistées d'Horus et d'Anubis, fabriquaient, dans quatorze moules, les quatorze morceaux dont le corps divin avait été reconstitué, puis ils les combinaient en une statue parfaite. Leurs opérations vivifiaient cette statue qui, se redressant enfin sur sa couche funéraire, redevenait le dieu lui-même. Osiris, rappelé à l'être, reprenait toutes ses fonctions, jusqu'à s'unir de nouveau avec Isis, ce que M. Foucart n'a peut-être pas indiqué suffisamment, mais il était remplacé dans son tombeau par une autre image qui devait servir à la fête de l'année suivante. Les renseignements que nous avons sur les moments divers des rites célébrés pendant les Anthestêria ne permettent guère de douter que l'Osiris égyptien n'ait été l'original du Dionysos attique. C'est, des deux côtés, un dieu dépecé traîtreusement et qui renaît. Le nombre des morceaux est le même et la marche des événements identique : ainsi qu'Isis a recherché partout les débris d'Osiris, Démêter n'a de cesse qu'elle ait ramassé ceux de Dionysos, et c'est seulement après qu'elle a rétabli le corps, que le dieu recouvre l'existence. Les mystères du 12 d'Anthestêrion reproduisaient fidèlement les traits principaux de la légende égyptienne et des pratiques qui en étaient résultées. La reine et ses compagnes, entrant dans le temple où la statue reposait depuis l'année précédente, simulaient la quête des quatorze pièces du dieu, puis la reine seule les rajustait, et, après en avoir recomposé un simulacre nouveau, elle le saisissait entre ses bras et elle pénétrait avec lui dans le sanctuaire afin de l'y ranimer. Quelles formules elle y récitait, à quels actes elle s'y livrait, nous l'ignorons, mais les effets s'en manifestaient immédiats. Dionysos surgissait bientôt de l'ombre, vivant, jeune, plein de vigueur, et il allait au Boucolion contracter un juste mariage avec la femme de l'archonte-roi. Il regagnait son temple le lendemain pour y mourir et pour s'y résoudre en ses quatorze morceaux, puis il se replongeait dans la solitude de son tombeau. La mise au feu des marmites, la cuisson et l'offrande des graines et de la farine accusent nettement la signification funèbre des rites sur lesquels les Anthestêria se terminaient : les familles profitaient du moment où le sanctuaire se refermait sur le dieu inanimé pour le charger d'emporter avec lui à leurs morts la nourriture dont ils imaginaient que ceux-ci devaient avoir besoin.

L'allure égyptienne de ces conceptions ne manquera pas de frapper les savants qui se sont tenus au courant de nos travaux, et la preuve serait faite si les renseignements des anciens se présentaient à nous enchaînés et coordonnés dans la forme où M. Foucart les expose. Ils sont malheureusement isolés et disjoints à tel point que beaucoup parmi les hellénistes se demanderont si ce que M. Foucart a trouvé d'égyptien dans les fêtes de Dionysos, il ne l'y a pas introduit lui-même, de la meilleure foi du monde, en partant de l'opinion qu'il a que la Grèce a beaucoup emprunté à l'Égypte. Il devra, pour voir ses idées s'accréditer auprès d'eux, attendre que le progrès des études égyptiennes et des fouilles sur le sol hellénique ait calmé les méfiances qui subsistent encore dans leurs esprits. Peut-être ne sera-ce point aussi long qu'il pourrait le craindre. Voici, du fond de la mer Égée, la Crète qui surgit avec sa civilisation brillante et qui passe du domaine de la fable, où les critiques modernes la reléguaient, à la réalité de l'histoire. A mesure que ses monuments se révèlent à nous, nous constatons combien l'influence de l'Orient, celle de l'Égypte et celle de la Chaldée, s'y manifeste puissante. Ce n'est point vainement et par pure vanité que les Pharaons thébains de la XVIIIe dynastie s'intitulaient les maîtres des îles de la Très Verte ; leurs vaisseaux y abordaient, et si la suprématie qu'ils y exerçaient était légère et instable, elle n'en existait pas moins (1). Il y a peu de chances que nous découvrions, parmi les ruines, des documents qui nous renseignent sur l'influx d'idées et de rites qui se produisit alors du Delta vers l'Archipel et vers le continent européen; mais du jour que le fait matériel des relations commerciales et politiques sera démontré aux hellénistes, celui des relations spirituelles suivra de soi, et les traditions de colonies égyptiennes ou d'emprunts religieux, qu'ils avaient naguère repoussées si fort, prendront créance à leurs yeux comme elles l'ont pris aux nôtres depuis longtemps.

(1) Voir, pp. 53-58 du présent volume, dans l'article intitulé *la Syrie du XVIIIe au XIVe siècles.*

28 septembre 1904.

UNE TOMBE NOUVELLE

DANS LA VALLÉE DES ROIS THÉBAINS

Voici quatre ans bientôt qu'un Américain de voyage en Égypte, M. Théodore Davis, demanda et obtint l'autorisation d'explorer à Thèbes la vallée des Rois. La façon dont il comprend sa tâche n'a rien d'égoïste : il fournit la paye des ouvriers et il fait la fouille, mais nous en gardons le produit entier, sauf quelques pièces en double que nous lui offrons comme souvenir. Il a d'autant plus de mérite à s'en contenter, que le plan de campagne élaboré sur les lieux au début des opérations, par le directeur général et par l'inspecteur en chef du Saïd, M. Carter, aboutit chaque hiver à des trouvailles importantes. On découvrit d'entrée de jeu, en 1903, le tombeau de Thoutmôsis IV avec ses broderies merveilleuses, ses faïences bleues, ses morceaux de boîtes peintes ou de statues, son char d'apparat au coffre ciselé. En 1904, la reine Hatchopsouîtou nous rendit ses trois beaux sarcophages de calcaire. C'est maintenant le tour de Iouîya, le père d'une des princesses le plus renommées de la XVIIIe dynastie, Tîyi, femme d'Aménôthès III et mère d'Aménôthès IV. Les hypogées des années précédentes avaient été exploités à plusieurs reprises par une bande noire et saccagés avec une rage inouïe sous la XIXe et sous la XXe dynastie : les centaines de fragments que nous y avons recueillis et qui nous semblent la richesse, ne sont que le rebut des pillages antiques. Celui de cette année a été violé discrètement par des gens trop pressés pour le dépouiller à fond et presque respectueux de la mort : s'ils ont défoncé les cercueils et débarrassé les momies de leurs bijoux, ils n'ont pas touché au mobilier.

Les architectes ne s'étaient pas mis en frais d'imagination pour établir le plan et l'exécution ne dut pas grever lourdement le trésor royal. Ils avaient choisi, vers l'endroit où l'un des ravins qui sillonnent le versant oriental de la colline rejoint l'Ouadi central, un site assez éloigné de ceux que les quatre Thoutmôsis s'étaient réservé pour y reposer. Ils y creusèrent un escalier d'une trentaine de marches qui, courant d'abord à ciel libre, plonge bientôt dans la roche pleine et aboutit à une porte étroite, juste assez haute pour qu'un homme de taille médiocre la franchisse sans se heurter du front au linteau. La pièce sur laquelle elle donne est moins une chambre qu'une cavité rectangulaire, pratiquée rudement dans la masse, mal équarrie, basse de plafond, sans décor de sculpture ou de peinture, capable à peine de contenir, comme en chantier, les cercueils et le reste de l'appareil funèbre. Les derniers des Égyptiens qui la visitèrent avaient comblé en se retirant la portion de l'escalier qui affleure au sol, puis les eaux qui s'écoulent en torrent par le ravin, les jours d'orage, avaient charrié sur le remblai une couche de cailloux roulés et de sable si compacte que la pioche des ouvriers eut peine à y mordre. M. Quibell, qui venait de succéder à M. Carter dans la surveillance des travaux, avait pourtant réussi à la percer et il tenait déjà les marches supérieures, lorsque le devoir professionnel, l'envoyant montrer le temple d'Edfou au duc de Connaught, le priva du plaisir d'ouvrir le tombeau avec M. Davis. Il paraît qu'après avoir dépouillé la momie, les voleurs éprouvèrent quelque velléité d'emporter, outre les bijoux, certains objets qui leur semblaient de défaite facile, car on recueillit sur les marches un scarabée de pierre verte, les éclats d'un vase en albâtre, le joug peint et doré d'un char, une canne de commandement au pommeau doré, un gros rouleau de papyrus enluminé : un paquet d'oignons et d'herbes sèches avait été jeté négligemment sur la banquette, à gauche de l'escalier. Le 12 février, au soir, la porte se montra, à demi perdue sous la poussière ; le 13 au matin elle était dégagée complètement et le mur qui la barrait était visible dans toute sa hauteur. Les briques conservaient le crépi d'argile fine dont les maçons sacrés les avaient revêtues le soir des funérailles, et l'on y distinguait précise l'empreinte des sceaux que les gardiens de la nécropole y avait apposés, un chacal couché et sous lui trois rangs de prisonniers à genoux, les bras liés derrière le dos. Les voleurs avaient démoli les deux ou trois assises supérieures afin de s'introduire par la brèche et l'on apercevait confusément dans le fond un entassement de formes sombres, rehaussées d'or çà et là aux points où la lumière les frappait.

Rien n'est plus rare aujourd'hui que les tombes vierges dans la nécropole thébaine ; je n'en ai rencontré qu'une seule en onze ans, celle de Sannotmou, encore appartenait-elle à d'assez pauvres gens. Celle-ci abritait à coup sûr des personnages de condition très noble, et elle se présentait si remplie du sol au plafond, qu'au premier coup d'œil on la pouvait croire intacte ; à y regarder de près, divers indices rendaient évidente l'action des malfaiteurs antiques. Le grand cercueil noir et doré du premier plan était béant, les panneaux déjetés, les ais disjoints, le couvercle tombé de côté, la momie réduite à n'être plus qu'un paquet de chiffons déchirés ; toutefois, si un certain désordre se manifestait là, partout ailleurs les objets étaient dans l'ordre même où on les avait rangés pendant les cérémonies de l'enterrement. L'espace n'est pas large entre la crête du mur de briques et le linteau de la porte, mais il n'y a fente si ténue qu'un archéologue ne réussisse à s'y insinuer, lorsqu'il soupçonne du nouveau et peut-être de l'inconnu par-delà. On passe à frottement dur, mais on passe, et en mettant pied à terre dans la chambre, il semble qu'on abandonne derrière soi les siècles révolus depuis le temps où le mort vivait : la momie vient de descendre au caveau, l'officiant accomplit les derniers rites, les serviteurs achèvent de déposer les meubles et les offrandes. La physionomie de l'ensemble rappelle à s'y méprendre celle du tombeau de Maiharpiriou (1) : elle nous suggère l'époque de Thoutmôsis IV ou d'Aménôthès III, et cette première impression est justifiée soudain par la lecture des inscriptions. C'est, sur un fauteuil en bois, la mention de la princesse Sîtamanou, fille d'Aménôthès III, puis sur une fiole le cartouche d'Aménôthès III lui-même et ailleurs, sur les cercueils, sur les boîtes, sur les statuettes, sur les vases, avec les variantes d'orthographe les plus imprévues, deux noms presque célèbres, ceux de la dame Touîyou et de son mari, *le prince héréditaire, l'ami premier parmi les amis du souverain, celui qu'a fait grand le seigneur roi, le père divin, aimé de son maître*, Iouîya. La chance, qui nous trahit trop souvent, a daigné cette fois combler M. Davis de ses faveurs ; elle l'a mené chez le père de cette reine Tîyi, sur les

(1) C'est un tombeau découvert non loin de là par M. Loret en 1899. Maiharpiriou — le *lion sur les champs de bataille*, — était le fils d'un Pharaon de la XVIIIe dynastie, probablement Thoutmôsis III, et d'une princesse noire : le mobilier complet de son tombeau est aujourd'hui au Musée du Caire.

origines de laquelle les savants ont conçu tant d'opinions bizarres. Beaucoup des pièces de son trousseau funèbre lui furent données par les membres de sa famille, enfants, gendres, petits-enfants : Pharaon lui-même a dû les voir pour juger si elles étaient dignes d'être offertes à une personne qui lui touchait de si près, et nos mains, en les relevant, seront peut-être les premières à y effacer la trace de ses mains.

Les voleurs ont fait place nette vers les pieds du cercueil, afin de vaquer plus commodément à leurs déprédations, et le sol est visible au sud de la chambre sur une surface de deux ou trois pieds carrés. Nous savions par les textes et par les représentations figurées que les *statues de double*, les momies, les coffrets, les sarcophages, tout l'attirail funèbre devait être installé à même la terre ou la pierre vive ; il fallait qu'il posât sur du sable, mais les tombeaux où nous avons accès d'ordinaire ont été bouleversés si fort qu'il nous était impossible de décider jusqu'à quel point les prescriptions du rituel y furent observées. Ici le lit de sable subsiste, tel qu'il avait été préparé par les ouvriers de la nécropole, et il porte tous les objets. Ceux-ci présentent des formes d'une variété incroyable, et on dirait qu'ils se multiplient sous nos yeux, à mesure que la lumière de nos bougies, promenée par la chambre, les fait surgir de l'ombre. Deux rectangles de bois drapés s'appuient au mur, probablement deux de ces cadres bas consacrés à l'*Osiris végétant*. On dessinait sur l'étoffe les contours d'un grand Osiris momifié, face découverte, bras libres, diadème au front, puis on les emplissait d'un semis d'orge ou de blé, que l'on humectait doucement jusqu'à ce que le grain eût germé ; quand la tige avait atteint deux ou trois centimètres de hauteur, on la couchait à plat, et l'on enveloppait le tout de bandelettes. C'était comme une définition par l'image des destinées de l'âme : telle la semence qu'on enterre, l'homme germe, et de sa mort une autre vie se lève aussi vigoureuse et aussi féconde que la première. Un fauteuil en bois sombre, décoré de reliefs et d'inscriptions dorées, est adossé au mur entre les lits, des *Répondants* lamés d'or ou d'argent sont en tas dans un coin, et je me demande quelle quantité d'orfèvreries le cercueil contenait pour que les voleurs aient négligé de s'emparer d'eux. Les statuettes n'offrent pas une égratignure, les coffrets sont intacts, et si les couleurs y paraissent ternes, la faute en est au voile léger de poussière que les siècles ont répandu sur elles : elles se ravivent dès qu'on les essuie légèrement. L'encombrement n'est pas aussi sensible dans la partie Nord, mais la richesse y est aussi grande. Le fauteuil inscrit au nom de Sîtamanou, des figurines, des boîtes à *Répondants*, des vases à parfums, des provisions de vingt espèces, des jarres pleines des essences rituelles, des armes, et, dans le fond, contre le mur, un char avec son timon, son essieu, ses roues, ses attaches ; s'il résiste à l'action de l'air libre, notre musée possédera enfin ce qui n'existe dans nul autre, un char complet prêt à atteler.

Des jours s'écouleront avant que nous sachions sans faute ce que l'arrimage ingénieux du caveau nous dissimule encore de merveilles insoupçonnées, mais, dès demain, nous entreprendrons le déménagement et l'inventaire méthodique. Les inspecteurs du service, M. Quibell et M. Weigall, partageront la garde avec des savants de bonne volonté, Malvezzi, Ayrton, Parabeni, qui abandonnent complaisamment leurs fouilles pour nous donner un coup de main ; ils mesureront les pièces l'une après l'autre, ils les néméroteront, ils les photographieront, ils les empaquèteront, et M. Lindon Smith reproduira à l'aquarelle celles d'entre elles dont les couleurs sont le plus en danger de s'altérer. M. Davis embarquera les plus délicates à bord de sa dahabiéh afin de leur éviter les cahots du voyage en chemin de fer, puis les autres seront dûment mises en caisse et confiées à l'express du Saïd : après trois semaines au plus, Iouîya arrivera au Caire avec ce que les voleurs d'autrefois avaient consenti à lui laisser de son trousseau. Les objets emmagasinés dans nos musées sont à ceux qui demeurent à leur place antique, ce que l'animal naturalisé par l'empailleur le plus habile est à celui qui vient d'expirer à peine, et dont les membres sont tout imbus encore des derniers souffles de la vie : en les enlevant de l'endroit où leurs contemporains les avaient rangés, il semble qu'on leur inflige une seconde mort et qu'on rompe les liens que la première avait respectés avec le monde auquel ils appartenaient. J'aurais voulu garder l'hypogée de Iouîya tel qu'il était au même instant de la découverte, mais c'eût été le soumettre à trop de chances mauvaises : tout se serait conjuré pour hâter la ruine ou la spoliation, la curiosité indiscrète des touristes, la cupidité des Arabes, les convoitises sans scrupules des amateurs d'antiquités, et les bêtes ne lui auraient pas été plus clémentes que les hommes. Un des vases que nous avions débouché contenait de l'huile pâteuse, un autre du miel presque liquide et qui n'avait pas perdu son parfum. Comme on l'oubliait sans couvercle sur l'une des marches de l'escalier, vers l'entrée du couloir, une guêpe en maraude, égarée dans la vallée des Rois, vint rôder gloutonnement autour du goulot ; il fallut l'écarter à coups de mouchoir pour l'empêcher de prélever sa part de ce miel butiné il y a plus de trois mille ans, par les abeilles antiques, sur les fleurs de la campagne thébaine.

29 mars 1905.

L'OASIS D'AMMON

L'Oasis d'Ammon a été familière à beaucoup d'entre nous pendant leur enfance. Alexandre s'y rendit en consultation auprès du Dieu et il en revint dieu lui-même, à l'étonnement de ses contemporains. Deux corneilles, d'autres assuraient deux serpents, l'avaient reconduit dans la bonne voie au moment qu'il s'en écartait, et l'avaient guidé jusqu'en vue de la cité mystique. A son arrivée, Ammon dans son arche l'était allé saluer sur les épaules des prêtres, et il lui avait tenu des discours captieux au cours desquels il l'avait appelé son fils; il lui avait promis la domination sur l'univers et il lui avait annoncé que la victoire demeurerait fidèle à ses drapeaux jusqu'au bout. L'Oasis était lointaine, et Alexandre parla peu de ce qu'il y avait vu et entendu. Le monde ne sut jamais par le détail ce qui s'était passé dans ce coin du désert : il crut ce que les rares témoins de l'entrevue consentirent à lui raconter ou il ne le crut pas, et il ne rit pas plus qu'il ne fallait quand on lui enseigna que le héros avait le dieu pour père. La réputation d'Olympias souffrit un peu de cette révélation, mais elle n'en était plus à un accroc près; d'ailleurs, il n'en allait pas sans quelque gloire pour elle d'avoir été l'objet d'un caprice divin, et, comme Philippe n'était plus là pour protester, personne ne s'avisa d'élever la voix en sa faveur. L'oracle tira profit de l'aventure : il en resta à la mode pendant plusieurs siècles, puis, quand il eut perdu son prestige auprès des dévots, son nom ne s'effaça point de la mémoire des générations nouvelles. Quinte-Curce et Plutarque aidant, on continua de s'intéresser à lui dans les classes de France ; jusqu'aux derniers programmes, tous les élèves de nos lycées étaient renseignés suffisamment sur le rôle qu'il avait joué dans l'épopée d'Alexandre.

Ils auraient été bien embarrassés d'en définir le site exactement ni si l'on y trouvait encore les ruines du temple où il opérait. L'oasis n'est point d'accès facile, et, depuis que la voix d'Ammon s'est tue, elle n'a plus reçu que rarement la visite des voyageurs. Nous aurions vite fait de dénombrer les Européens qui y ont pénétré depuis le commencement du XIXe siècle, mais si nous mettions bout à bout les semaines qu'ils y ont séjournés à eux tous, nous n'en tirerions pas une année complète : Steindorff et ses compagnons (1) y ont campé pendant vingt et un jours seulement, entre le 19 décembre 1899 et le 8 janvier 1900. Les gens n'y sont pas hospitaliers aux étrangers. Répartis en cinq ou six clans qui comprennent chacun une vingtaine de familles environ, ils constituent depuis des siècles une communauté presque fermée et ils n'ont que des relations sans suite avec le dehors. Ils sont divisés en deux factions politiques et religieuses, en deux *çofs*, qui vivent à l'ordinaire dans un état de trêve hargneuse, et qui n'entretiennent l'un avec l'autre que les rapports strictement nécessaires de gouvernement et de commerce. On se marie malaisément de l'un dans l'autre, mais en revanche, il ne s'écoule guère plus d'une génération sans qu'une

(1) G. Steindorff, *Durch die Libysche Wüste zur Amonsoase*, Bielefeld et Leipzig, chez Velhagen et Klasing, 1904, in-8°, 163 p., avec 113 illustrations et une carte.

guerre civile éclate qui les tient aux prises pendant des mois entiers et qui ne cesse que par l'épuisement général. La dernière date de 1896 et elle fut des plus acharnées. On assure que 160 combattants restèrent sur le carreau, et les pertes auraient été plus cruelles encore, si des cheikhs senoussis n'étaient accourus de Djarboub et ne s'étaient entremis pour ramener la paix ; depuis lors, la police égyptienne a maintenu l'ordre et l'Oasis gagne tranquillement des forces pour des conflits nouveaux. Elle nourrit un peu moins de 6.000 âmes ; comme le nombre des hommes y surpasse sensiblement celui des femmes, la polygamie y est peu fréquente. On y parle un dialecte berbère corrompu et farci de mots arabes. Le trafic est presque nul et l'industrie moindre que le trafic. Des caravanes importent, à intervalles irréguliers, du tabac, du sucre, de la poudre, des armes, quelques cotonnades européennes, quelques bijoux : le reste est fabriqué sur place par les femmes ou par les artisans du bazar. Les dattes et les olives sont la principale richesse des habitants ; non seulement ils s'en nourrissent, mais ils en expédient chaque année près de 12.000 kilogrammes en Égypte et jusqu'en Syrie. C'est avec le produit de la vente qu'ils acquittent l'impôt et qu'ils se procurent le peu de luxe qu'on rencontre chez eux.

Il en était presque de même aux temps de la domination pharaonique. Les rois thébains de la XVIIIe ou de la XIXe dynastie furent probablement les premiers à occuper l'Oasis solidement. Ils y installèrent leur dieu Amonrâ et ils lui construisirent une chapelle où il trôna, sinon avec toute la pompe, du moins avec tous les rites auxquels il était accoutumé dans sa patrie d'origine. Les tribus libyennes du voisinage, à demi pénétrées déjà de civilisation égyptienne, ne renoncèrent pas pour lui à leurs religions nationales, mais elles se plurent à le fréquenter et à lui prêter hommage. L'un surtout de ses attributs frappa leur imagination, l'habileté avec laquelle il pressentait l'avenir et le dévoilait à ceux qui l'interrogeaient selon le cérémonial prescrit. Sa statue parlait dans l'ombre du sanctuaire ; elle répondait d'un mouvement de tête aux questions qu'on lui posait, ou lorsqu'on lui plaçait sur les mains deux rouleaux contenant chacun la solution différente d'une même affaire, elle retenait celui dont elle voulait faire prévaloir l'opinion et elle laissait échapper l'autre (1). Les divinités libyennes étaient moins expertes ou moins raffinées de manières : leurs fidèles ne s'adressèrent plus à elles dans les circonstances graves, mais ils s'habituèrent à réclamer l'avis de l'étranger. Ils affluèrent respectueusement devant lui de tous les coins du désert, et bientôt sa renommée, joignant la côte, se propagea chez les peuples riverains de la Méditerranée. Lorsque les Doriens colonisèrent Cyrène, vers le milieu du VIIe siècle avant Jésus-Christ, ils apprirent bientôt l'existence de l'oracle et ils s'empressèrent de le consulter, puis la Grèce continentale, en ayant reçu connaissance de la Grèce coloniale, commença à lui envoyer des ambassades dans les conjonctures difficiles. Du VIe au IVe siècle, deux oracles africains se partagèrent la vogue, et ils eurent chacun leurs partisans zélés qui se querellaient sans cesse et qui rabaissaient le pouvoir du rival pour la gloire de leur propre dieu. L'oracle de Bouto, dans le Delta, avait comme partisans les Ioniens et les Asiatiques groupés autour de Naucratis ; il parut l'emporter jusqu'au jour où l'Égypte fut conquise par les Perses. L'oracle d'Ammon faisait loi chez les Cyrénéens et par eux dans la Hellade propre, mais il ne prit le dessus qu'à partir du Ve siècle, lorsque la décadence de Naucratis eut affaibli dans le monde grec l'élément qui soutenait la cause des dieux de Bouto.

(1) Voir plus haut, pp. 167-173, l'article intitulé *Les Statues parlantes dans l'Égypte antique.*

L'Oasis, enrichie par les dons sans cesse accrus des pèlerins, était devenue un véritable État, rattaché à l'Égypte par des liens plus ou moins lâches selon les époques. Elle avait ses princes héréditaires dont la suzeraineté s'étendait peut-être sur quelques-unes des petites oasis voisines, celle de Gara, par exemple. Le plus ancien de ceux que nous connaissons est cet Étéarchos, — peut-être un Téharkou dont le nom aurait été habillé à la grecque, — qui vivait du temps d'Hérodote et qui racontait de si curieuses choses sur les populations du désert africain. Moins d'un siècle après lui, les inscriptions copiées par Steindorff nous ont révélé l'existence de trois de ses successeurs, un Raudîtneb dont le fils, Setertas, était le vassal du Pharaon Hakoris de la XXIVe dynastie, enfin, un Ounamounou qui relevait du premier souverain de la XXXe, Nectanébo Ier. Ils avaient trouvé les temples en mauvais état et, s'ils ne les avaient pas rebâtis en entier, du moins les avaient-ils restaurés et décorés de bas-reliefs assez soignés. Tout cela était neuf au moment où les Macédoniens pénétrèrent en Égypte ; les ruines qui subsistent aujourd'hui appartiennent sans doute aux édifices qu'Alexandre vit, quand il interrogea le dieu. Ce sont des constructions purement égyptiennes de style et où nulle influence grecque ne perce. Le plan en est celui des petits temples thébains, avec une cella flanquée de deux pièces secondaires pour la déesse-épouse et pour le dieu-fils ; peut-être comportait-il une salle hypostyle, un pronaos et un pylone, mais ces éléments ont disparu ou les voyageurs n'en ont su relever aucune trace. Les divinités y sont celles de l'Ennéade thébaine, Amonrâ, sa femme Maout, Shou et Tafnouît à tête de lionne, Gabou la terre, Nouît le ciel. Les formules qui couvrent les murs sont empruntées aux livres les plus vieux du monde, à ceux dont le texte est gravé dans les caveaux des pyramides et dont la rédaction était achevée depuis longtemps, lorsque Ménès, le premier roi, monta sur le trône; les chambres où nous les lisons sont celles où l'on rendait le culte funéraire au prince ainsi qu'aux formes mortes d'Amonrâ. C'est donc en pleine Égypte qu'Alexandre tombait, quand il démonta devant la porte du sanctuaire, et la description que ses historiens nous ont faite de son entrée est celle d'une cérémonie purement égyptienne. L'emblème divin sortit de son naos pour le recevoir et il lui parla comme il avait l'habitude de parler à ses Pharaons : « Viens, mon fils de mon flanc, qui m'aimes, « pour que je te donne la royauté de Râ et la royauté « d'Horus ». Il ajouta à ces salutations banales les promesses sacramentelles : « Je te donne la vaillance, je te « donne de tenir tous les pays et toutes les régions « étrangères sous tes sandales; je te donne de frapper « tous les peuples réunis en ton poing ». La litanie se prolongeait à volonté, et si ce ne sont pas là les termes du discours qu'Alexandre entendit, c'en est le sens certainement : on sait quelle signification il lui plut leur donner pour la réalisation de ses projets de domination universelle.

Si les fouilles nous permettront jamais de déterminer l'endroit même où le conquérant et le dieu se contemplèrent si poliment face à face, je l'ignore en vérité. Il semble que dans un pays écarté à ce point du reste de l'humanité, les monuments du passé auraient chance de se conserver plus complets qu'ailleurs : même quand ils s'effondrent par l'action des siècles on devrait retrouver épars à terre les morceaux qui les composaient. Les habitants de Siouah ont pourtant réussi à détruire leurs temples presque entièrement. Ce n'est pas qu'ils les aient dépecés pour se fabriquer des huttes avec les débris, comme il est arrivé si souvent aux bords du Nil; mais ils les tiennent pour l'œuvre des magiciens émérites qui ont régné partout sur le vieux monde, et l'empressement que les Européens témoignent à en explorer les ruines les ont confirmés dans leur croyance. Ces blocs couverts d'images étranges ne sont pas ce qu'ils ont la prétention de paraître ; ils sont autant de lingots d'or pur déguisés par la vertu d'un sortilège très antique, et celui qui saurait les désenchanter s'enrichirait à plaisir. Aussi dès qu'un pan de mur ou une pierre isolée sortent de terre, pour peu qu'ils rendent au heurt un son métallique, les gens de l'Oasis les cassent en menus morceaux dans l'espoir de rompre le charme ; bien qu'ils soient désappointés toujours, ils ne se lassent jamais de recommencer l'expérience. Cette année encore, pendant les fouilles, on les voyait rôder avec leurs marteaux dans le voisinage, et, quelque surveillance qu'on exerce sur eux, il est à craindre qu'ils ne brisent bientôt les colonnes et les portions de parois découvertes récemment. Le site est séparé du Caire par trop de journées de désert pour qu'on le protège de façon efficace : ce qu'il recèle de documents est virtuellement à la merci d'une poignée de barbares cupides et superstitieux.

28 juin 1905.

DE LA REPRODUCTION DES BAS-RELIEFS ÉGYPTIENS

A PROPOS D'UN OUVRAGE RÉCENT DE M. DE BISSING (1).

Plus d'un artiste incline à croire qu'il est facile de copier convenablement les bas-reliefs égyptiens. Sans doute on y rencontre des façons de poser la figure humaine et l'animale qu'il faut considérer de près si l'on veut les transcrire avec justesse, mais, somme toute, ils paraissent offrir dans l'ensemble des lignes simples, des surfaces vides, des silhouettes découpées sèchement, des mouvements gauches et mal rythmés : c'est affaire d'un peu d'attention et de beaucoup de patience. Le copiste, après avoir jeté son esquisse, la reprend à petits coups, accentuant avec soin tout ce qui constitue à ses yeux le caractère propre de l'art égyptien, les yeux et la poitrine de face, le visage et le torse de profil, les bras et les jambes pareils sans distinction évidente de droite ni de gauche, la démarche empesée, le geste anguleux. Le plus souvent, il est satisfait du résultat et il se sait gré à lui-même d'avoir saisi si naïve-

(1) *Die Mastaba des Gem-ni-kai*, im Verein mit A. E. P. Weigall herausgegeben von Friedrich-Wilhelm von Bissing, t. I, Berlin, A. Duncker, 1905, in-f°, VIII-42 p. et XXXII pl.

ment la physionomie de son modèle. Quelques-uns pourtant dépouillent cette illusion à mesure qu'ils avancent, et ils s'aperçoivent bien avant la fin qu'où ils pensaient exécuter une copie fidèle ils sont tombés dans la caricature.

Aussi bien, ce qu'il y a d'étude et de métier dans la plupart des bas-reliefs se révèle promptement à qui les examine avec attention et le fait presque désespérer de les bien traduire sur une planche par les moyens ordinaires. La ligne qui cerne les corps d'un contour si précis, elle n'est pas raide ni inflexible dans toute sa longueur comme on le penserait au premier abord, mais elle ondule, elle s'enfle, elle s'effile, elle s'écrase, selon la structure des membres qu'elle limite et selon le mouvement qui les anime. Les méplats qu'elle définit ne contiennent pas seulement l'indication sommaire de l'ossature et des grands plans de chair, mais les muscles y sont marqués chacun à sa place par des saillies et par des creux si ténus qu'on se demande comment le sculpteur antique les a produits avec les outils imparfaits dont il disposait : il a fallu la finesse du calcaire blanc de Tourah pour qu'il ait pu les réserver dans un relief haut parfois de deux millimètres au plus, mais la plume, le crayon, le pinceau modernes sont impuissants à les transporter exactement sur le papier. Prisse d'Avennes, dans son *Histoire de l'Art égyptien*, a imité parfois avec bonheur la souplesse et l'élégance de la forme générale : il a supprimé presque toujours le travail du ciseau entre les lignes enveloppantes et les frottis d'ombre légers qui en résultent. Lepsius, ou plutôt Weidenbach qui dessina pour Lepsius, a fait moins encore que Prisse d'Avennes. A force de voir et de croquer des parois de tombeaux memphites, il s'était composé à lui-même un style égyptien d'aspect agréable et de proportions correctes, qui répondait honnêtement à la moyenne des types humains et animaux le plus fréquemment usités près des

Pyramides. Il en usa avec bonhomie, à travers les volumes gigantesques des *Denkmæler*, sans tenir compte des variétés innombrables d'exécution que les monuments lui offraient aux époques successives de l'histoire, voire à la même époque dans des localités différentes. Ses soi-disant facsimilés ne sont, à vrai dire, que des assemblages de poncifs d'où la facture individuelle de tous les morceaux a disparu. Le détail archéologique y est enregistré avec scrupule, ainsi que les modifications survenues au costume, à l'armement, au mobilier, à l'outillage domestique ou industriel; tout ce qui touche au détail artistique y manque, et l'on n'y saurait distinguer à la touche ce qui appartient aux époques les plus anciennes ou à l'âge saite. On conçoit, sans qu'il soit besoin d'insister, combien ce parti a dévoyé les savants qui essayaient d'apprécier en chambre l'art égyptien et d'en reconstituer l'histoire. Il a faussé le jugement de deux ou trois générations : elles ont attribué aux originaux la monotonie qu'elles observaient dans les reproductions, et l'Égypte a été convaincue, pendant un demi-siècle, de posséder un art immobile, sans inspiration personnelle et sans faire nuancé.

Les Égyptologues d'aujourd'hui ont à leur disposition des moyens qui serrent la réalité de plus près. M. de Bissing s'est servi de l'héliogravure pour la publication qu'il a entreprise de plusieurs hypogées de Sakkarah, et si la mise en train de l'ouvrage lui est revenue un peu cher, la vérité des images est si frappante que le désavantage du prix se trouve plus que racheté par la fidélité de l'exécution. Ce n'est pas que tout y soit parfait ni qu'on n'y ait à redire en plus d'un endroit. La teinte adoptée est parfois un peu sombre et le tirage pesant : l'encre a empâté çà et là les figures, et ses bavures ont alourdi les contours. Ces fautes sont presque inévitables pour des livres qui ne sont pas exclusivement de luxe et destinés à des amateurs :

elles sont rares, d'ailleurs, dans l'exemplaire que j'ai sous les yeux, et peut-être n'existent-elles pas dans d'autres exemplaires. En tout cas, le volume, considéré dans son ensemble, est excellent, et les curieux qui le feuilletteront éprouveront par moments la sensation d'avoir presque le document sous les yeux. Non seulement la silhouette générale des personnages et des objets est là, mais toutes les menues attaques du ciseau apparaissent avec les jeux d'ombre et de lumière qu'elles déterminent. Chacun des hommes a sa physionomie propre qui est précisée par quelques tailles rapides, et, plus encore peut-être que les hommes, les animaux. Un des tableaux nous montre des hyènes apprivoisées qu'on médicamente ou qu'on engraisse en les gavant avec de grosses boulettes d'une substance apparemment peu savoureuse : elles sont liées, couchées sur le dos, les quatre pattes en l'air, et leur attitude est forcément la même partout, mais ce qui change de groupe en groupe, c'est la mine avec laquelle elles acceptent leur portion. Ailleurs, des canards et des oies viennent de subir une épreuve semblable, et ils se promènent pour se remettre de leur émotion. Le sculpteur connaissait si bien les particularités de chaque sexe que nous distinguons encore ses oies mâles et ses oies femelles au port de la tête ou à la coupe du corps, mais de plus il leur a prêté des frétillements de queue, des grimaces, des ondulations de cou, des allongements de becs, des grattements de plumes, où leurs sentiments se trahissent et la joie d'en avoir fini avec le moment mauvais. On constate ainsi de planche en planche des nuances de poses, de figures, d'expressions animales ou humaines que le crayon avait négligées, mais qui n'ont pas échappé au soleil. Il les a fixées sur la pellicule qui les a transférées au cuivre, et le cuivre à son tour nous les livre à fleur de papier telles que la pierre les avait reçues, il y a cinq mille ans bien écoulés, de la main du bon ouvrier. C'est presque la muraille même qui nous arrive et dont les registres défilent sous nos yeux : tout y est avec les tableaux, le grenu du calcaire, les polissures du ciseau, les repentirs du sculpteur et ses fautes aux endroits où, distrait probablement par une conversation avec les camarades, il a laissé glisser la pointe ou lancé un coup de marteau brutal. Lorsqu'on a été familier dans un atelier et qu'on a vu besogner un praticien moderne, on discerne aisément sur l'héliogravure comme sur le bloc la *patte* du sculpteur antique.

C'est surtout dans les grandes figures que la supériorité du procédé récent éclate. M. de Bissing a réparti sur les planches XX et XXI le portrait en pied de Kemnikaî. Je regrette que le format du volume l'ait empêché d'enfermer le personnage entier dans une seule planche : l'effet aurait été plus saisissant. Et pourtant le bas-relief, même ainsi coupé, laisse une impression toute différente de celle qu'on ressent en face d'un dessin ordinaire. Kemnikaî est debout, les jambes écartées un peu, le corps au repos : il tient sa longue canne d'autorité obliquement, la pointe appuyée en terre et la main droite en plein sur le pommeau, tandis que la main gauche serre le milieu avec vigueur. Il regarde droit devant lui une scène de culture qui est détruite, mais que nous n'éprouvons aucune peine à restituer par la pensée, labourages, semailles, moissons, transport et battage des récoltes : sa femme l'accompagne, reléguée en figurine derrière lui, et elle lui passe le bras autour de la jambe selon l'usage. Tous ceux qui ont feuilleté n'importe quel livre illustré sur l'Égypte connaissent le motif, mais ce qu'ils ne soupçonnent pas, à moins qu'ils n'aient vécu sur les lieux, c'est la manière délicate et ferme à la fois dont les artistes memphites ont su le traiter. Les deux planches de M. de Bissing le leur apprendront, s'ils prennent la peine de les considérer de près. La silhouette entière, de la tête aux pieds, est enveloppée d'un trait unique mené sur la pierre avec une sûreté de main et avec une liberté qui ne se démentent pas un moment. Le vieux sculpteur a soulevé imperceptiblement le fond tout du long de ce trait afin d'accentuer la saillie, mais il l'a fait si subtilement qu'un effort d'attention est nécessaire pour s'en aviser. Le personnage, bien qu'appliqué presque à plat sur la pierre, se trouve par là comme placé dans une sorte d'atmosphère qui arrondit ses contours plus qu'on ne le croirait possible avec un relief maintenu aussi bas que l'était celui des Égyptiens. Les détails intérieurs offrent un mélange de lignes nettes et de modelés presque insaisissables que les fac-similés au crayon méconnaissent à l'ordinaire : les éléments individuels du visage, les yeux, le nez, la bouche, le menton, sont enlevés d'une pointe précise avec des arêtes vives pour en bien détacher la forme, mais la souplesse des muscles et de la chair est exprimée par des tailles moelleuses et fondues qui corrigent ce que le dessin présentait de dureté. Et c'est partout, sur la poitrine, sur les bras, sur les jambes, une technique caressante et forte dont s'étonnent ceux-là seulement qui abordent l'art égyptien sur les originaux après l'avoir entrevu dans les recueils communs d'estampes ou de gravures.

M. de Bissing se propose de publier de la sorte plusieurs des tombeaux de Sakkarah. Lorsqu'il aura terminé son œuvre, il aura bien mérité sans doute des archéologues et des historiens ; il aura mieux mérité encore des artistes, car il leur aura livré des documents certains pour étudier presque directement les bas-reliefs des tombeaux, cette part si considérable de la sculpture aux temps des Pyramides. L'acquisition par les musées de mastabas complets, tels que celui qui a été installé au Louvre en 1904, leur fournissait bien un premier point d'appui, mais ce mastaba, si précieux qu'il soit, ne leur laisserait pas soupçonner la richesse de motifs et les diversités de ciseau qu'on rencontre dans les nécropoles memphites. Si le dogme religieux contraignait les contemporains à revêtir leurs chapelles funéraires d'une décoration toujours identique dans ses lignes maîtresses, il leur accordait la liberté de combiner et de développer les thèmes selon la volonté de chacun et selon la place dont il disposait. Il y avait d'ailleurs, au cours de chaque génération, une douzaine au moins d'ateliers indépendants qui tous possédaient leur enseignement, leurs procédés, leur manière de comprendre les sujets, et qui les appliquaient aux travaux qu'on leur confiait. Ce sont ces traditions presque personnelles que les livres de M. de Bissing et ceux qu'on publiera par la suite à son exemple nous aideront à définir : bien des préjugés en seront détruits qui empêchent les curieux d'antiquité d'estimer l'art de l'Égypte à sa valeur juste.

27 septembre 1905.

LE TRÉSOR DE TOUKH-EL-GARMOUS

Un âne bâté de son fellah passait trottant par les ruines de Toukh-el-Garmous. Il buta contre un gros vase enfoui dans la poussière et du coup lui brisa la panse. Quelques pièces d'or projetées hors des débris se mirent à courir joyeusement au soleil. Le fellah les apercevant bénit Allah sans tarder et démonta; le baudet secoua les oreilles, allongea le cou, renifla, puis, comme il ne sentait rien à manger dans le voisinage, il s'assoupit à moitié, l'œil noyé dans une vision lointaine d'eau fraîche, de trèfle vert et de paille hachée. Le fellah cependant ne perdait pas son temps en rêveries inutiles, mais il déterrait des merveilles à pleines mains, des plats et des vases ciselés, des réchauds, des encensoirs, des colliers et des bracelets, des monnaies d'or et d'argent, un trésor complet. Il calcula rapidement qu'au taux où les touristes achètent les antiquités, il en avait là pour plus de trente mille francs et il résolut de s'en adjuger le bénéfice à lui seul. Il distribua les objets sur sa personne dans ces poches mystérieuses que recèlent les plis des manteaux paysans, et piquant sa bête ils reprirent avec une mine indifférente le chemin du village. Le champ des ruines semblait désert, mais les recoins les plus désolés de l'Égypte sont hantés sans cesse d'yeux fureteurs auxquels rien n'échappe : quand notre homme rentra au logis, son voisin de droite connaissait déjà la trouvaille, son voisin de gauche ne l'ignorait pas, et tous deux réclamèrent leur part du magot. Une querelle s'ensuivit, l'affaire s'ébruita; notre inspecteur local, Mohammed Effendi Châbân, prévenu par le ghafir de l'endroit, râfla la moitié des bijoux, l'inspecteur en chef de la province, M. Carter, saisit le reste; et voilà comment le coup de pied de l'âne et la querelle de trois fellahs enrichirent notre musée d'orfévreries inestimables.

L'ensemble s'en partage en deux séries, l'une égyptienne par le concept et par l'exécution, l'autre grecque. L'égyptienne compte une vingtaine de pièces la plupart en argent et qu'on dirait avoir appartenu au mobilier d'un dieu ou d'un riche particulier. Nous ne sommes point parvenus à en dresser l'inventaire complet. Le métal est corrodé si fortement que beaucoup des objets n'ont pas pu être nettoyés, ni même isolés : divers conglomérats de fragments résistent à nos essais de séparation et nous ne savons pas encore s'ils contiennent plusieurs vases ou un seul. Certains sont dégagés du tout et bien que l'oxyde les empâte par places, du moins n'empêche-t-il pas qu'on en distingue l'ornementation. Celle-ci est fort riche et d'un type qui nous était déjà familier d'ailleurs : c'est ainsi qu'une demi-douzaine de coupes profondes dont le ventre est habillé de longs pétales implantés sur une rosace centrale ressemblent aux beaux vases découverts à Thmuis par Émile Brugsch, il y a trente-cinq ans, et qui sont exposés dans une de nos salles. Une dizaine de patères étalent des motifs égyptiens, alliés ça et là à des motifs grecs : une fois au moins l'acanthe s'y marie aux floraisons ordinaires. La facture n'est point la même partout, mais elle varie grandement, plus légère et plus sobre sur telles pièces, plus lourde sur telles autres et d'un goût peu sûr : il faut avouer pourtant qu'elle est excellente à l'ordinaire et qu'elle justifie le renom d'habileté dont les orfèvres égyptiens jouissaient parmi nous, principalement sur la foi des représentations figurées. Nulle part elle n'apparaît plus belle que dans les deux petits brûle-parfums que nous avons reconstitués. La portion inférieure, l'autel, est rond, cannelé dans sa longueur, monté sur trois pieds de lion ou sur trois avant-trains de sphinx femelle. Les couvercles ont la figure d'un dôme ovoïde surmonté d'un coq. L'un d'eux se divise en deux registres de fleurs épanouies alternant avec des boutons; des sépales de lotus garnissent le sommet et les vapeurs de l'encens s'envolaient par des jours entre les lotus. On voit sur le second couvercle deux bandes, l'une de monstres ailés à corps de lion, l'autre de masques grimaçants empruntés au dieu Bîsou : au-dessus de ceux-ci deux guirlandes de fleurs contournent le dôme, découpées adroitement pour laisser fuir la fumée.

La série grecque comprend assez peu d'objets en argent, mais elle compte un chef-d'œuvre. C'est un rhyton, une corne à boire, dont la pointe s'enfonce dans l'avant-corps d'un griffon. La patte droite du monstre s'allonge en avant, la gauche se replie sous lui, les deux ailes se déploient et le cou se renfle d'un mouvement large : rien ne surpasse la hardiesse du dessin que la finesse de l'exécution. Et pourtant les bijoux en or soutiennent la comparaison avec ce morceau. Ils sont assez peu nombreux mais d'une conservation et d'une netteté qui permettent d'en apprécier les délicatesses. On y reconnaît dans l'aspect général et dans le détail une ressemblance évidente avec les admirables bijoux du quatrième siècle qui ont été découverts dans la Russie méridionale; si nous en avions ignoré l'origine égyptienne nous aurions été tentés de croire qu'ils proviennent de quelque tombeau criméen. La chaîne est une gourmette souple, solide, terminée en têtes de griffon persan. Les deux paires de bracelets sont chacune d'un modèle différent. Dans l'une d'elles, le cercle est une tresse à deux brins tordus dont les extrémités sont arrêtées également par deux têtes de griffon. Dans l'autre, c'est un jonc uni qui s'achève en deux bustes de sphinx femelles, les pattes étirées, les ailes recourbées derrière la tête : la coiffure est celle que plusieurs reines de la famille des Ptolémées portent sur leurs médailles. Le cinquième bracelet n'est qu'un serpent, une uræus enroulée qui dresse la tête et qui gonfle le cou, et il n'a de valeur que celle du métal, mais le sixième est l'un des plus beaux sinon le plus beau morceau de son espèce qui soit sorti de terre au cours de ces dernières années. Le cercle en est d'or solide, plat à l'intérieur, arrondi extérieurement. Il est garni sur le devant d'un large nœud dont l'ornementation en filigrane se compose de spirales et de fleurettes d'une fantaisie charmante. Une mignonne figurine d'Éros nu s'enlève en haut relief au milieu des fleurs entre les plis du nœud : ses petites ailes battent des deux côtés de sa tête, et il brandit une patère de la main droite. On pourra, quand on le voudra, décrire exactement le motif et en inventorier les éléments, mais ce que les mots ne sauraient dépeindre c'est la perfection avec laquelle l'orfèvre l'a interprété. Seule la photographie, et une photographie agrandie au double de l'original, exprimerait la grâce des contours et la richesse des ornements.

C'est évidemment pour les soustraire à des perquisitions inquiétantes que le propriétaire de tant d'objets disparates les avait cachés dans une cruche sous terre. Le fit-il au moment d'une incursion étrangère ou d'une guerre civile? Toutes les monnaies d'or que nous avons recueillies au nombre de cent huit, et celles des monnaies d'argent que nous avons nettoyées, sont de Ptolémée, fils de Lagos, et elles indiquent pour la date de l'enfouissement les dernières années de son règne ou les premières du règne de son successeur, Ptolémée Philadelphe. Il n'est question vers cette époque ni d'invasions, ni de rébellions qui auraient désolé le centre du Delta et qui en auraient obligé les habitants à celer précipitamment ce qu'ils avaient de précieux. Il n'en serait plus de même si nous descendions à deux ou trois générations plus bas, sous Ptolémée IV ou sous Ptolémée V, et la révolte de Lycopolis, dont il est question dans l'inscription de Rosette, aurait été pour eux une raison suffisante. Toutefois la nature même des objets mis en sûreté me suggère au problème une solution différente. Les uns sont des bijoux personnels, bracelets ou chaînes, les autres forment un lot de vaisselle dépareillée qui put appartenir à une maison privée aussi bien qu'à un temple, quelques-uns dérivent d'un matériel de culte, plusieurs enfin sont des amulettes ou des figurines de divinités égyptiennes en or ; ce n'est tout à fait ni la crédence d'un dieu, ni la boîte à bijoux d'un particulier, mais c'est un peu des deux à la fois. Ajoutez que la plupart des monnaies sont à fleur de coin et si fraîches encore d'apparence qu'elles n'avaient pas dû circuler beaucoup avant qu'on les enterrât. Ces circonstances me portent à soupçonner que le dernier propriétaire n'avait peut-être pas des droits bien authentiques à la possession de son trésor. On volait dans l'Égypte grecque comme dans l'Égypte pharaonique, et si les habitants de Thèbes ne ressentaient aucun remords à dépouiller les morts de leurs nécropoles, Pharaons compris (1), les gens du Delta n'éprouvaient pas le moindre scrupule à dévaliser les vivants. Le contenu du pot m'a tout l'air d'être un ramassis de butins, la collection d'objets précieux qu'un bandit de profession devait accumuler dans l'exercice de son métier. A la suite de plusieurs

(1) Voir plus haut, pp. 281-287, l'article intitulé *Une Tombe nouvelle dans la vallée des Rois thébains*.

entreprises heureuses sur le bien du prochain, il aurait dissimulé des richesses dont l'étalage l'aurait compromis, et il aurait agi en cela de la même manière que le fellah de nos jours, qui enfouit ses guinées. Cinq fois sur dix, le trésor qu'on cache de la sorte est perdu pour les héritiers du maître. Comme celui-ci n'a pas plus confiance aux siens qu'aux étrangers, il garde son secret aussi longtemps qu'il se sent en santé, et il ne le révèle à sa femme et à ses enfants qu'au même instant de la mort ; souvent, quand la fin vient subite, le loisir lui manque ou la force et il part sans leur avoir rien confessé. Ceux-ci cherchent de leur mieux, mais parce que les indices leur font défaut, ils réussissent rarement à retrouver le dépôt ; la terre le conserve fidèlement, et des siècles s'écoulent parfois avant qu'un hasard le ramène au jour.

Il nous reste à décrasser et à mettre en valeur les objets qu'elle nous a cédés. La tâche sera malaisée et dans plus d'un cas nos efforts n'aboutiront point. L'argent n'est pas comme l'or invincible aux siècles : il s'altère par le contact avec les poussières nitreuses, et lorsque l'oxyde l'a mordu profondément, c'en est fait de lui. Nous savons dès à présent que plusieurs des pièces périraient si nous y touchions : il faudra les laisser telles quelles et souffrir qu'elles achèvent de se détruire. La plupart endureront mieux les épreuves minutieuses qu'il sera nécessaire de leur imposer, mais je n'affirme pas que dans un ou deux ans elles auront recouvré toute leur splendeur première : l'ensemble sera du moins en assez bon état pour que les visiteurs de notre musée puissent juger les qualités de l'œuvre sans être gênés dans leur étude par des gangues terreuses ou par des voiles d'oxyde impénétrables.

27 décembre 1905.

UN NOUVEAU TRAITÉ
DE MÉDECINE ÉGYPTIENNE

Les livres de médecine étaient nombreux en Égypte. Les auteurs grecs et latins l'affirment et les trouvailles des modernes ont prouvé l'exactitude de leurs dires. On possédait les fragments de plusieurs traités médicaux à Berlin, à Londres, à Paris, plus un manuscrit complet à Leipzig, et l'Université de Californie vient d'en acquérir un nouveau. Tandis que le professeur Reisner fouillait pour elle aux frais de Mrs Hearst, auprès de Déir-Ballas, pendant les premiers mois de 1901, il eut l'occasion de rendre service à l'un des propriétaires du village : il l'autorisa à prendre sans frais, dans les monticules explorés récemment, le *sébakh*, la terre nitrée nécessaire à fumer les champs. Le fellah, lui en voulant témoigner sa gratitude, se souvint fort à propos que, deux années auparavant, il avait recueilli un pot de terre parmi les ruines d'une maison antique et un gros papyrus dans le pot. Il le serra dans un repli de son turban, et l'ayant apporté aux Américains, il se contenta du prix, d'ailleurs très raisonnable, qu'on lui offrit, sans marchander, comme il n'aurait pas manqué de le faire s'il n'avait pas été lié par la reconnaissance. Le papyrus n'est pas demeuré longtemps inutile entre les mains de ses maîtres ; il a été déroulé, photographié, reproduit en phototypie et la reproduction mise en vente avec une courte introduction et un index copieux des mots usités dans le texte (1). Le plan adopté pour la publication est, à quelques détails près, celui-là même qu'Ebers avait employé, et je n'en vois pas de meilleur. Voilà donc le document accessible aux Égyptologues : c'est à eux maintenant de l'étudier et de le traduire assez vite pour que les historiens de la médecine en fassent leur profit.

On comprend qu'une substance aussi fragile que le papyrus ne gagne pas à être cahotée l'espace de plusieurs kilomètres dans les plis d'une étoffe à turban : les trois dernières pages, qui se trouvaient à l'extérieur et qui formaient comme la couverture du rouleau, ont souffert pendant le voyage du village arabe au camp américain. D'autre part, le manuscrit avait été déchiré vers son milieu par un de ses possesseurs antiques, et toutes les pages du début y manquent ainsi qu'un bon tiers des lignes sur la première de celles qui nous ont été conservées. Une moitié seulement du contenu est arrivée jusqu'à nous, mais le dommage est moins grave qu'on ne l'imaginerait de prime abord. Il ne contenait pas, en effet, un traité unique sur des points déterminés de matière médicale ; les chapitres sont ajustés bout à bout presque sans méthode et assez indépendants pour que la connaissance préalable des uns ne soit pas indispensable à l'intelligence des autres. Des instructions pour le massage des régions douloureuses y suivent des recettes purgatives, après quoi, on rencontre

(1) George A. Reisner, — *the Hearst Medical Papyrus, Hieratic Text in 17 facsimile Plates in Collotype with Introduction and Vocabulary* (fait partie des *University of California Publications, Egyptian Archæology*, vol. I), 1905, Hinrichs, Leipzig, in-4°, v-18 p. et 17 planches.

des moyens à essayer en cas de fracture, d'abcès ou de boutons enflammés, d'affections de l'estomac, du cœur et de la vessie, de blessures aux doigts des pieds ou des mains, le tout entrecoupé de prières et d'incantations. Les maladies, nous le savons, étaient causées par la colère d'un dieu ou par la présence dans les membres souffrants d'un ou de plusieurs êtres mauvais, génies, spectres, goules, vampires, esprits des morts. Les remèdes réparaient ou atténuaient les désordres extérieurs de la possession, mais le mal lui-même persévérait inguérissable tant que le malin continuait interné dans le corps ; les conjurations étaient seules capables de le chasser, et le praticien aurait été de peu de secours à ses clients s'il ne s'était pas montré aussi expert en exorcismes qu'en formules de pharmacie. Les pages disparues ne devaient pas différer sensiblement des pages sauvées et elles comportaient à coup sûr les mêmes proportions de magie auxiliaire et de médication. Il nous en a coûté peut-être quelques prescriptions inconnues jusqu'à présent et dont la composition excentrique nous aurait prouvé une fois de plus de quelles ressources infinies les praticiens égyptiens disposaient pour soulager leurs patients ; nous n'y perdons aucune exposition de théories générales qui nous enseigne ce qu'ils pensaient du corps humain et de sa constitution ou de la nature des maladies qui dominaient aux bords du Nil.

L'écriture est du même type que celle du Papyrus Ebers, mais elle est plus rapide et moins bien formée ; elle me paraît être caractéristique des derniers plutôt que des premiers temps de la XVIIIe dynastie. Le manuscrit appartint probablement à un médecin établi dans la petite ville antique à laquelle Déir-Ballas a succédé, mais il ne renferme pas les œuvres originales de l'homme qui l'a écrit : comme tous les papyrus médicaux qui sont arrivés jusqu'à nous, il est la copie d'un exemplaire plus ancien et la rédaction du texte remonte aux époques lointaines de l'histoire. La plupart des maladies et des ordonnances sont mentionnées déjà dans le Papyrus Ebers; toutefois, la classification diffère souvent et la rédaction n'est pas toujours la même. Il y a communauté de sources entre les ouvrages, mais les compilateurs auxquels nous devons chacun d'eux ne se sont pas crus obligés à reproduire servilement les documents qu'ils avaient sous les yeux. L'analyse du Papyrus Ebers et du Papyrus de Reisner tend à démontrer qu'il y eut d'assez bonne heure, en Égypte, une masse d'aphorismes ou de prescriptions empiriques en faveur parmi les prêtres des temples et parmi les gens du peuple. Ces éléments se groupèrent peu à peu et ils constituèrent à la longue des répertoires d'intérêt local pour la plupart et qui contenaient beaucoup de portions identiques, sinon pour la forme, du moins pour le fond ; on en attribuait la rédaction ou la découverte tantôt à des dieux, tantôt aux rois des dynasties les plus vieilles, et cette origine leur valait une autorité universelle. Les répertoires régionaux se réunirent à leur tour, et de leur juxtaposition résultèrent les recueils tels que le Papyrus de Berlin, le Papyrus Ebers et le Papyrus Hearst. C'étaient de véritables *Sommes* médicales à l'usage des praticiens, et ceux-ci ne se faisaient pas faute d'y joindre leurs annotations çà et là. Un des propriétaires du Papyrus Ebers avait eu l'occasion d'essayer sur ses patients plusieurs de ses prescriptions les plus avantageuses et elles lui avaient réussi ; il inscrivit *bon* dans la marge en face de chacune d'elles, pour l'instruction de ses successeurs et pour l'édification de la postérité.

Il nous est difficile de savoir exactement en quoi les médicaments consistaient pour la plupart. Les noms de plantes, de minéraux, d'animaux, d'objets naturels ou fabriqués qui entrent dans la composition se laissent identifier rarement avec les substances qu'ils désignaient, et, dans bien des cas, si nous pouvons translittérer les termes égyptiens avec aise, nous sommes incapables de les traduire. Lorsque par hasard nous connaissons tous les ingrédients, la formule rentre d'ordinaire dans la catégorie de ce que nous appelons volontiers des remèdes de bonne femme. Nous y voyons figurer du lait, de la salive, de l'urine, des excréments, des vers, des insectes, de la corne, du fiel, l'attirail complet de notre pharmacopée populaire. A dire vrai, les médecins grecs et latins n'en usaient guère autrement ni les médecins du moyen âge, et il est facile de tourner ce fatras en ridicule ; dans bien des cas il y avait une raison sérieuse à l'emploi des substances, et ces prescriptions qui nous semblent grotesques guérissaient pourtant leur malade. Il est moins répugnant à coup sûr d'appliquer de l'ammoniaque ou des médicaments composés avec de l'ammoniaque où les Égyptiens prescrivaient l'urine et les déjections de certains animaux, mais en somme les conséquences étaient les mêmes et l'ammoniaque emprisonné dans ces horreurs agissait tout comme s'il eût été préparé chimiquement ; peut-être aussi son action était-elle moins brutale, entravée par les substances organiques, qu'elle ne l'est dans le cas de l'ammoniaque pur de nos laboratoires. Au début l'on avait expérimenté tout ce qu'on avait sous la main, puis, avec le temps, on avait éliminé ce qui n'avait pas eu de bons résultats pour ne retenir que ce qui avait ou paraissait avoir amené la guérison. Cette sélection strictement empirique avait laissé pour chaque maladie un résidu de remèdes de valeur à peu près égale qu'on utilisait à tour de rôle jusqu'à ce que l'un d'eux eût produit de l'effet. Lorsque nous parvenons à en déterminer les ingrédients, nous constatons qu'ils renferment tous à dose plus ou moins considérable un principe actif que nos médecins recommandent encore souvent en pareil cas. Au fond c'était un remède unique que les Égyptiens administraient sous des déguisements et par des véhicules distincts lorsqu'ils pensaient essayer des remèdes entièrement différents ; leurs combinaisons, mettant en œuvre les mêmes principes que celles de nos médecins, devaient dans bien des cas ne pas avoir moins de succès qu'elles. Là comme sur bien des points, le progrès de la science moderne a consisté plutôt à simplifier et à rendre moins rebutantes les drogues de la pharmacopée ancienne qu'à leur en substituer de nouvelles.

Si extraordinaire que cela paraisse, nous devons donc nous résigner à croire que cette science étrange était sérieuse et qu'elle opérait de manière efficace. Comme le climat du pays ne s'est pas modifié depuis les temps les plus reculés non plus que les conditions de la vie, nous pouvons juger aisément par les maladies d'aujourd'hui quelles étaient celles d'autrefois : ophtalmies, dysenteries, affections de la poitrine ou de l'estomac, il y a de tout cela dans le papyrus de Reisner, mais lorsqu'on veut mettre le mot moderne sur le vieux mot, on est fort embarrassé. Les médecins n'avaient pas toujours discerné l'unité du mal sous les accidents divers par lesquels il se manifeste selon les tempéraments, et plus d'une fois ils considérèrent comme des affections indépendantes les variantes individuelles ou les moments successifs d'une maladie unique; par contre, ils confondirent dans un même concept plusieurs maladies que nos contemporains ont appris à séparer soigneusement. Ils avaient donc, suivant les cas, deux ou trois noms où nous n'en voulons avoir qu'un seul, et un seul où nous en admettons deux ou trois : il faut alors nous contenter des mêmes à peu près qu'eux et ne pas trop insister pour définir exactement la nature du mal pour lequel ils prescrivaient. M. Reisner n'a eu garde de se hasarder sur ce terrain difficile, et, ni dans son *Introduction*, ni dans son *Vocabulaire*, il ne s'est risqué à traduire les termes égyptiens par des termes précis de l'anglais ou d'une autre langue moderne, mais personne ne le lui reprochera : il n'eût pas fait à lui seul ce qui exigera le concours de deux personnes au moins, un égyptologue et un médecin passé maître aux choses de la science antique.

28 mars 1906.

LA VACHE DE DEIR-EL-BAHARI

Depuis cinq mois bientôt, il n'est bruit en Égypte que d'une vache merveilleuse, dont personne n'a rencontré la pareille. Elle est d'un pelage rare et d'une pureté de formes accomplie, fine d'expression, élégante d'allure et, ce qui ne gâte rien, excellente laitière. Un enfant était agenouillé sous elle la première fois que je la vis, et goulûment, sans se lasser, il tétait

> le pis fécond de la mère au poil roux.
> Elle, bonne et puissante et de son trésor pleine,
> Sous ses mains par moment faisant frémir à peine
> Son beau flanc plus ombré qu'un flanc de léopard,
> Distraite, regardait vaguement quelque part.

Elle était originaire de Thèbes, mais on vient de l'amener au Caire où elle a fait fureur pendant plus de six semaines. Elle est en grès jaune, elle s'appelle Hathor, et elle a plus de trois mille ans, ce qui ne laisse pas d'être un âge respectable, même pour une vache égyptienne.

Naville la découvrit à Deir-el-Bahari, le 7 février dernier, au cours des fouilles qu'il dirige depuis trois ans pour le compte de l'*Egypt Exploration Fund*. Les ouvriers achevaient d'enlever un des monticules de décombres qui séparent la pyramide ruinée de Montouhotpou V des tranchées creusées par Mariette le long de la montagne, lorsque, vers deux heures de l'après-midi, un pan de sable s'écroula et une construction en pierre de taille apparut au jour. Prévenu par le réis, il accourut aussitôt et il aperçut un commencement de voûte : une tête de vache se dessinait au-dessous dans l'ombre et regardait curieusement par l'ouverture. Quelques heures de travail suffirent à dégager le monument. C'était une petite pièce basse, construite dans un creux du rocher avec des dalles de grès sculptées et peintes. Le plafond, arrondi en berceau, ne forme pas une voûte d'appareil régulier, avec clefs et lits rayonnants ; il se compose d'une double rangée de blocs courbes, taillés en quart de cercle et arc-boutés l'un contre l'autre par leur extrémité supérieure. Il est peint en bleu foncé, semé d'étoiles jaunes à cinq branches pour simuler le ciel. Les trois parois verticales sont décorées de scènes religieuses, Thoutmôsis III en prières, au fond devant Amon Thébain et, sur les côtés, devant Hathor femme et vache. Mon premier mouvement fut de laisser le tout à l'endroit où Naville venait de le déterrer, mais c'eût été faire la partie trop belle aux marchands d'antiquités. Sans doute la vache pesait assez pour qu'ils ne songeassent pas à l'enlever tout entière, mais leur était-il bien difficile de détacher la tête et de l'emporter pendant la nuit, malgré la vigilance de nos ghafirs ou avec leur complicité ? Il ne manque jamais d'amateurs peu scrupuleux, prêts à payer très cher un objet volé pourvu qu'ils lui supposent une valeur d'art ou d'archéologie, et la certitude de gagner des centaines de livres en cas de succès compense largement, auprès des honnêtes courtiers de Louxor, le petit ennui d'avoir à débourser quelques piastres d'amende ou à subir une huitaine de jours de prison s'ils sont pris en flagrant délit. Il n'y avait qu'un moyen efficace de sauver le monument, c'était de l'expédier au Caire. Je confiai le travail à l'un de nos ingénieurs, M. Baraize, qui s'en acquitta fort bien : en moins de trois semaines, la chapelle fut démontée, la vache emballée, et les caisses qui les contenaient l'une et l'autre furent transportées au chemin de fer. Aujourd'hui la chapelle est rebâtie dans une de nos salles, mais la déesse n'y est pas enfermée comme elle l'était à Thèbes. Elle se tient à l'entrée, le corps en pleine lumière, l'arrière-train à peine engagé sous la voûte : elle sort de chez elle, et elle se montre toute aux visiteurs, depuis le mufle jusqu'à la retombée de la queue.

Elle présente un mélange curieux de convention mystique et de réalisme vivant. Elle est identique aux vaches dessinées si souvent dans les tombeaux memphites ou dans les temples thébains, tête menue, poitrine étroite, épaules minces, échine longue et bien ensellée, la jambe haute et maigre, la cuisse nerveuse, les hanches saillantes, le pis assez peu développé. Le pelage est d'un rouge brun, plus foncé sur le dos, plus clair et d'un fauve qui passe au blanc sous le ventre : il est moucheté de taches noires, telles des fleurettes à quatre pétales et que l'on déclarerait artificielles, s'il n'y avait pas aujourd'hui dans le troupeau égyptien des individus de provenance soudanaise auxquels on en voit de semblables. Les traits caractéristiques sont donc accentués d'une précision telle qu'on ne saurait méconnaître la race : c'est une de ces Africaines que Lortet a étudiées récemment (1), et elle n'a rien de commun avec le bœuf asiatique auquel nos espèces européennes se rattachent. Toutefois, comme elle n'est pas une créature ordinaire, mais une déesse de bonne maison, elle est décorée des emblèmes qui conviennent à sa dignité. Un disque solaire lui brille entre les cornes, flanqué de deux plumes d'autruche. A droite et à gauche de son avant-train, une touffe

(1) Voir pp. 244-246 du présent volume, dans l'article sur les *Momies d'animaux de l'ancienne Egypte*.

de plantes aquatiques jaillit du socle, de beaux lotus dont les fleurs épanouies et les boutons se replient au-dessus de sa nuque et lui soutiennent la coiffure. Deux figures humaines se pressent contre elle. La première est debout en avant du groupe, le dos à son poitrail, la tête sous sa tête. La face est mutilée, mais on devine le Pharaon à l'uræus de la couronne et au jupon raide qui lui descend en triangle sur les genoux : il a les chairs noires et il étend les mains dans une attitude de soumission, comme s'il s'avouait l'humble serviteur d'Hathor. Le second personnage est également un Pharaon, mais on l'a peint en rouge et il n'a point de vêtements : agenouillé sous le ventre de la bête, il lui presse la mamelle et il s'abreuve du lait divin éternellement. Si nous en croyions le cartouche sculpté entre les lotus, les deux personnages, le noir et le rouge, seraient un souverain unique, Aménôthès II, de la XVIIIe dynastie. Néanmoins, le témoignage du nom est insuffisant dans bien des cas, lorsqu'il est isolé, et il est infirmé ici par les inscriptions des parois. C'est, nous l'avons dit, Thoutmôsis III qui édifia la chapelle ; on l'y voit accompagné d'une de ses femmes et de deux de ses filles. Il serait singulier que la vache qu'il adore par deux fois sur les bas-reliefs ne fût pas celle-là même que nous possédons. Il y a grand chance qu'Aménôthès II inscrivit son nom sur le groupe qui appartenait à son père.

Les éléments constitutifs n'y sont pas disposés selon le goût personnel du sculpteur : la place qu'ils occupent était déterminée d'avance pour chacun par les exigences du dogme religieux. Hathor, la dame du ciel, était aussi, par une association d'idées facile à justifier, la reine des morts, et sans son aide ils risquaient de manquer le bonheur de leur vie future. Elle se dressait devant eux lorsque, s'échappant du tombeau après les funérailles, ils s'acheminaient vers l'Ouest afin de pénétrer dans l'autre monde. Ses formes, en cette occasion, variaient selon les régions. Au Nord, le peuple se l'imaginait sous l'aspect d'un de ces beaux sycomores qui poussent au milieu des sables sur la lisière du désert Libyque, verts et drus des eaux cachées que les infiltrations du Nil leur envoient. Le sentier mystérieux qui conduit à l'Occident amenait les *doubles* à ses pieds ; sitôt qu'ils paraissaient, l'âme divine logée dans le tronc jaillissait entière ou jusqu'à mi-corps et elle leur offrait de l'eau dans un vase, du pain sur un plateau. S'ils acceptaient ses dons, — et ils ne pouvaient guère les refuser, — ils se reconnaissaient ses vassaux du coup et il ne leur était plus permis de retourner chez les vivants, mais les royaumes de l'au-delà s'ouvraient pour eux. Dans les nomes du Saïd, Hathor était une vache. Elle fréquentait un marais verdoyant situé sur les premiers versants de la chaîne Libyque : chaque fois qu'un *double* survenait sur le bord, elle allongeait la tête d'entre les lotus et elle réclamait son hommage, puis lorsqu'il le lui avait prêté, elle lui abandonnait sa mamelle dont le lait l'imprégnait d'une jeunesse infinie. Un chapitre du *Livre des Morts* (1), le 186e, très goûté des dévots sous le second empire thébain, nous initie à ce mystère, et la vignette qui le précède est une esquisse de la scène telle que les Égyptiens la concevaient, les versants jaunes ou rouges de la montagne, les fourrés de plantes aquatiques, la vache en conférence avec le défunt. L'artiste qui exécuta notre groupe n'a eu qu'à interpréter cette vignette avec les moyens propres à la statuaire. Il a réduit le marais aux deux minces faisceaux de lotus qui encadrent l'avant-train. Il a exprimé les deux moments de l'acte mystique par la pose des deux figures royales et par le choix de leurs attributs. La première porte le costume des Pharaons et elle a les chairs noires,

(1) Ed. Naville, *das Thebanische Todtenbuch*, t. I, pl. CCXII.

mais droite sous le mufle de la bête, elle fait front aux spectateurs. Aménôthès II vient seulement de prononcer son serment d'allégeance : il demeure encore l'esclave de la mort ainsi que sa couleur l'indique, toutefois, la déesse l'a reçu parmi les siens et elle le présente au monde entier comme son fils. Cette formalité accomplie, il se glisse parmi les lotus, il s'agenouille, il pétrit le pis de sa main, il s'y attache à pleines lèvres. C'est le rite final de l'adoption. A peine a-t-il avalé les premières gorgées de lait, la vie coule en lui avec elles : aussi l'artiste l'a-t-il représenté nu comme un nouveau-né et les chairs rouges, ce qui est le propre des vivants.

Les groupes composés sur ce thème d'adoption et de nourriture divines ne sont pas aussi rares qu'on s'est plu à le répéter au moment de la découverte. Notre musée en possède trois qui sont connus depuis longtemps. Deux d'entre eux ont été mutilés et il n'en reste plus qu'un fragment, mais le troisième, celui qui est consacré à la mémoire du scribe Psammétique, passe à bon droit pour l'un des chefs-d'œuvre de l'art saïte. Il est de demi-grandeur naturelle, et le scribe n'y figure qu'une fois en avant du poitrail. L'exécution matérielle est d'une virtuosité inimaginable, et l'artiste a taillé le basalte vert avec autant d'aisance et de précision que s'il se fût agi d'un calcaire tendre de Tourah : le relief des corps est délicat, l'expression des têtes est d'une douceur et d'une sérénité charmantes, et le morceau mérite tout le bien qu'on a dit de lui. Il perd pourtant et grandement lorsqu'on le rapproche de celui d'Aménôthès II. Il est de l'école memphite, et, comme dans presque tous les produits de cette école, la forme a quelque chose de factice et d'impersonnel. Hathor y est une vache stylisée, le type à demi abstrait des vaches égyptiennes, celui qui incarnait aux yeux des Memphites l'idéal de la vache terrestre ou divine :

c'est une œuvre d'atelier, le rendu impeccable d'un poncif habituel par un maître ouvrier. Au contraire l'Hathor nouvelle, si elle trahit encore la convention par bien des détails, est plus voisine de la nature que ne l'est sa camarade memphite. Les ateliers royaux de Thèbes, d'où elle provient, étaient comme tous ceux de l'Égypte soumis aveuglément aux volontés de la religion, et il leur était interdit de modifier en quoi que ce fût les types qui s'étaient constitués au cours des âges pour exprimer aux yeux les concepts de la tradition populaire ou de la théologie, mais ils s'efforçaient d'en tenir l'expression aussi proche de la réalité vivante que les rites le permettaient. L'artiste qui a modelé Hathor a donc conservé l'agencement des parties et la disposition des emblèmes, mais c'est une vache individuelle, une bête choisie probablement dans le troupeau sacré qu'il a reproduite, et non pas une vache de fantaisie mise sur pied d'après un modèle antérieur. Retranchez par la pensée, — et cela ne vous sera pas difficile — l'attirail mythologique dont il a été forcé de l'entourer, la coiffure haute, les touffes de lotus, les deux images du Pharaon, et ce qui restera, c'est la bonne bête nourricière, douce, forte, puissante, réelle. Voilà bien la maigreur saine des flancs et la finesse de la tête : les narines palpitent presque sous le souffle qui les gonfle, les joues frémissent, les yeux regardent au loin devant eux avec une expression rêveuse et honnête. Ni la Grèce ni Rome n'ont rien produit de semblable : il faut en venir aux grands sculpteurs animaliers de nos jours pour trouver une œuvre d'une vérité aussi saisissante.

26 juin 1906.

LES TEMPLES DU SOLEIL
DANS L'ÉGYPTE ARCHAÏQUE

E. de Rougé avait, il y a plus de quarante ans, signalé dans les inscriptions de l'âge memphite un hiéroglyphe bizarre, une pyramide tronquée surmontée d'un obélisque : un disque solaire l'accompagnait, qui, parfois, semblait se balancer en équilibre sur la pointe de l'obélisque, plus souvent se rangeait sagement sur l'un des côtés. Le groupe désignait un temple du Soleil, consacré par le Pharaon régnant dans sa cité royale, et de très nobles personnages se vantaient d'y exercer un sacerdoce, mais fallait-il croire qu'il reproduisait la figure du sanctuaire avec une exactitude scrupuleuse et qu'il y avait vraiment auprès des pyramides ordinaires des tronçons de pyramides d'où les obélisques sortaient ? ou bien était-ce la réunion artificielle d'éléments dissociés dans la réalité, et l'obélisque se dressait-il devant son morceau de pyramide au lieu de poser sur lui ? Un jour d'hiver, en 1898, comme M. de Bissing montrait à Dorpfeld la nécropole d'Abousir, l'idée lui vint qu'une fouille poussée à fond à travers l'un des tells qui bordent la plaine, lui fournirait la solution du problème. Il n'aurait pas pu mener de front la vie sur le terrain et le travail de cabinet que sa collaboration à notre *Catalogue général* lui imposait : il donna l'argent, et il chargea de l'exécution plusieurs de ses compatriotes, Schæfer, Thiersch, Rubensohn, Borchardt. Ce fut l'affaire de trois campagnes, entre 1898 et 1901, puis de même qu'il avait fait les frais du chantier, il voulut assumer ceux de l'impression. Un premier volume a paru qui contient le récit de la découverte, le relevé des ruines, la discussion des faits constatés, et divers essais de restauration (1) : Borchardt, qui est architecte de profession, l'a rédigé, et nul parmi nous n'était mieux préparé par ses études spéciales à traiter les questions techniques qui ont surgi au cours de l'exploration.

Et, d'abord, il convient de confesser une fois de plus que les graveurs copiaient fidèlement les objets qu'ils apercevaient autour d'eux : l'obélisque était sur la pyramide et non à côté d'elle. Le temple d'Abousir se carrait sur un terre-plein en briques sèches, qui le garantissait des inondations et qui s'en allait rejoindre les premiers plans du désert. Il consistait en une cour rectangulaire dont le grand axe file de l'Est à l'Ouest, et qu'un mur de briques épais borne sur les quatre faces. La pyramide couvrait en partie la moitié occidentale de l'aire ainsi déterminée, non pas une pyramide classique du genre de celles de Gizéh, mais un solide aux parois très rapprochées de la perpendiculaire et analogue à ceux dont la pyramide de Méidoum se compose. Elle mesure environ trente mètres de haut sur quarante à la base, et trois de ses faces montaient nues, sans ornements ni ouvertures ; une porte pratiquée sur la quatrième, celle du Sud, accédait à l'escalier qui conduit vers la plate-forme. Là, l'obélisque surgissait ou

(1) *Das Ré-Heiligtum des Kœnigs Ne-woser-rê (Rathures)*, herausgegeben von Fr. W. von Bissing. I : *der Bau*, von L. Borchardt. — Berlin, Duncker, 1905, in-f° avec 62 illustrations et 6 planches.

plutôt, le fac-similé en briques d'une immense pierre levée en forme d'obélisque écourté : il atteignait à peu près trente-six mètres de hauteur. Le parvis qui courait en avant de ces deux masses superposées était bordé de chambres où l'on emmagasinait les provisions et où les prêtres de service logeaient avec le matériel du culte. A l'extrémité Ouest, presque au pied de la pyramide, une immense table d'offrandes en albâtre s'étalait sur le sol dans une sorte de courette carrée, fermée de murs bas ; on y versait les liquides et on y entassait les viandes, les pains, les légumes, les fruits, qui constituaient la matière de l'offrande journalière. La porte d'entrée s'ouvrait sur le milieu du front Est. Ce n'est là qu'une description très sommaire : des plans et des dessins seraient indispensables à qui voudrait rendre l'agencement de toutes les parties intelligible par le détail. Ce que j'ai dit suffit pour prouver combien l'édifice différait des temples auxquels les ruines de l'Égypte thébaine nous avaient accoutumés. La *Ziggourat* chaldéenne présente quelque peu la même apparence et, s'il fallait lui trouver des analogies dans le monde moderne, on pourrait songer aux mosquées de Touloun ou de Hakem avec leur cour entourée d'arcades et leur minaret : dans les deux cas, la ressemblance est lointaine, et il vaut mieux ne pas pousser la comparaison trop avant.

Une rampe serrée entre deux parapets établissait la communication avec la cité royale. Pharaon pouvait à toute heure passer de son palais au temple, sans avoir plus de deux cents mètres à franchir. Le dieu était — les inscriptions nous le disent — Râ, le soleil vivant, l'ancêtre primitif des souverains de l'Égypte, le disque brillant qu'ils rejoignaient en hâte après leur mort et sur la barque duquel ils affrontaient les ténèbres de la nuit. L'obélisque lui servait à la fois de sanctuaire et d'idole et la pyramide lui était un socle de dimensions appropriées à sa taille. Nous sommes tellement habitués à considérer les dieux égyptiens comme des êtres de chair, à corps d'homme ou de bête, que nous subissons un choc de surprise, lorsque nous rencontrons l'un d'eux sous la figure d'un objet inanimé, un arbre ou une pierre. Nous ne saurions douter pourtant que l'obélisque ne fût ici le dieu lui-même, et l'obélisque à son tour paraît bien être la mise au point de la pierre brute adorée dans des temps plus anciens. Tous ces vieux cultes des Égyptes antérieures à l'Égypte pharaonique sont comme masqués à nos yeux par des superfétations de rites plus affinés qui se déduisirent d'eux au cours des âges, et ce n'est pas pour nous petite affaire que d'en dégager le sens et l'apparence première. Les obélisques plantés par paires à la porte des temples thébains y exprimaient encore, entre autres idées, les concepts de puissance génératrice et de fécondité qui avaient appartenu aux pierres levées desquelles ils procédaient partiellement. Celles-ci à leur tour avaient acquis ces vertus pour avoir figuré naguères le soleil rayonnant, mais par quelles opérations les âmes antiques en étaient-elles arrivées à nouer un lien d'identité entre deux êtres aussi disparates qu'un bloc de pierre brut et un globe de feu? On ne le savait déjà plus de manière précise sous la Ve dynastie, tandis que le roi Naousirrîya construisait le temple d'Abousir, mais des dogmes nouveaux avaient peu à peu recouvert les anciens et ils les avaient supplantés. Ce n'était plus seulement la pierre-soleil qu'on vénérait dans son temple, c'était le soleil-astre indépendant de la pierre, le maître de la terre et du ciel qui s'éclipsait le soir pour se dévoiler le matin de nouveau, et à qui le Pharaon s'associait dans sa pompe triomphale.

Pouvons-nous préciser davantage et dire quelle était la nature spéciale du Soleil adoré ici? Oui, grâce à une découverte inattendue que Borchardt a faite en dehors du temple, le long de la façade méridionale. C'est un pêle-mêle de murettes courbées, surbaissées, surhaussées, croisées en sens contraire, et dans lesquelles il n'a pas fallu peu d'ingéniosité pour démêler les façons d'une barque énorme. Et en effet, si étrange que cela paraisse, c'est une barque en briques, longue de trente mètres, que les architectes memphites avaient construite et Borchardt a eu raison d'y reconnaître l'image de l'une des barques du Soleil. Râ, naviguant sur le Nil céleste, y relayait deux fois au moins pendant les vingt-quatre heures : le matin, en sortant de la nuit, il voyageait sur la Manazît, le soir, en y entrant, il se transportait à bord de la Samaktît. Borchardt, instruit aux règles de l'étiquette divine comme nous le sommes tous, chercha une seconde barque semblable de l'autre côté du temple, et ne la trouvant point, il fut un peu désappointé. Il se demanda ensuite si c'était la Manazît que représentait l'édicule unique ou si c'était la Samaktît, et il ne se hasarda pas à trancher la question qu'il avait soulevée lui-même. Je crois qu'il aurait pu le faire sans témérité. Notre temple est situé sur la rive gauche du Nil, celle où le soleil se couche. Lorsque le dieu y descend après avoir achevé sa carrière de jour, c'est pour lui le moment de quitter la barque du matin et de passer sur celle du soir : peut-on douter que l'édicule en briques ne fût cette barque du soir, la Samaktît, qui attendait Râ ? Il en résulte, je pense, que le temple était consacré plus particulièrement au soleil couchant, et il n'en était pas autrement des édifices de même plan bâtis dans la nécropole memphite par les Pharaons de la Ve et de la VIe dynastie. On ne s'en étonnera point si l'on se rappelle que leurs villes royales étaient toujours au voisinage de leur pyramide funéraire : des terrasses de leur palais ils apercevaient la silhouette triangulaire du tombeau où ils iraient reposer après quelques années. Fils de Râ, et destinés comme lui par le mystère de leur origine à s'évanouir dans les profondeurs de l'Occident, c'est à Râ leur père qu'ils devaient naturellement consacrer le temple principal de leur résidence terrestre, mais à Râ mourant ou mort et déjà maître du couchant.

Une fois de plus, l'Égypte s'est révélée à nous le pays de l'invraisemblable; si familiers que nous fussions avec le tour paradoxal de ses pensées et de ses actions, l'aurions-nous crue capable de construire en briques lourdes et d'ancrer immobile dans le sable du désert cette chose rapide et légère qu'est un bateau? Et pourtant là encore elle s'est montrée conséquente avec elle-même et elle a développé d'une logique impitoyable un principe qu'elle avait posé dans des temps très anciens. L'intuition nette qu'elle avait eue alors de la destruction incessante des êtres et des choses l'avait conduite par réaction à chercher les moyens d'échapper au néant. Elle avait desséché puis momifié les corps, elle avait remplacé les offrandes pourrissables de chair ou de pâte par des offrandes en bois ou en pierre, elle avait attribué au mort afin de soutenir son âme des corps multiples de granit ou de calcaire que des esclaves semblables à leurs maîtres servaient et nourrissaient d'oies ou de pains en albâtre : pourquoi n'aurait-elle pas assigné au dieu pour ses voyages une barque de briques impérissables au lieu de ces bateaux en acacia, qu'un petit nombre de siècles réduisait en poudre? Il n'était pas le seul à en profiter. Pharaon mort, sa ville se dépeuplait promptement et il n'y résidait bientôt plus que les familles vouées au culte : dès lors, le culte s'arrêtait faute de ressources où il n'était plus célébré qu'à de longs intervalles. Cependant le matériel s'usait et la barque en bois conservée dans le sanctuaire à l'usage de Râ, tombait en morceaux : à ce moment, la barque en briques prenait alors sa place et continuait sa fonction tant qu'un pan de mur en subsistait. C'est là une des choses et non l'une des moindres que la fouille d'Abousir nous a enseignées : M. de Bissing nous exposera le reste dans son second volume.

19 août 1906.

SUR UNE TROUVAILLE RÉCENTE

D'ORFÈVRERIE ÉGYPTIENNE

On voit souvent sur les bas-reliefs égyptiens, parmi les ruines des temples comme dans les tombeaux, des étalages immenses de bijoux précieux et d'orfèvreries. Les vases y présentent des formes bizarres parfois à notre gré, et des éléments d'un goût douteux en surchargent les contours : il faut confesser pourtant qu'ils sont pour la plupart d'un galbe très pur et que les motifs du décor s'y combinent avec une simplicité et avec une élégance presque irréprochables. La panse en est habillée de fleurs ou d'ornements géométriques. Des zones de plantes, de poissons, d'oiseaux, de quadrupèdes, d'hommes aux attitudes variées entourent le goulot. L'anse revêt cent figures imprévues mais charmantes : c'est un gros lotus qui sort de l'un des flancs et dont la tête pesante vient s'appliquer à la lèvre du pourtour ; c'est un Asiatique ou un nègre qui se renversent de chaque côté comme pour enlever le rebord d'un coup de rein ; c'est un renard qui monte à l'assaut du goulot afin d'échapper à la poursuite d'une meute invisible ; c'est une chèvre dressée sur ses pattes de derrière et qui, le museau allongé vers le bord, semble aspirer l'odeur du bon vin à pleines narines. Les inscriptions gravées au-dessus de chaque pièce nous apprennent, et les dimensions qui sont quelquefois importantes, et le métal dont elle est faite, or, électrum, argent, bronze émaillé ou nu : le poids en était considérable, et la valeur vénale de la matière égalait d'ordinaire, si elle ne dépassait pas, l'intérêt artistique de l'objet. Cette vaisselle prodigieuse avait trop de prix pour durer : le creuset l'a dévorée presque toute dès l'antiquité et le peu qui avait échappé à la destruction ne rappelait que de loin les représentations monumentales, les coupes plates de Thoutiî au Louvre, les patères en cuivre doré du tombeau de Rakhmirîya, l'argenterie du Caire, trouvaille de Tmaî-el-Amdîd et trouvaille de Toukh-el-Garmous, encore cette dernière est-elle d'époque saïte et ptolémaïque et passait-elle pour avoir subi l'influence grecque (1). Les tells de Bubastis viennent de nous rendre un trésor qui remonte aux derniers temps de la XIXe dynastie.

Il y fut découvert par des ouvriers qui consolidaient une chaussée de chemin de fer. Le site est riche en antiquités et, lorsqu'on le remue assez longtemps, il finit par dégorger des merveilles : un des hommes déterra coup sur coup deux vases intacts, l'un en or, l'autre en argent, puis bientôt après une masse de bijoux en argent qu'il dissimula de son mieux sous les remblais avec l'aide d'un de ses camarades. Ils les emportèrent pendant la nuit, et ils les vendirent pour une dizaine de livres à un marchand du cru, qui en informa aussitôt un de ses correspondants du Caire. L'aubaine nous échappait, si l'un de nos gardiens, qui avait surpris le rapt mais qui ne s'était pas senti de force à l'empêcher, ne s'était empressé de dénoncer les faits à notre inspecteur local Mohammed Effendi Chabân et à

(1) Voir plus haut, pp. 305-310, l'article intitulé *le Trésor de Toukh-el-Garmous.*

l'inspecteur en chef du Delta, M. Edgar. Ils firent aussitôt saisir le butin chez le recéleur, d'où procès qui se termina à notre avantage : la propriété des deux vases nous fut confirmée et les deux terrassiers indélicats furent condamnés à la prison. En même temps Edgar reprenait la fouille à l'endroit où la découverte avait eu lieu, et bientôt de nouveaux objets surgirent. Il semble qu'ils étaient enfermés à l'origine dans une vaste jarre d'argile séchée au soleil. Celle-ci s'était brisée, soit jadis sous la poussée des décombres accumulés, soit récemment sous la pioche des terrassiers, et le contenu s'était répandu aux alentours; seuls les résidus du fond s'étaient agglutinés par la pression des masses supérieures en un culot compact de terre durcie et de métal. Malgré leur vigilance, nos gens ne parvinrent pas à sauver tout, et quelques morceaux s'égarèrent entre les mains d'un antiquaire cairote, une passoire en or, un goulot de vase en or finement ciselé, puis les fragments de trois ou quatre plats d'argent et cinq à six vases en argent entièrement lisses. Le gros lot nous échut pourtant et il est exposé dans nos vitrines, deux pots en or et une coupe en or d'une conservation parfaite, une demi-douzaine de coupes plates en argent brisées menu et dont deux seulement ont été reconstituées jusqu'à ce jour, un pichet en argent avec anse et garniture en or, deux admirables bracelets en or et en lapis-lazuli, deux colliers en or et en pierres fines, puis des feuilles d'argent cisaillées et tordues provenant d'objets détruits, un lingot d'argent, des boucles d'oreilles et des bracelets en argent, toute une boutique de bijouteries à bon marché dont la facture n'a rien de commun avec celle des deux bracelets en or et de l'orfèvrerie.

Il y a là, en effet, les produits confondus de plusieurs âges différents. Les boucles et les bracelets en argent offrent le type de ceux qu'on rencontre aux derniers temps de l'empire romain ou aux premiers de la domination arabe. Les unes sont de simples anneaux légèrement allongés en ovale, avec un semis de granules soudés à la courbure inférieure par trois ou quatre d'affilée ou bien superposés deux et un. Les autres consistent en un bâtonnet arrondi, coupé droit et orné aux extrémités d'un quadrillage incisé grossièrement à la pointe, puis arrêté par deux lignes parallèles. Au contraire, les bracelets en or et en lapis-lazuli portent le nom de Ramsès II ; la coupe en or et quelques-unes des patères appartinrent à la reine Taouosrît, arrière-petite-fille de Ramsès II, ou à des officiers de sa maison, et ceux des objets sur lesquels on ne lit aucune inscription ressemblent tant à ceux-là qu'on ne saurait douter qu'ils proviennent de la même époque et peut-être du même atelier. Il y a donc vingt siècles d'écart, plus ou moins, entre les deux séries, et l'on risquerait de chercher en vain les causes qui les ont réunies, si les circonstances mêmes de la découverte ne nous fournissaient la solution du problème. Comme les orfèvres modernes de l'Égypte, les anciens s'approvisionnaient de bijoux et de vases recueillis dans les ruines des villes par les fellahs en quêtes de *sébakh ;* ils les achetaient au poids, et, s'ils épargnaient parfois les objets les mieux conservés afin de les vendre d'occasion, ils dépeçaient aussitôt le reste et ils utilisaient les morceaux pour les besoins de la fabrication courante. C'est évidemment la réserve d'un orfèvre de petite ville que le hasard nous a livré cette année. Les vases et les bijoux en or de la première série constituaient une provision qu'il s'était procurée chez les preneurs de *sébahk*, et qu'il se proposait sans doute de vendre telle quelle à des amateurs de vaisselle précieuse, mais il avait déjà brisé et fondu en partie les plats et les vases en argent afin de les transformer en boucles d'oreilles et en bracelets. A en juger par les spécimens qu'il nous a laissés, il n'était pas d'une habileté transcendante en son métier et sa clientèle ne se montrait pas difficile : habitait-il un quartier de petites gens sans grandes prétentions aux raffinements de la parure, ou peut-être Bubaste n'était-elle déjà plus qu'une ville moribonde, abandonnée de presque toute sa population aisée? Il fut probablement tué et sa maison détruite dans une des guerres qui ensanglantèrent l'Égypte vers les débuts de la conquête arabe; les murs, en s'éboulant sur sa boutique, ont enterré les richesses qu'elle contenait et nous les ont gardées loyalement.

Certes, les bracelets de Ramsès II sont des merveilles de technique, mais nous possédons au Musée mieux que cela parmi les trésors de Thèbes et de Dahchour; d'ailleurs l'habileté des bijoutiers égyptiens nous était manifeste par mille exemples et elle n'est plus pour nous étonner. Ce qu'il y a de vraiment nouveau dans le fond de Bubaste, c'est ce qu'il nous enseigne des orfèvreries de l'âge Ramesside. On se demandait naguère encore si les variétés innombrables de vases figurées sur les monuments étaient bien authentiques, et si beaucoup d'entre elles avaient existé autre part que dans l'imagination des artistes chargés de décorer les temples ou les tombeaux; il paraissait presque impossible que tant d'inventions luxuriantes et tant d'ingéniosité de dessin eussent été réalisées sur le métal à une époque aussi ancienne. Il n'y a plus à douter maintenant que toutes les espèces représentées n'existassent vraiment. Des planches — et beaucoup de planches — me seraient nécessaires, si je voulais montrer ce qu'il y a de délicatesse et de fermeté tout ensemble dans nos vases d'or : la phrase seule est impuissante à en donner une idée égale à la réalité. Et pourtant, il faut bien essayer de décrire en quelques mots le vase en argent que l'on considère comme le morceau principal de la trouvaille. Il ne mesure guère plus de vingt-cinq centimètres de hauteur et la forme en est des plus familières : je ne saurais mieux la comparer qu'à celle d'une bouillotte de taille moyenne sans gueule ni couvercle. Le corps entier est d'un argent très pur que l'enfouissement a revêtu d'une croûte de terre et d'oxyde bleuâtre, et que le pic d'un ouvrier a crevé malencontreusement en un endroit au moment de la découverte. La panse est séparée du goulot par une ligne horizontale d'hiéroglyphes où le *double* du propriétaire reçoit des souhaits de vie joyeuse en ce monde et dans l'autre ; elle est couverte d'un bossage au repoussé dont les saillies régulières rompent la monotonie de la surface et la colorent par les jeux de l'ombre et de la lumière. Le goulot est garni sur son rebord d'une ourlure d'or léger : quatre bandes d'animaux, d'hommes et de fleurs s'y étagent, que l'oxyde a empâtées et dont il nous empêche de saisir le détail. Il n'y a rien là qu'on ne rencontre ailleurs, mais, ce qui sort de l'ordinaire c'est la façon spirituelle dont l'anse a été conçue par le sculpteur. Une chèvre, attirée au parfum du liquide enfermé là-dedans, a escaladé le renflement de la panse, et, dressée le long du goulot dans un élan de convoitise, elle appuie ses pattes de devant et son museau contre le filet d'or. Le mouvement, à la fois prudent et hardi dont elle s'enlève, l'extension du train de derrière et de l'échine, l'expression gourmande de la tête et du museau sont d'une justesse inouïe, et le faire égale au moins l'invention : jamais maître ciseleur ne fouilla l'or d'une pointe plus savante. C'est une œuvre pour tous les temps.

Et elle est bien égyptienne, sans aucune trace d'influence étrangère. On s'est inquiété beaucoup, depuis quelques années, de savoir ce que l'Égypte devait aux peuples qui l'avoisinaient et au contact de qui elle avait vécu : les Chaldéens, les Assyriens, les tribus de l'Asie-Mineure et celles de la Grèce sont entrés en lice tour à tour, et l'on a pu croire un moment qu'au choc de leurs revendications, l'originalité de l'Égypte allait disparaître entière. En fait, il s'est passé dans ce monde ancien ce qui se passe dans notre monde moderne : les nations échangent leurs inspirations d'art, leurs méthodes de travail, leurs procédés d'industrie et, le caprice aidant, chacune d'elles impose les siennes aux autres l'espace de plusieurs générations. Les contrées du vieil Orient ont chaldaisé, égyptisé, mycénisé, assyrisé tour à tour, et toujours il leur est resté quelque chose de ces modes diverses, dans des proportions plus ou moins sensibles selon la vitalité de leur génie propre. L'Égypte a subi ces entraînements comme ses contemporaines, mais avec la puissance d'absorption qu'on lui connaît, elle a eu vite fait d'en neutraliser les effets et de s'assimiler complètement ou d'éliminer les éléments qui lui venaient du dehors. A se heurter sans cesse aux forteresses syriennes, Ramsès III conçut le désir d'en avoir une aux bords du Nil, et il se bâtit le *Pavillon* de Médinét-Habou, mais on ne voit pas que cette fantaisie ait modifié les tendances de l'architecture nationale : son exemple ne fut imité de personne après lui. Ce qui est vrai des arts majeurs tels que l'architecture ne l'est pas moins des arts industriels tels que la bijouterie et l'orfèvrerie. Les butins rapportés des expéditions lointaines contenaient des milliers de pièces d'une facture nouvelle ou rare aux bords du Nil : on les copia ou l'on s'en inspira, mais le premier intérêt émoussé, on revint aux modèles traditionnels. Les quelques motifs de décor qui se maintinrent se plièrent aux habitudes de l'art indigène : une génération ou deux ne s'étaient pas écoulées qu'on ne les distinguait plus déjà des motifs purement égyptiens.

5 janvier 1907.

LE TOMBEAU DE LA REINE TIYI

Il y a deux ans, M. Théodore Davis découvrait dans la Vallée des Rois, à Thèbes, un ménage de momies endormi paisiblement au milieu de son mobilier, le père et la mère de la reine Tîyi (1) ; il est entré chez la reine elle-même cette année. C'est au tournant du ravin qui conduit chez Sétoui Ier. Une nappe de gravier et de cailloux roulés s'étalait sur le site et nul indice n'y trahissait la présence d'un tombeau. M. Davis l'attaqua pourtant, fidèle à son principe de ne laisser aucun recoin inexploré si peu encourageant que l'aspect en pût être, et la fortune récompensa une fois de plus l'esprit de méthode qui préside à ses recherches. Quelques jours de travail, et le rectangle régulier d'une fosse se dessina sur le sol, deux ou trois marches apparurent puis tout un escalier à ciel ouvert, une porte, un couloir, un mur de rocailles et de terre battue. Les sceaux apposés par les gardiens, il y a plus de trente siècles, étaient intacts sur le crépi. Il les leva le 6 janvier, et l'obstacle jeté bas, il se heurta à une barri-

(1) L'histoire de la découverte a été contée dans le feuilleton du *Journal des Débats* en date du 29 mars 1905; cf. p. 281-287 du présent volume, l'article intitulé *Une tombe nouvelle dans la Vallée des Rois*. J'ai remanié la fin du présent article pour y introduire les résultats de l'étude faite par le docteur Elliot Smith et les conjectures auxquelles elle peut donner lieu.

cade de moëllons empilés en désordre. Deux panneaux en bois doré, vermoulus et ternis, s'allongeaient négligemment sur le tas en travers de la baie. Il les aurait brisés peut-être en les enlevant : il préféra les éviter et se glisser rampant contre la paroi de droite, les genoux et la face aux angles des pierres, le dos au plafond. Arrivé au fond, il constata qu'un éboulement s'était produit naguère, au moment des dernières cérémonies : les portions extrêmes du barrage, s'écroulant dans la chambre, l'avaient remplie jusque vers le milieu.

Un fil dérivé du réseau qui fournit l'éclairage aux syringes royales avait amené la force électrique : des reflets d'or éclatèrent partout au premier rayon qui jaillit, et M. Davis put se croire transporté dans une de ces grottes à trésors dont *les Mille et une Nuits* nous décrivent les merveilles. Or sur le sol, or sur les murs, or là-bas dans l'angle le plus reculé où le cercueil s'accote à la muraille, or vif et clair comme s'il sortait tout battant neuf des mains de l'orfèvre, or voilé à demi par la poussière des âges et luttant pour se dégager d'elle, il semble que tout l'or de l'Égypte antique s'allume et flambe dans ce réduit. Les deux ouvriers indigènes qui ont accompagné M. Davis pour lui donner un coup de main en cas de besoin n'en croient pas leurs yeux. Tout à l'heure, ils en diront deux mots à leurs camarades, et la nouvelle volant de bouche en bouche ne tardera pas à franchir la montagne qui sépare les Bibân-el-molouk de Deir-el-Bahari. Elle s'enflera à mesure qu'elle se répandra par la plaine, de l'Assassif à Gournah et de Gournah à Louxor. Les lingots se multiplieront et les urnes débordantes de monnaies lourdes, et les plaquettes, et les vases, et les armes, et les statues massives : on les comptera par milliers ce soir, et il faudra convoquer la police pour prévenir le danger d'un assaut. Et pourtant, si l'on y regarde de près, la réalité est assez médiocre. Le cercueil est bien une gaine d'or incrustée de pierre et d'émaux, mais l'or n'a point de consistance et les soi-disant émaux ne sont que des cailloux multicolores ou des pâtes de verre teintées. D'autre part, le traîneau sur lequel on avait charrié la momie était en bois comme d'habitude et enduit de stuc : on y avait ciselé des bas-reliefs très fins, puis on y avait appliqué une pellicule d'or sans épaisseur. On le démonta pour l'introduire au caveau et on posa les panneaux et les pieds-droits au hasard dans le premier endroit venu, les uns au milieu de la chambre, les autres appuyés contre le mur. Épars ainsi, ils présentaient une surface énorme et qui reluisait généreusement, mais où la valeur du métal est presque nulle. L'objet n'en est pas moins unique de son genre jusqu'à présent, et il aurait fait bonne figure au Musée, si nous avions réussi à l'y transporter tel quel et à l'y reconstruire. Par malheur, la colle qui avait lié le paillon au stuc et le stuc au bois s'était évaporée au cours des temps, et les parties ne tenaient plus en place que par un reste d'habitude. Sitôt que l'air du dehors les eut touchées, elles se disloquèrent et le décor, se détachant par couches, se réduisit en poussière sous les yeux mêmes de l'artiste qui le copiait. Moins d'une semaine après l'ouverture, les panneaux étaient nus, ceux-là seuls exceptés qui étaient demeurés en plan depuis le jour de l'enterrement.

L'un d'eux porte un tableau qu'on croirait emprunté aux hypogées d'El-Amarna. Le roi Khouniatonou et sa mère Tîyi sont là debout en adoration devant leur dieu : le disque solaire plane au-dessus du sacrifice et il lance dans toutes les directions ses rayons armés de mains prenantes, dont les unes jouent parmi les offrandes, tandis que les autres tendent la croix de vie aux souverains. L'inscription déclare que le Pharaon a fabriqué ce traîneau pour sa mère la dame Tîyi, et nous serions assurés dès maintenant que les reliques d'humanité aplaties sur le sol à quelques pas de nous sont celles de la reine, si la légende gravée sur un second panneau n'en attribuait pas la possession au roi : nous serions-nous égarés chez Khouniatonou sans nous en douter ? Les lignes d'hiéroglyphes tracées sur le cercueil contiennent le cartouche du roi, et la momie, examinée rapidement, nous laisse incertains sur la question du sexe. Elle est emmaillotée assez chichement dans deux ou trois épaisseurs de toiles, fines si l'on veut, mais élimées, trouées, rapiécées. Comme à l'ordinaire on avait choisi pour l'habiller le linge le plus usé de la garde-robe, et, afin de compenser cet excès de parcimonie, on l'avait roulée ensuite dans une vingtaine de lames d'or flexible qui lui formaient une gaîne lâche : c'était la misère en-dessous, mais au-dessus le luxe le plus extravagant. Le corps a mal résisté à l'action lente des siècles. Il n'est plus qu'un résidu d'os fibreux et de membres désarticulés auxquels un peu de chair sèche adhère par endroits. Le crâne était emboîté dans une sorte de casque en or audevant duquel on pensa d'abord distinguer la saillie de l'uræus royale ; toutefois cet armet prétendu se trouva n'être à l'examen qu'une feuille d'or découpée en vautour, les ailes déployées et le sceau d'éternité aux serres. C'est la coiffure des reines-mères, mais dans la hâte de la mise au cercueil les embaumeurs l'avaient ajustée de travers, le bec à la nuque et la queue au front de la momie. Les traits avaient relativement peu souffert, et, malgré l'écrasement du nez, ils demeuraient très nettement définis. Les statues et les bas-reliefs prêtent toujours à Tîyi une bouche proéminente et un menton énorme. Elle avait hérité ces caractères de sa mère Touîyou, ainsi qu'on s'en convaincra aisément au musée du Caire, et elle les avait transmis à son fils Khouniatonou : le cadavre couché à nos pieds les offre, et la comparaison de son profil avec celui de la femme représentée sur les panneaux dorés nous garantit qu'il est de la famille. Le type est fréquent chez les tribus errantes entre le Nil et la Mer Rouge : si l'on voulait tirer des conclusions de l'apparence, ne serait-on pas autorisé à prétendre que Tîyi comptait des ancêtres assez proches parmi les Bicharis antiques, au moins du côté maternel ?

Des voleurs n'auraient pas manqué d'emporter les feuilles d'or; puisqu'elles sont encore là, c'est que la tombe n'a pas été violée, mais alors qu'est devenu le mobilier qui devait correspondre à tant de richesse personnelle? Les parents d'il y a deux ans possédaient des fauteuils, des coffres à bijoux, un panier à linge, des sandales, des statuettes *répondantes*, des simulacres de vases à parfums, des lits, des chevets, des provisions desséchées et empaquetées, de quoi remplir une salle entière de notre musée ; on n'apercevait sur leurs murs ni une inscription, ni un tableau, mais ce qu'il leur fallait pour vivre confortablement dans l'autre monde, ils l'avaient à profusion. Le caveau d'aujourd'hui est nu comme le leur, parois gauchies et mal blanchies à la chaux, niche creusée de guingois au côté droit, plafond crevé et fendillé en tous sens, et sur le sol la couche de sable rituelle. Plusieurs pots de terre étaient semés au hasard, trois ou quatre jolis cornets en albâtre derrière la tête, une douzaine d'amulettes variés entre les panneaux; à force de fureter partout, on finit par recueillir environ une centaine de menus objets. Quelques-uns étaient un don d'Aménôthès III et ils avaient figuré sur la table de toilette de la reine, un flacon à kohol en malachite ébréché et sans goulot, une fiole en hématite polie, une manière de gobelet en brèche verte. Comme ils étaient trop endommagés pour l'usage des vivants on les lui avait laissés; c'était la façon habituelle de concilier l'économie bien entendue avec la prodigalité sans borne que la piété commandait. Après cela, on ne s'étonnera plus d'apprendre que le reste de la trouvaille consiste surtout en modèles minuscules de meubles ou d'ustensiles domestiques. Coffres à linge de six centimètres de long en émail vert, boumerangs, couteaux, maillets, coupes, ce ménage de poupée amusant et puéril était chez les *doubles* l'équivalent de leur ménage terrestre ; il produisait pour eux les mêmes effets et il coûtait beaucoup moins cher aux survivants. Les quatre canopes avaient été emmagasinés dans la niche de l'Ouest ; ils sont en albâtre surmontés chacun d'une tête humaine, et on y reconnaît soudain les portraits de la reine, — ou du roi ? — non pas vieillis et tels qu'ils étaient vers la fin, mais dans la force de l'âge. Ils coiffent la lourde perruque et ils ont perdu l'uræus de bronze doré qui se dressait au-dessus de leur front ; même l'un d'eux a eu le nez écrasé dans quelque bagarre. Ils sont de la main d'un maître et ils donnent l'impression de la fidélité au modèle : visage long, d'un dessin sec et un peu grêle, yeux retroussés légèrement vers les tempes, joues maigres, nez droit et mince, bouche ferme, menton volontaire, expression obstinée et presque cruelle. Ce sont autant de chefs-d'œuvre de sculpture réaliste et l'on souhaiterait qu'ils fussent vraiment ceux de Tîyi ; on comprendrait l'empire qu'elle prit sur le débonnaire Aménôthès III, et comment de simple fille de prêtre qu'elle était elle sut devenir reine d'Égypte.

Le contraste est si fort entre sa fortune et la mesquinerie de sa dot funéraire qu'on se demande si l'endroit où M. Davis vient de la rencontrer est son tombeau d'origine : j'en ai douté quant à moi du moment même que j'y suis descendu. Elle mourut avant son fils et la splendeur de son cercueil montre qu'elle fut traitée avec la pompe qui revenait de droit à la mère du souverain régnant : elle eut alors, — à Thèbes ou bien à el-Amarna ? on ne sait, — un hypogée digne de son rang. Mais, une dizaine d'années plus tard, quand la réaction triompha et que le deuxième ou le troisième successeur de Khouniatonou restaura le culte d'Amon, il fallut la soustraire à la haine des prêtres thébains. On l'enleva sans rien dire, on la chargea sur le traîneau des premières funérailles après y avoir effacé l'image du Pharaon maudit, on n'oublia point les canopes qui étaient nécessaires à la perpétuité du *double*, on ramassa quelques menus objets et on abandonna le gros du mobilier dans les salles qu'elle quitta. L'opération fut menée rapidement à l'insu de la foule et peut-être avec négligence : sommes-nous certains qu'il n'y ait pas quelque erreur commise et qu'on ne confondit pas la dépouille d'un autre membre de la même famille avec celle de la reine ? Le Dr Elliot Smitt, examinant le crâne à loisir dans une des salles de notre musée, a déclaré que c'était celui d'un jeune homme âgé de vingt-cinq ans au plus. Khouniatonou, n'était plus aussi jeune quand il mourut ; si donc l'appréciation d'Elliot Smith est légitime, il serait exclu par cela seul, mais alors qui serait le personnage qui repose dans son cercueil, sous le vautour d'or ? Quoi qu'il en soit, il résulte avec évidence des faits observés au moment où M. Davis entra dans le réduit que les Égyptiens qui procédèrent à l'enterrement crurent avoir à faire à une reine et bien certainement à la reine Tîyi. Ils lui posèrent sur la tête une coiffure de femme, ils rangèrent les canopes — les siens ou ceux du roi ? — dans la niche, ils poussèrent le cercueil dans un coin, ils répandirent sur le sable, à l'aventure, l'attirail de toilette et le bagage minuscule, puis ils obstruèrent le couloir avec des moellons. Alors que l'on introduisait les derniers morceaux du traîneau, l'accès était déjà si étroit qu'une fausse manœuvre renversa les assises intérieures du remblai dans la chambre. On ne se soucia pas de les relever, mais on laissa les bois sur le tas, à l'endroit où ils étaient au moment de l'accident ; on mura la porte et on combla la fosse. La cachette avait été choisie si heureusement, que Tîyi — ou son remplaçant involontaire — a pu y dormir en paix pendant plus de trois mille ans.

20 mars 1907.

CE QUE LES MORTS ÉGYPTIENS

FAISAIENT DES JOUJOUX EN BOIS QU'ON TROUVE DANS LEURS TOMBEAUX

Les fouilles que le Service des Antiquités poursuit à Sakkarah depuis près de quatre ans n'ont pas encore fait beaucoup parler d'elles; aussi bien savait-on qu'avec la méthode employée, les approches en seraient rudes et les résultats médiocres au début. Comme au Ramesséum, comme à Karnak, comme à Edfou, comme dans tous les endroits où nous travaillons, nous ne bornons pas nos ambitions à creuser des trous dans le sol, afin d'en tirer, la fortune aidant, des documents historiques ou des objets de musée : nous voulons déblayer à fond les sites que nous attaquons et les protéger contre le retour des décombres, les consolider sans excès où cela se peut, en ouvrir l'accès aux visiteurs, et, par des mesures de défense discrètes, restituer aux monuments dégagés des chances de durée telles qu'après nous avoir prodigué les jouissances de la découverte, ils demeurent exposés pendant des siècles sinon à l'admiration, du moins à la curiosité des générations futures. La couche de sable est épaisse entre le Sérapéum grec et la pyramide de Téti, sur le rebord oriental du plateau, mais divers indices nous inclinaient à penser que la tombe de quelque roi héracléopolitain s'y cachait, et l'espoir de ramener au jour les reliques d'une dynastie à peu près inconnue jusqu'à présent nous décida à y concentrer nos efforts. Elles ont reparu, en effet, à l'endroit où nous les attendions ; après dix mois de charrois et de creusements infructueux, l'inspecteur en charge du canton, M. Quibell, les a vu sortir de terre, dépouillées par les voleurs antiques, bouleversées par les Arabes chercheurs de trésors, mêlées à des sépultures grecques, romaines, byzantines, coptes, mais riches encore d'inscriptions et de momies. Le Pharaon Maroukerês est par là, et les officiers de sa cour ont groupé leurs hypogées autour de lui ; c'est entre eux que nous cheminons, en attendant que la tranchée nous mène chez leur maître.

A le juger d'après l'aspect de leur maison dernière, c'était un assez misérable sire et qui payait mal ses gens. Deux d'entre eux, les mieux pourvus, logent contre un énorme *mastaba* en pierre blanche d'allure imposante mais qui ne leur appartenait pas à l'origine : c'était une construction de l'âge antérieur qu'ils s'étaient appropriée au détriment du premier occupant, en dépit des malédictions formulées contre les violateurs de sépultures. Les autres se contentèrent d'un puits et d'un caveau étroit, sans tableaux, sans légendes, sans rien au mur qu'une stèle en fausse porte où leur nom est inscrit avec leurs titres et avec les proscynèmes accoutumés : on n'y aperçoit un peu de luxe — si c'est du luxe vraiment — que sur leur momie, sur leur cercueil ou dans leur mobilier funéraire. Bien que la momie porte à l'ordinaire le masque en linge stuqué et enluminé qui était censé se mouler sur les traits du vivant, le maillot est mince, grossier, souillé de taches, noué négligemment. Elle repose le plus souvent sur le flanc gauche, la nuque emboîtée dans le chevet de bois ou de pierre, les sandales, la canne et les armes répandues le long du dos ou des cuisses. Le cercueil est rectangulaire, en bois de Syrie ou de Caramanie, nu à l'extérieur n'étaient une ligne d'inscription et, sur la face est, la porte surmontée de deux yeux ouverts par lesquels le *double* observait ce qui se passait au dehors. L'extérieur est tapissé de figures ou de textes religieux : les pièces du trousseau mortuaire y sont dessinées dans l'ordre rituel, puis, au-dessous, de longues oraisons sont tracées à l'encre noire en hiéroglyphes cursifs. Quelques siècles auparavant, sous les rois qui bâtirent les grandes pyramides, il y avait peu d'écriture dans le réduit, autour du sarcophage; tous les tableaux de la vie domestique ou agricole, tous les moments du sacrifice, toutes les énumérations d'offrandes, toutes les prières étaient réservées pour la chapelle où l'ancêtre recevait ses descendants et les prêtres de son culte. Bientôt pourtant, les princes de la Ve et de la VIe dynastie, inquiets du vide de leur chambre, y avaient introduit, chichement d'abord et ensuite avec une prolixité fastueuse, des chapitres ou même des livres entiers qui leur valaient, lorsqu'ils les lisaient, une perpétuité d'existence bienheureuse. L'usage s'en propagea aux nobles, puis à la classe moyenne, puis à vingt sortes d'individus chez qui le désir de ne pas s'anéantir après les funérailles n'était pas moins vif que chez les riches, mais à qui les moyens manquaient de s'édifier une tombe décorée d'images et de paroles préservatrices. Leur cercueil prit pour eux sur ses ais tout ce qu'ils purent contenir d'incantations ; les personnages de bas-relief se métamorphosèrent en poupées de bois peint, et groupés sur le couvercle du cercueil, ils y exécutèrent de compagnie les scènes qu'ils avaient représentées sur la muraille des hypogées plus anciens.

Ceux que M. Quibell a recueillis chez ses Héracléopolitains ne sont pas des plus jolis qui se puissent imaginer, mais ils sont les plus amusants et les plus variés. La vitrine dans laquelle ils sont exposés ne déparerait pas l'étalage d'un *Paradis des Enfants* la veille du Jour de l'an, à condition toutefois qu'on n'y regardât pas de trop près à l'état de chacun des bonshommes qu'elle renferme. La fourmi blanche, qui sévit jadis à Sakkarah, n'a rien épargné ; quelques pièces avaient été évidées intérieurement par elle et se sont résolues en poudre dès qu'on les a effleurées du doigt, d'autres ne sont plus que la moitié d'elles-mêmes, et celles qui semblent être à peu près intactes ne doivent leur belle apparence qu'à l'encaustique dont on les a saturées pour les raffermir. Je ne sais ce qu'elles dureront encore : si longtemps qu'il en restera, elles seront la joie de nos visiteurs, les grands autant et plus que les petits. Voici d'abord la cuisine, une cuisine bourgeoise d'il y a cinquante siècles. Un mur bas la sépare de la rue, percé d'une porte rustique près de l'angle : l'aire presque carrée qu'il délimite se divise en deux portions sensiblement égales, une courette et un hangar ouvert sur le devant si bien qu'on aperçoit ce qui se passe à l'intérieur. Le toit est plat et forme terrasse ; il est soutenu par deux colonnes en bois, de celles qui ont le chapiteau à bouton de lotus. Le hangar est aménagé en magasin, avec des fourneaux et des réduits dans le fond, de grandes jarres isolées et sur la façade des groupes de vases, pour le blé, pour l'orge, pour le vin, pour l'eau, pour l'huile. Dans la cour, trois hommes sont fort affairés à tuer un bœuf : la bête gît sur le flanc, et, tandis que l'un d'eux lui fend la gorge, l'autre se prépare à recueillir le sang dans une bassine. A côté des bouchers et barrant presque la porte, un cuisinier accroupi rôtit une oie sur un brasier : d'une main il attise la flamme avec un éventail, et de l'autre il lui présente sa volaille embrochée. Il y a fête chez le mort, mais nous n'assistons pas au repas, nous ne voyons plus que le concert qui lui succède toujours en cas pareil. Une figurine d'homme trône dans une sorte de stalle, et à sa droite, un peu en avant, une jeune femme, vêtue correctement du pagne à bretelles, est assise sur une chaise : deux harpistes, postés de chaque côté, exécutent leur air et trois musiciennes, accroupies devant le groupe, chantent en battant des mains. Où sont les danseuses? On les trouvera sans doute dans quelque tombeau voisin ; notre personnage semble se contenter pour ce soir d'un simple concert vocal et instrumental. Tandis qu'il « fait ainsi un jour heureux », ses serviteurs peinent à son intention. Des menuisiers scient la poutre d'où sortiront ses meubles ou dégrossissent à l'herminette un panneau de coffre. Des potiers poussent le tour et cuisent sa vaisselle au four. Une théorie de femmes jaunes, flanquées chacune d'un garçonnet brun, défilent avec les produits de ses domaines éternels, et deux barques armées sont là qui l'attendent s'il lui plaît se promener sur le fleuve. L'une d'elles a son mât dressé et sa voile haute pour marcher contre le courant au « doux vent du Nord ». L'autre a le mât baissé, comme lorsqu'on veut suivre le fil de l'eau : les matelots pagayent, trois de chaque bande. Ce sont vraiment de beaux joujoux, contre lesquels un de nos enfants échangerait volontiers sa ménagerie en caoutchouc et ses soldats de plomb.

Pourtant, les morts ne les avaient pas avec eux pour s'en divertir. Je ne sais pas si feu Kanouni et ceux de ses collègues dont nous avons confisqué le bien se demandèrent jamais pendant leur jeunesse ce qu'il en adviendrait d'eux après les funérailles, lorsqu'ils reposeraient seuls au milieu de leur fortune en miniature. L'au-delà, c'était pour eux la nuit intense, les ténèbres compactes et lourdes de l'Occident, où l'on sommeillerait douloureusement dans une demi-inconscience, à moins que les rites célébrés sur le cadavre n'eussent l'efficacité que la religion leur attribuait ; mais étaient-ils souverains en vérité, et pouvait-on s'imaginer la manière dont ils agiraient? La momie descendue au caveau, on la couche dans son cercueil au fond de la chambre, la face à l'Est, on scelle le couvercle en murmurant les versets consacrés, on entasse aux alentours les bateaux, les paysans porteurs d'offrandes, les gens de métier, les musiciens, les esclaves, la maison, puis on bâtit en travers de l'entrée le mur que nul vivant ne franchira désormais. Les ouvriers remontent à la surface, l'écho de leurs voix s'affaiblit et s'éteint, bientôt un bruit sourd résonne, celui des pierres et du sable qu'on précipite pour combler le puits ; encore quelques instants et le *double* enseveli sous trente ou quarante mètres de remblais restera perdu dans le silence. Est-ce pour toujours, ou les miracles dont les prêtres lui ont répété si souvent la promesse vont-ils s'accomplir devant lui? Le croyant ne doutait pas que la lumière ne jaillît aussitôt à sa prière et que la vie n'éclatât dans sa tombe. Êtres et choses, tout s'agrandissait aux dimensions usuelles, les cruches et les coffres s'emplissaient, les ouvriers se hâtaient à la tâche, le bœuf râlait sous le couteau du boucher, l'oie rissolait et cuisait à bon jus. L'action une fois amorcée ne se ralentissait plus, mais par la vertu de l'incantation, chacun de ces actes se renouvelait indéfiniment : le bœuf renaissait entre les mains des serviteurs, et l'oie ne manquait jamais, ni l'eau fraîche, ni l'huile, ni les vins délicats, ni le chant du harpiste, ni l'esclave amoureuse. Ce sont là jouissances très matérielles, et tant qu'à s'arranger un bonheur d'outre-tombe, il semble que les Égyptiens auraient dû le concevoir moins grossier. Mais quoi! ces possesseurs de poupées magiques, nobles, fonctionnaires, commerçants, soldats, la constitution politique de leur patrie les soumettait pendant leur vie à plus puissant qu'eux ou à plus opulent ; s'ils ne succombaient pas à la misère et s'ils avaient quelques plaisirs de temps à autre, c'était par la bienveillance du seigneur ou par ses dons gracieux. Posséder un logis qui leur appartînt, des champs, des esclaves, des femmes dont ils ne fussent redevables qu'à eux, c'était l'idéal entrevu ici-bas : le tombeau le leur procurait et les petits bonshommes peints leur faisaient un paradis de leurs rêves réalisés.

Il était à la portée des plus humbles. On n'exigeait pas que les objets y fussent l'œuvre d'un artiste : quatre planchettes assemblées et peintes simulaient une maison très suffisante, et les personnages ne rappellent le *Cheikh el beled* que de fort loin. Pendant les premiers âges de la civilisation égyptienne, il fallait être très riche pour avoir droit à l'existence future : on égorgeait des enfants, des femmes, des esclaves, des bestiaux qui accompagnaient le *double* dans l'autre monde, et la dépense était forte. Les héritiers, désolés mais parcimonieux, substituèrent à ces victimes onéreuses des statues qui représentaient chacune d'elles dans l'accomplissement de son métier, la femme à la meule, le boulanger au pétrin, le cellerier poissant l'amphore, le pleureur s'égratignant la face ou se battant le front. C'était déjà mieux, mais combien y en avait-il même parmi les nobles qui fussent en état de payer à des sculpteurs ce peuple de pierre ? On inventa donc de l'appliquer en bas-relief ou en peinture sur les parois de la chapelle et, par là, on rendit la survie accessible à plus de personnes. Pourtant l'exécution coûtait encore fort cher et elle empêchait que le privilège s'étendît bien loin : on fit alors descendre les scènes de la muraille et on les exécuta en bois commun, de petites dimensions, à très peu de frais comme je viens de le dire. Il va de soi que les plus à leur aise ou les plus prévoyants ne renoncèrent jamais à employer ensemble ces procédés divers. Beaucoup de mastabas ou d'hypogées ont leurs bas-reliefs dans la chapelle et leurs poupées dans le caveau ; les premiers gâtés, les secondes pouvaient échapper à la destruction, et elles continuaient à servir le maître. Toutefois le plus grand nombre s'en tint pendant des siècles à l'expédient des poupées et il lui dut la consolation et l'espoir de ses vieux jours. L'évolution économique détermina ici l'évolution religieuse : le désir d'échapper à l'anéantissement fit baisser le prix de la vie future et créa l'immortalité à bon marché.

TABLE DES MATIÈRES

E. GREVIN — IMPRIMERIE DE LAGNY

5401. — Paris. — Imp. Hemmerlé et Cie. — 12-09.

www.ingramcontent.com/pod-product-compliance
Ingram Content Group UK Ltd.
Pitfield, Milton Keynes, MK11 3LW, UK
UKHW021054270726
13967UKWH00012B/1096